SERENA DANDINI

UNS BLEIBT IMMER PARIS

SENTIMENTALE SPAZIERGÄNGE
IN ALPHABETISCHER ORDNUNG

Aus dem Italienischen
von Julika Ulrike Betz

btb

»Paris ist ein Instrument,
das man zu spielen verstehen muss.«

Honoré de Balzac, *A Paris!*

Für Saveria und Ferdinando.
In Erinnerung an unsere Ausflüge in Kindheitstagen.

EINE LIEBESGESCHICHTE

Eigentlich fand ich ja London als Teenager weitaus spannender. Damals bildete ich mir ein, nur von dort kämen die Trends, die die Welt veränderten. Außerdem, und das war der Hauptgrund, mochte ich die Rolling Stones, während mich die französischen Chansonsänger mit ihren schwarzen Existenzialistenpullovern total deprimierten. Schuld an diesem verkorksten Bild war eindeutig Mademoiselle Chavet, meine Französischlehrerin im Gymnasium: ein Vollweib mit kratziger Stimme und dem typischen französischen Akzent, die eine widerlich riechende Gesichtscreme benutzte – mit Sicherheit eine französische Marke. Ein weiterer Beweis dafür, wie zweitklassig dieses belanglose Land doch war. So zumindest meine Sichtweise, während ich den auswendig gelernten Text der *Marseillaise* herunterleierte, wozu uns Mademoiselle verdonnert hatte.

Das Reiseziel nach bestandenem Abi stand längst fest, auch wenn Lucio Battisti mich in seinem Song bereits vor Jahren gewarnt hatte: »Was weißt du schon von einer Reise nach England?« Tatsächlich wusste ich nicht, dass ich nach zwei Monaten in Great Britain durch Zufall in Paris landen und mich die Stadt ab diesem Moment nie wieder loslassen würde. Schuld daran war diesmal nicht meine Französischlehrerin, sondern ein Freund, der mich auf der Rückreise von London dazu überredet hatte, einige Tage mit ihm in Paris zu verbringen, wo er seine Tante besuchen wollte; genau wie in dem berühmten Filmzitat von Alberto Sordi hatte auch er eine »Tante à Paris«. Damit war mein Schicksal besiegelt. Die Wochenmärkte mit ihrer Fülle an roten Tomaten aus der Provence, den violetten Hortensien aus der Normandie, den Fischen, Meeresfrüchten ... stimmten mich vom ersten Moment an milde. Nach wochenlangem Nebel und nichts als Fish and Chips kaum verwunderlich. Endgültig geschlagen gab ich mich schließlich nach einer Ausstellung über die Surrealisten im *Jeu de Paume*. Unser Kunstgeschichtsunterricht am *Giulio Cesare* in Rom hatte mehr oder weniger bei Canova geendet; wie immer, wenn es darum ging, die Avantgarde des 20. Jahrhunderts durchzunehmen, war es längst Juni, und das Thema wurde noch rasch mit zwei Bildern von de Chirico abgehakt. Das einzig absolut Innovative, das unsere Gymnasiastenaugen der Prä-Facebook-Ära zu sehen bekamen, waren die Cover der Pink-Floyd-LPs: ein weiterer Pluspunkt zugunsten des perfiden Albion. Wahrscheinlich habe ich deshalb beim Anblick der zerfließenden Uhren Salvador Dalís in ihrer ganzen Skurrilität erst begriffen, dass es noch mehr auf der Welt gibt; und vor allem, dass nicht alles zwangsweise so bieder korrekt sein muss wie die Dauerwelle meiner Mutter. Ich konnte es nicht länger erwarten, Teil dieses Lotterlebens zu werden.

Immer wieder bekomme ich zu hören, über Paris sei doch längst alles geschrieben worden und aus den ganzen Büchern könne man locker einen neuen Eiffelturm bauen. Doch die Liebe lässt sich nichts vorschreiben, und früher oder später müssen die Gefühle auch raus. Ein heimliches Liebespaar leidet unter nichts so sehr wie unter der Tatsache, dass es sein Umfeld am eigenen Glück nicht teilhaben lassen kann. Deswegen erzähle ich von meiner Leidenschaft für Paris, doch ich hoffe auch, dies Buch möge den Leser dazu animieren, neue Abenteuer in einer Stadt zu erleben, in der es, wie man bereits weiß, immer wieder was zu entdecken gibt. Wie auch Honoré de Balzac, einer meiner

Lieblingsstadtführer, unterstreicht:»Indessen ist Paris ein wahrer Ozean. […] Wie zahlreich und interessiert die Erforscher dieses Meeres auch sein mögen: Immer wird man eine unentdeckte Stelle, einen ungekannten Winkel, Blumen, Perlen, Ungeheuer, irgendetwas Unerhörtes finden, das die literarischen Taucher vergessen haben.«

Und was Paris betrifft, können wir dem Verfasser der *Menschlichen Komödie* durchaus vertrauen, schließlich hat er seinem »Babel« Tausende von Seiten gewidmet, wobei er jeden noch so abgelegenen Winkel der Stadt des Lichts durchforstete.

Ebenso wie er waren auch andere Schriftsteller, Künstler oder Regisseure, die im Laufe der Zeit der Stadt zur Unsterblichkeit verholfen haben, in erster Linie Spaziergänger von Beruf, ähnlich den viel zitierten Flaneuren des 19. Jahrhunderts: jenen großartigen urbanen Forschern, die unendliche Lust und Inspiration darin fanden, sich auf langen Streifzügen durch das Labyrinth der Stadt treiben zu lassen.»Der Beobachter ist ein *Fürst*, der überall sein Inkognito genießt«, so lehrt uns Baudelaire, dem natürlich ein gesamtes Kapitel des vorliegenden Buches gewidmet ist.

Mithilfe dieses Pariser Wörterbuchs in alphabetischer Ordnung kann man auf den Spuren der Flaneure wandeln, so wie ich selbst bei der Zusammenstellung der Highlights für den Leser ihre Witterung aufgenommen habe. Selbst wenn man heutzutage leicht mal in einer neuen Filiale von *Zara* oder im nächsten chinesischen Restaurant landet, bleibt doch genug zu entdecken; womöglich sogar das Geheimrezept für die sprichwörtliche französische Lebensfreude, eine Spezialität, die in der Stadt nichts von ihrer Beliebtheit eingebüßt hat.

Denn in Paris überlagert sich alles, und nichts geht verloren. Ungeachtet der Terrorgewalt, die die Eigenheiten und das Wesen der Einwohner unwiderruflich zu verändern drohte, erwacht der Geist der Stadt zu neuem Leben, auch wenn die Spuren der Tragödien in den Bürgersteigen und den Seelen der Menschen, die ihren Weg unbeirrt weitergehen, eingraviert bleiben. Nichts geht verloren, weder die Freude noch der Schmerz, und alles wird zu Geschichte, Literatur und Überleben. Jean Cocteau, waschechter Pariser, schrieb: »Paris hat den Magen eines Vogel Strauß, der alles verdaut und nichts assimiliert. Eben dies verleiht der Stadt jenen Anschein der Labilität, hinter der sich eine grenzenlose Widerstandskraft verbirgt.« Noch nie wurde diese Widerstandskraft von der Geschichte auf eine so harte Bewährungsprobe gestellt wie heute. Dennoch bewahrt die Stadt ihren Stolz und versucht den Geist, der sie über Jahrhunderte hinweg berühmt gemacht hat, zurückzuerobern. Jener Geist, den Delacroix' Gemälde *Die Freiheit führt das Volk* verkörpert, das heutzutage auf schändliche Weise von der Politik als Bollwerk gegen das Tragen von Burkinis am Strand missbraucht wird. Delacroix würde sich im Grabe umdrehen. Und für Victor Hugo wäre eine Situation wie die gegenwärtige schlicht außerhalb jeglicher Vorstellungskraft gewesen, als er folgende Liebeserklärung über die Stadt seines Exils äußerte: »Was genau macht also Paris aus? Die Revolution! […] Paris ist weltweit der Ort, an dem man das große unsichtbare Segel des Fortschritts am lautesten flattern hört.« Von dem Mythos der Moderne und der großen revolutionären Ideen, von dem Paris in den vergangenen Jahrhunderten lebte, hat die Stadt sicherlich inzwischen einiges eingebüßt, doch von diesem Wind, der das »große, unsichtbare Segel« bläht, ist auch heute noch etwas zu spüren, und wir kommen auch deswegen hierher, um diese letzten noch unverdorbenen Partikel einzuatmen. Mehr denn je haben wir diese so nötig wie Sauerstoff.

Reisen, wie uns Marguerite Yourcenar in Erinnerung ruft,

»ist eine Schule der Ausdauer, des Staunens, einer Askese nicht ganz unähnlich. Eine Möglichkeit, seine eigenen Vorurteile abzubauen, indem man sie mit den Vorurteilen des Fremden konfrontiert.« Und selbst wenn die gegenwärtige politische und ökonomische Situation eine solch heilsame Übung immer schwieriger macht, bleibt mein Rat an die jungen Menschen von heute, so viel wie möglich zu reisen, und zwar nicht nur virtuell. Besonders junge Mädchen, denn Frauen haben als Entdeckerinnen noch einiges nachzuholen. Das weibliche Geschlecht hatte es seit jeher schwer mit dem Begriff »spazieren gehen«. Historisch gesehen waren »Spaziergängerinnen« Frauen, die sich einer anderen Art Vergnügung hingaben, doch auch Frauen fanden schon immer Gefallen daran, umherzuflanieren auf der Suche nach unentdeckten Horizonten. Allerdings war das Flanieren für sie nicht so einfach, durfte eine unverheiratete Frau doch nur in Begleitung das Haus verlassen. Dennoch gab es unter den Frauen Vorreiterinnen wie Virginia Woolf, die uns in ihrem Roman *Street Haunting* bereits die Kunst lehrt, sich ziellos in den Mäandern einer Großstadt treiben zu lassen, und sei es unter dem Vorwand, sich einen neuen Federhalter zu kaufen. Jahre zuvor, Mitte des 19. Jahrhunderts, hatte sich bereits die Malerin Rosa Bonheur in Männergarderobe gekleidet, um unerkannt in den Straßen von Paris umherzuschlendern. Doch das Maskieren in der Öffentlichkeit war gesetzlich verboten, und so war sie gezwungen, auf der Präfektur eine Sondergenehmigung einzuholen. Die passenden Papiere in der Tasche und eine Zigarre im Mund, konnte sie sich schließlich ihren Erkundungen in völliger Freiheit hingeben.

Dieses Buch ist auch ihnen gewidmet und allen Abenteuerinnen, die als Erste gegen das traditionelle Rollenmodell der häuslichen Frau aufbegehrten. Und natürlich allen Frauen, denen noch heute dieses große Vergnügen versagt bleibt.

Aufs Wärmste empfohlen sei dieses Buch auch all jenen, die sich nicht aus ihrem Sessel fortbewegen, aber dessen ungeachtet auf neue fantastische Pfade nicht verzichten wollen; denn wie Raymond Queneau, den mit Paris eine lange Liebesgeschichte verbindet, am Ende von *Zazie in der Métro* schreibt: »Paris ist nur ein Trugbild.«

Serena Dandini,
Rom, Oktober 2016

ARRONDISSEMENT

A WIE ARRONDISSEMENT

*»Ein Rausch kommt über den, der lange ohne Ziel
durch Straßen marschierte. Das Gehen gewinnt mit
jedem Schritte wachsende Gewalt; immer geringer
werden die Verführungen der Läden, der Bistros,
der lächelnden Frauen, immer unwiderstehlicher der
Magnetismus der nächsten Straßenecke.«*

Walter Benjamin, *Das Passagen-Werk / I*

Paris ist eine Schnecke. Natürlich nicht im Hinblick auf ihr Tempo,
sondern was die Aufteilung in Arrondissements betrifft, von 1 bis
20 durchnummerierte Stadtbezirke, deren spiralförmige Anordnung an ein Schneckenhaus erinnert; eine ganz eigene Pariser
Logik zur (Des-)Orientierung innerhalb der einzelnen Viertel,
möglicherweise eine Reminiszenz an eine der begehrtesten Deli-
katessen der Stadt des Lichts. Doch mal ganz abgesehen von individuellen gastronomischen Vorlieben versteht man sehr schnell,
dass man besser daran tut, jeden rationalen Versuch, dieses Labyrinth zu durchschauen, beiseitezulegen, und lässt sich einfach
treiben. Balzac, Schutzpatron meiner Pariser Spaziergänge, auf
den man in diesem Buch immer wieder stoßen wird, hat es mit
folgenden geistreichen Worten formuliert:»Indessen ist Paris ein
wahrer Ozean. Werft getrost das Lot hinein; ihr werdet dennoch
seine Tiefe niemals ermessen.« Und damit uns angesichts dieses
endlosen Meeres nicht der Kopf zu schwirren beginnt, lohnt es

sich, den Kurs mit einer Dosis Arglosigkeit einzuschlagen und sich vom Wind und den eigenen Gefühlen leiten zu lassen.

Man muss sich die Arrondissements einfach wie viele unterschiedliche Länder vorstellen, die einander zugleich nah und fern sind; jedes von ihnen mit seiner eigenen Geschichte und seinem eigenen Flair, seinen Sehenswürdigkeiten und versteckten Winkeln, sodass man ebenso gut niemals die Grenze eines Viertels überqueren müsste und dennoch alles finden könnte, für das es sich zu leben lohnt. Ideal wäre es, sich jeden Tag ein Arrondissement vorzunehmen, um am Ende der Reise vorgeben zu können, zwanzig Städte erkundet zu haben. Doch in Anbetracht der Tatsache, dass Zeit ein nicht für alle erschwingliches Gut ist, gilt es, sich zu entscheiden, wenn man nicht so enden will wie der Protagonist in Gustave Flauberts *Die Erziehung der Gefühle*. Frédéric Moreau fährt in diesem Roman innerhalb weniger Stunden wie ein Wahnsinniger ganz Paris nach seiner geliebten Madame Arnoux ab: »Die Läden zogen vorbei, die Menge wurde dichter, der Lärm größer. Nach dem Quai Saint-Bernard, dem Quai de la Tournelle und dem Quai de Montebello schlugen sie den Quai Napoléon ein; er wollte seine Fenster sehen, sie waren weit weg. Auf dem Pont-Neuf überquerte der Wagen abermals die Seine, man fuhr bis zum Louvre; und durch die Straßen Saint-Honoré, Croix-des-Petits-Champs und du Bouloi erreichten sie die Rue Coq-Héron und rollten in den Posthof.« Am Ende der erfolglosen Suche nach seinem Objekt der Begierde flieht der arme Moreau schließlich verzweifelt aus der Stadt, tief enttäuscht von Paris und seinen uneingelösten Versprechen.

Ein Höllentrip nicht unähnlich jenem eher gefühlsleeren Marathon, den sich der ein oder andere Tourist auf sadistische Weise antut, um Louvre–Eiffelturm–Notre-Dame–Triumphbogen und zurück in Rekordzeit zu schaffen. Die Gefahr ist da wohl recht groß, den Brüdern Goncourt, zwei weiteren großen Pariser Chronisten, beizupflichten:»Paris wird mich noch auffressen.« Um einen derartigen Stress zu vermeiden, hier einige Anregungen. Es sind allerdings nur persönliche Erfahrungen, Tipps, die keinerlei Anspruch auf Vollständigkeit erheben, nicht umsonst finden sich am Ende des Buches leere Seiten zur individuellen Ergänzung. Jedem sei es freigestellt, sich sein eigenes perfektes Paris zu entwerfen, denn letztendlich steckt für einen passionierten Reisenden doch genau darin der Reiz: Lust auf etwas Reales, um für einen Moment lang mit den täglichen virtuellen Streifzügen durch das Internet Schluss zu machen.

Eine unbekannte Stadt zu erkunden ist für den digitalen Menschen des 21. Jahrhunderts vielleicht noch das letzte verbleibende Abenteuer. Hunderte »urbane Entdecker« haben es uns bereits vorgemacht, sind vor uns kilometerlange Wege abgelaufen, von Neugierde getrieben und oft ohne konkretes Ziel vor Augen, aber mit dem unbesiegbaren Bedürfnis, sich einfach treiben zu lassen. Es sind die Flaneure ihrer jeweiligen Epoche, Großstadtnomaden, die in der Menschenmasse und zufälligen Begegnungen Inspiration finden; ziellose Spaziergänger, die umherschlendern allein aus der Lust heraus, ins Unbekannte und Fremde abzutauchen.

Eingeführt hat das Konzept des Flaneurs letztendlich der Philosoph Walter Benjamin, selbst ein Meister im Flanieren, der – mit Paris im Hinterkopf – zur Stadt seiner Kindheit bedeutende Schriften hinterlassen hat:»Sich in einer Stadt nicht zurechtfinden, heißt nicht viel. In einer Stadt sich aber zu verirren, wie man in einem Walde sich verirrt, braucht Schulung.«

Dies ist genau die richtige Ermutigung, um es mit Paris aufzunehmen, die einzige, die es erlaubt, ihre versteckten Schätze zu bergen: Geschäfte, Restaurants, verborgene Ecken, alte Märkte, die nicht immer in den gängigen Reiseführern vermerkt sind.

Wäre ich selbst nicht ziellos in der Menschenmenge umher-
geschlendert, hätte ich niemals im 12. Arrondissement die Rue
Crémieux entdeckt. Ein buntes Gässchen, eingezwängt von
wuchtigen, schmucklosen Gebäuden unweit des *Gare de Lyon*, in
der man völlig unerwartet auf eine Reihe dreistöckiger, pastellfar-
bener Häuser stößt: praktisch die gesamte Farbpalette eines em-
sigen Aquarellmalers. Vor den Haustüren haben es sich neben
alten Schildern und Blumentöpfen schwarze Katzen, Schmetter-
linge und herumflatternde Vögel gemütlich gemacht, als seien sie
einem alten Märchenbuch entstiegen. Das Ganze wirkt wie eine
künstliche Filmkulisse, dabei sind die Häuser in ihrem Originalzustand aus dem Jahr 1865 erhalten, als sie nach dem Vorbild der
Arbeitersiedlungen jener Jahre gebaut wurden.

MOLIERES SESSEL UND DER BOTANIKER DES BÜRGERSTEIGS

»Aber Paris wird so, dank seiner wandelbaren
Schönheit, der Patina seines Alterns, dem
Ineinandergewachsensein seiner auf uns
überkommenen Gemäuer aus lang verklungenen
Zeiten, zu einem wahren Schatzspeicher für
entdeckungsberauschte Kinder.«

Jean Cocteau

Die Kunst, ziellos herumzuschlendern, birgt einen Kitzel, den es
als Motto für jede Art von Reise zurückzuerobern gilt. »So ver-
einigt der Liebhaber des All-Lebens sich mit der Menge, als träte
er mit einem ungeheuren Vorrat an Elektrizität in Verbindung.«

Und wenn das Charles Baudelaire sagt, der Flaneur schlechthin, dann muss es wohl stimmen. Der Dichter der *Blumen des Bösen* verfasste Mitte des 19. Jahrhunderts eine theoretische Schrift über das Flanieren, in der er sich als einen »Botaniker des Bürgersteigs« bezeichnete, jemand der sich daran ergötzt, »die Welt zu sehen, inmitten der Welt und der Welt verborgen zu sein«. Denn unsere Vorfahren, mochten sie auch dem Zeitalter der Dekadenz angehören, unterlagen noch nicht dem Irrsinn des berühmt-berüchtigten Selfie-Stabs, der jeden natürlichen Blick auf seine Umgebung zunichtemacht und uns statt zu erlebten zu fotografierten Erinnerungen nötigt.

Unsere Freunde aus dem 19. Jahrhundert fanden an anderen Stäben Gefallen: den Spazierstöcken. Ein Utensil, das uns heutzutage bizarr und fast lächerlich vorkommt, damals jedoch zwingend zur Garderobe eines jeden eleganten Herrn gehörte, der sich als »Dandy« verstand. Honoré de Balzac besaß ein besonders ausgefallenes Modell, von dem ganz Paris sprach: ein Stock in Überlänge mit einem überdimensionierten goldenen und von Türkisen verzierten Knauf. Ein auffälliges Accessoire, das der sonst eher grobschlächtige Mann und Autor der *Menschlichen Komödie* stolz zur Schau trug. Einige Chronisten beschreiben ihn als kleinen dicklichen Provinzler, der von seinem Äußeren her eher an einen Kaufmann erinnerte als an einen Lebemann, als welcher er so gern wahrgenommen werden wollte. Alle bissigen Karikaturen jener Zeit zeigen ihn tatsächlich unzertrennlich mit seinem Accessoire, das der Schriftsteller bis zu seinem Tod argwöhnisch im Auge behielt, und heute im *Maison de Balzac* zu bewundern ist.

Wie hätte Balzac (den Adelstitel hatte er sich selbst verliehen) so brillant über die menschlichen Eitelkeiten schreiben können, wenn er diese nicht allzu gut gekannt hätte? Auch er durchquerte wie ein Wahnsinniger ganz Paris, allerdings in erster Linie, um seinen Gläubigern zu entfliehen, die ihm ständig auf den Fersen waren; wenngleich er Tag und Nacht erfolgreiche Romane, Pamphlete und Feuilletonartikel schrieb, wurde er dennoch nie Herr seiner Schulden, denn er besaß – mal abgesehen von der Schwäche für Spazierstöcke – einfach zu viele Laster.

Wer ebenso wie Balzac schöne unnütze Dinge liebt, dem sei ein origineller, unauffälliger Laden im 9. Arrondissement, in der *Passage* Jouffroy 34, empfohlen, der ehemaligen Galerie Segas. Ein kleiner, düsterer, mit roten Samtvorhängen abgehängter Raum mit enormen Hirschgeweihen aus Holz an den Decken. In seinem Inneren findet man eine beeindruckende Auswahl an Spazierstöcken, von ganz einfachen bis hin zu besonders wertvollen, die einem König alle Ehre machen würden. Monsieur Segas, legendärer Besitzer dieses Ladens, vormals Schauspieler und nun einer der größten Experten und Sammler auf diesem Gebiet, beschränkt sich inzwischen auf den Online-Vertrieb. Doch zusammen mit seinem Laden ist auch sein Wissen an seinen Nachfolger übergegangen, der auf unterhaltsame und sachkundige Weise über die Geschichte des Spazierstocks als Symbol der Eleganz bzw. des Prestiges informiert, zum Beispiel mit der Anekdote, wie der Sonnenkönig diese Mode am Hofe einführte. Ludwig XIV. verließ seine Gemächer niemals ohne eines dieser kostbaren Machtattribute. Dank seines langen edlen Spazierstocks, in Kombination mit den berühmten roten Absatzschuhen (ob sich der Top-Designer Louboutin wohl von dem Modell »Versailles« was abgeschaut hat?) und nicht zu vergessen seiner Perücke so hoch wie eine dreistöckige Torte, besaß der untersetzte Monarch mit seinen kurzen Beinchen gleich ein viel königlicheres und respektvolleres Auftreten. So bildete er es sich zumindest ein. Auf jeden Fall half ihm der Spazierstock das Gleichgewicht zu halten, was für einen König von Frankreich nicht ganz unwichtig ist.

Die *Passage* Jouffroy ist nur eine der vielen Pariser Passagen: Gassen verborgen unter Dächern aus Glas und Stahl, kleine Zufluchtsorte inmitten des Stadtzentrums zwischen Geschäfts- und Wohnhäusern und verkehrsreichen Straßen, wo man sich nur allzu gern verliert. Über diese charmanten Ladenpassagen mit ihren Kuriositäten werden wir noch an anderer Stelle sprechen, denn es sind derartig eindrucksvolle und einzigartige Orte, dass sie bei den berufsmäßigen Flaneuren egal welcher Epoche zu den bevorzugten Plätzen ihrer Streifzüge zählen. Eine gute halbe Stunde zu verweilen und sich mit einem Sammler von Spazierstöcken zu unterhalten, mag dem einen oder anderen als Zeitverschwendung vorkommen. Und doch ist es ein kleiner heilsamer Luxus, den wir uns mittlerweile vielleicht nur noch auf Reisen gönnen... Um jeglicher Diskussion um die Unproduktivität der Langsamkeit ein Ende zu setzen, genügt ein einziger Blick auf die Karikatur, die den echten Flaneur als einen Mann darstellt, der eine Schildkröte an der Leine spazieren führt.

Verlorene Schritte?
Das gibt es nicht!

Lösen Sie sich von jeglichem Gedanken an Zeitverschwendung: Lassen Sie sich von Ihrer Neugierde leiten, folgen Sie dem Instinkt, denn es gibt keine falschen Wege oder unnütze Spaziergänge, oder besser noch, es gibt keine »verlorenen Schritte«, wie uns André Breton in seinem Roman *Nadja* lehrt, der inzwischen Kultstatus erlangt hat. Die Handlung ist im Paris der 20er Jahre angesiedelt, das der surrealistische Autor in Begleitung der mysteriösen Protagonistin, einer der rätselhaftesten Frauenfiguren der französischen Literatur, in einem sinnlichen und traumartigen Dämmerzustand durchwandelt.

Zusammen mit den beiden entdecken wir Bistrots und Boulevards und stoßen auf einen kleinen Platz, der trotz seiner zentralen Lage im Herzen der *Île de la Cité*, unweit des berühmten
Pont-Neuf, so versteckt ist, dass man ihn fast übersehen könnte.
Was wirklich bedauerlich wäre, denn der Platz ist ein unauffälliger und faszinierender Ort, ein wahres Juwel, wie uns Breton erklärt:»Diese Place Dauphine ist wohl einer der zutiefst zurückge-
zogenen Orte, die ich kenne [...]. Jedesmal, wenn ich mich dort
befand, fühlte ich mich alle Lust verlieren, anderswo hinzugehen,
musste ich mit mir selbst kämpfen, um mich aus einer sehr ge-
schmeidigen, einer allzu angenehm zudringlichen und alles in
allem erschöpfenden Umarmung zu befreien.«

Ich weiß nicht, ob die Wahl des Wohnsitzes von Simone Signoret und Yves Montand in der Hausnummer 15 an der Place Dauphine etwas mit André Breton zu tun hat, doch die kleine Wohnung im Erdgeschoss, die die beiden liebevoll »Wohnwagen«
(La Roulotte) nannten, war jahrelang das Zuhause der beiden. In
ihrem Roman *Adieu Wolodja* erinnert sich Simone Signoret in
zärtlichen Worten an diesen Ort und bezeichnet ihn als»den be-
schaulichsten aller provinziellen Plätze«. Beide liebten das Viertel und waren Stammgäste im Restaurant *Chez Paul*, das so nah
zu ihrer Wohnung lag, dass es zu ihrer privaten Küche wurde.
Mehr als Spaghetti mit Butter hat Simone Signoret nämlich während ihrer 30-jährigen Ehe nicht hingekriegt:»Das Kochen ist
definitiv nicht ihre Sache!«, verriet Yves Montand. Dafür hatte
sie allerdings andere Qualitäten. Simone war nicht nur eine erstklassige Schauspielerin, die von einem weltweiten Publikum verehrt wurde, sondern auch eine echte Intellektuelle, die engagiert
an der politischen Diskussion ihres Landes teilnahm. Über die
Zeit wurde sie mit ihrem markanten, von Falten durchfurchten
Gesicht zur weiblichen Ikone eines natürlichen Alterns ohne

chirurgische Eingriffe. Was niemanden davon abhielt, sie weiterhin für bedeutende Rollen zu besetzen.

Dieses Paar zweier lebendiger Mythen, die eine aus dem französischen Film, der andere aus der Musik, einte eine leidenschaftliche und turbulente Liebe. Natürlich schafften sie es immer wieder mit Schlagzeilen in die Presse, sei es durch ihr politisches Engagement und ihre extremen Haltungen in der Öffentlichkeit, sei es durch Yves Liebesaffären. Zu den wohl spektakulärsten Abenteuern dieser Art gehört die Liaison mit Marilyn Monroe während der Dreharbeiten zu George Cukors Film *Machen wir's in Liebe*. Auch wenn Simone um den unwiderstehlichen Charme ihres Mannes wusste, war dies doch ein harter Schlag für sie. Doch sie verstand es wie üblich, mit Stil zu kontern: »Wenn sich Marilyn Monroe in meinen Mann verliebt hat, dann beweist das nur ihren guten Geschmack: Auch ich bin in ihn verliebt!« Und »Goldhelm«, wie man Simone Signoret nach dem Film, durch den sie berühmt wurde, nannte, überstand auch diese Turbulenzen, vielleicht indem sie sich einfach eine der berühmten *Gauloises* genehmigte …

Die Place Dauphine ist so entzückend, dass sie ganz unauffällig in vielen Büchern vorkommt, bei Gérard de Nerval oder Anatole France und sogar bei dem italienischen Autor Curzio Malaparte. Alle waren sie hingerissen vom diskreten Charme des Platzes, sodass man paradoxerweise die Behauptung nur unterstreichen kann, Paris, »die Stadt der hunderttausend Romane«, sei von ihren Autoren erfunden worden, die, selbst wenn sie von Abenteuern und Liebesgeschichten schreiben, im Grunde nichts weiter tun, als den Mythos der Stadt zu verfestigen.

Widerstand ist zwecklos, geben wir uns geschlagen: Die eigentlichen Pariser Reiseführer sind die Romane der Autoren, die die Stadt vor uns geliebt und sie bis ins kleinste Detail beschrieben haben, wie Maler, die sich ganz dem Porträt einer zu erobernden Frau hingeben. Zu jedem Arrondissement gibt es eine Roman-version: Belleville wäre heute nicht so, wie es ist, ohne die Bücher von Daniel Pennac, die das wuselige Multikultiviertel zu einem echten literarischen Helden gemacht haben. Während Montparnasse und seine Brasserien einiges von ihrem Charme verloren hätten, wenn Ernest Hemingway sein ständiges Pilgern dorthin nicht in den in Paris angesiedelten Romanen verewigt hätte.

Die Künstler nehmen uns an der Hand, sie sind die Schutzen-gel, die lautlos über unsere Spaziergänge wachen; es gibt keine Straße, keine Uferpromenade, kein Bistrot oder Gebäude, das nicht schon einmal in einem Buch erwähnt, beschrieben oder erlebt worden wäre. In Paris überlagern sich Vergangenheit und Gegenwart wie Schichten unterschiedlicher Architekturstile, wahre geologische Ablagerungen aus Erinnerungen, die sich den erstaunten Augen der Besucher offenbaren … Wie könnte man das Phantom von Molière in den Straßen rund um den *Palais Royal* nicht wahrnehmen? Der Schauspieler und Dramatiker, den Ludwig XIV. mindestens genauso liebte wie seinen Spazierstock, wohnte in der Hausnummer 40 der Rue de Richelieu, einem großzügigen Stadtpalais, das er nach seinen ersten großen Büh-nenerfolgen prunkvoll ausgestattet hatte. Ein elegantes Wohn-haus, praktisch gelegen in Fußnähe zum Theater, wo gewöhnlich seine Komödien aufgeführt wurden. Doch eines Abends im Jahr 1673, am Ende der vierten Vorstellung seines Stücks *Der eingebil-dete Kranke*, in dem er selbst die Hauptrolle übernommen hatte, brach Molière auf der Bühne ohnmächtig zusammen, gerade in dem Moment, als der Vorhang unter tosendem Applaus fiel. Das Publikum hatte nichts davon mitbekommen. Molière wurde von den Schauspielern auf einen Sessel des Bühnenbildes gehievt und darauf bis in seine Luxuswohnung getragen. Umsonst wurde eiligst nach einem Priester für die letzte Salbung geschickt, und um ihm die Gelegenheit zu geben, seinem Schauspielerberuf abzuschwören, damals die einzige Möglichkeit für jemanden aus dem Theatermilieu, sich eine würdevolle und ehrbare Bestattung zu sichern. Kein Geistlicher fand sich, der sich dieser sündigen Verantwortung stellen wollte, und so starb Molière wenige Stunden später ohne den letzten Segen. Oder wie ein Journalist jener Zeit schrieb: »Molière konnte es nicht schnell genug gehen zu sterben, der Teufel hat ihn hastig zu sich genommen.«

Heute thront in der Rue de Richelieu sein Denkmal, das uns gleichgültig anblickt, während sich in seiner ehemaligen Wohnung nun Präsentationsräume für die Bewerbung von Luxusprodukten befinden: »… Eleganter und großzügiger Showroom, fünf Säle verfügbar, ideal für Modeschauen, Empfänge und exklusive Events!« So zumindest verspricht es das Werbeplakat. Die Kellerräume hingegen beherbergen ein Restaurant mit dem deutschen Namen *La Heimat*, von einer solch schlichten und dürftigen Eleganz wie es bei den Sternerestaurants üblich ist. Doch aufgepasst: Wer weiß, ob der hämische Geist Molières nicht zwischen den Tischen herumspukt und seine Streiche aus heckt. Für alle Fans des Dramatikers sei hier noch der Hinweis genannt, dass unweit der Rue de Richelieu, im Foyer des angesehensten Pariser Theaters, der Comédie-Française, der Sessel ausgestellt ist, der dem großen Molière als letztes Transportmittel diente. Er wurde noch über Jahre für das Bühnenbild benutzt (nur von autorisierten Schauspielern) und wird heute, geschützt von einem gläsernen Schrein, wie eine Reliquie von allen Mimen der Stadt angebetet.

EINE GEMEINSCHAFT VON EXZENTRIKERN

»Man kann der Vergangenheit in Paris nicht entkommen, und das Herrliche daran ist, dass Vergangenheit und Gegenwart so eng ineinander verflochten sind, dass es nicht als Bürde erscheint.« So Allen Ginsberg, der nach Paris gekommen war, um eben jene magische Stimmung zu erleben. Der wohl berühmteste Autor der Beat Generation hauste in einer Absteige, dem Beat Hotel, in der Rue Gît-le-Cœur 9, zwischen dem 6. und 5. Arrondissement, dem Viertel der Universitäten und Buchhandlungen, das ehemals von Studenten und Literaten bewohnt war. Dieses kleine, heruntergekommene Hotel ohne Sterne wurde in den 1950er Jahren zum Zufluchtsort einer ganzen Horde amerikanischer Künstler, die, wie viele andere bereits vor ihnen, auf der Suche nach Inspiration in die französische Hauptstadt gekommen waren. Von seinen Bewohnern scherzhaft als das billigste Hotel der ganzen Stadt bezeichnet, belegte die Beat Generation einige wenige schäbige Zimmer, zwar mit Bad auf dem Gang, aber dafür mit einer Vermieterin, die einem nicht ständig die Pistole auf die Brust setzte, wenn man mal wieder mit der Miete im Verzug war. Und vor allem lag Notre-Dame nur zwei Schritte entfernt, ein ideales Sprungbrett also, um sich in die Stadt zu stürzen.

In Wahrheit war Ginsberg jedoch auch auf der Flucht vor juristischen Scherereien um die Veröffentlichung seines Gedichtes *Das Geheul* und hatte in Paris die viel beschworene Freiheit gefunden, die alle »exkommunizierten« Künstler seit jeher angezogen hatte. Das Hotel verwandelte sich schnell in eine psychedelische Literaturwerkstatt. Die Lobby wurde von Dichtern und Schriftstellern – oder solchen, die es werden wollten – bevölkert, zum Experimentieren neuer Literaturstile und vielem mehr. In der kleinen Mansarde des obersten Stockwerkes entstand Gregory Corsos *Bomb*, sein wohl bekanntestes Gedicht, während William S. Burroughs in seinem Zimmer an dem skandalträchtigen Werk *Naked Lunch* arbeitete, für das er die von den Dadaisten bevorzugt verwendete Schreibtechnik des *Cut-up* benutzte.

> »Man kann der Vergangenheit in Paris
> nicht entkommen, und das Herrliche daran
> ist, dass Vergangenheit und Gegenwart
> so eng ineinander verflochten sind,
> dass es nicht als Bürde erscheint.«

Heute ist nur noch wenig von dieser Aufbruchsstimmung zu spüren, das Hotel existiert jedoch noch immer: Nach einer Komplettsanierung ist es nun ein elegantes Vier-Sterne-Boutique-Hotel, das *Relais Hôtel du Vieux Paris*. An die Bewohner von einst erinnern nur noch eine Gedenktafel an der Wand und einige Fotos im Inneren sowie ein sehenswerter Dokumentarfilm des Regisseurs Alan Govenar. Darin bezeugt er, welch kreativen Entstehungsort doch diese dürftigen Zimmer darstellten, die von einer »Gemeinschaft von Exzentrikern« belagert wurden, »skurrile Typen, Dichter, Autoren, Künstler, Musiker, Zuhälter, Prostituierte, Polizisten und was man sich sonst noch vorstellen kann.« Aus den letzten Seiten seiner New Yorker Tagebücher ist herauszuspüren, wie schmerzlich William S. Burroughs diese schöpferische Kraft, die diese Mauern durchdrangen, vermisste: »Wie gern hätte ich sie zurück, die Magie, die Gefahr und die Angst dieser Jahre in der Rue Gît-le-Cœur 9 […].«

Alle Hotelgäste waren gleichzeitig auch Stammkunden der Buchhandlung *Shakespeare & Company,* die sich gleich um die

Ecke, in der Rue de la Bûcherie 37, befand, ein zauberhafter Ort direkt an der Seine, der seit jeher den Amerikanern in Paris als Refugium gedient hatte. Die Geschichte dieser kleinen Buchhandlung ist so faszinierend, dass wir in einem eigenen Kapitel noch einmal darauf zurückkommen, doch so viel vorweg: Sie befindet sich glücklicherweise noch immer am selben Ort, der majestätischen Notre-Dame trotzend, und erwartet die Kunden mit ihrem beeindruckenden Erbe. Die Regale bergen neben Büchern in englischer Sprache alles, was das Herz begehrt: seltene Ausgaben, unauffindbare Werke, und alles darf angefasst und durchgeblättert werden. Auch der Katalog mit den seltenen Fotos von Harold Chapman über die Beat Generation, der das *Centre Pompidou* eine Ausstellung gewidmet hat. Der englische Fotograf hatte über zwei Jahre lang die Künstler im Beat Hotel in ihrem Alltag begleitet; während der gesamten Zeit, so Allen Ginsberg, »hat er kein einziges Wort gesprochen«, weil er »unsichtbar« sein und alles so dokumentieren wollte, wie es tatsächlich passierte. Vermutlich ist das der Grund, warum er als Einziger diese Ära aus Exzess und Wahnsinn heil überstanden hat und heute gesund und munter in einer ruhigen kleinen Ortschaft an der englischen Küste lebt ...

DAS GRAB DES KÖNIGS DER EIDECHSE

Schon jetzt wird klar: Es gibt tausend Arten, Paris zu entdecken. Ähnlich wie bei ineinander geschachtelten Matroschkapuppen, wo immer wieder eine neue zum Vorschein kommt. Anregung für einen Spaziergang kann von überallher kommen, und hinter jeder Straßenecke lauert womöglich ein Phantom, das gern ein Stück des Weges mitgeht. So wie wir es aus Woody Allens Film

Midnight in Paris kennen, in dem der Regisseur auf eine ganze Reihe von Geistern der Vergangenheit stößt. Nicht unbedingt ratsam ist es allerdings, dafür auf den Stufen der Kirche Saint-Etienne-du-Mont beim Panthéon zu warten. Dort nämlich fährt im genannten Film ein geheimnisvoller Peugeot Landaulet aus den 1920er Jahren vor und fordert den Protagonisten des Films zum Einsteigen auf, um ihn auf eine abenteuerliche Zeitreise in die Vergangenheit mitzunehmen, von der wir alle schon einmal geträumt haben. Ich habe es ausprobiert, aber Hemingway hat sich nicht blicken lassen. Außerdem war ich nicht die Einzige. Mit mir zusammen hat sich ein ganzer Reisebus mit Japanern, ganz offensichtlich Woody-Allen-Fans, umsonst die Nacht um die Ohren geschlagen.

Besser man lässt sich einfach überraschen und beginnt die Zeitreise gleich auf dem monumentalen Friedhof *Père Lachaise*, dem Ort schlechthin für stadtgeschichtlich relevante Pariser Berühmtheiten. Ein Ort, der auch all jenen gefallen wird, die sich sonst nicht unbedingt auf Friedhöfe wagen, denn nichtsdestotrotz ist er weder ein trauriger noch ein schauriger Ort wie *The Walking Dead* suggeriert. Auch die Hauptfigur in Pennacs Romanen, Benjamin Malaussène, geht häufig über den *Père Lachaise* spazieren und behauptet, sich bereits einen Platz zwischen den Elitegräbern gesichert zu haben. Es sei ihm gegönnt, doch vermutlich ist es heute nicht mehr ganz so einfach, sich ein dauerhaftes Fleckchen zwischen dem Grab von Marcel Proust und Jim Morrison zu ergattern.

»Es ist eine infame Komödie! Dabei ist es noch immer ganz Paris mit seinen Straßen, seinen Schildern, seinen Gewerben, seinen Palais; aber durch ein Verkleinerungsglas gesehen, ein mikroskopisches Paris, reduziert auf die Dimensionen der Schatten, der Larven, der Toten, eine Menschengattung, die außer ihrer

Eitelkeit nichts Großes mehr besitzt.« So beschreibt Honoré de Balzac den *Père Lachaise*, auf dem eine ganze Reihe seiner Protagonisten die letzte Ruhe finden.

Für uns heute unvorstellbar, dass 1804, als der Friedhof eingeweiht wurde, die Pariser sich dagegen sträubten, ihre Toten dort zu begraben. Für sie galt er als schlecht erreichbar, zu unpraktisch und zu abgelegen. In der Tat gab es das 20. Arrondissement damals noch nicht, und das Viertel war ein kleines ländliches Dorf zwischen Weinbergen und Mühlen. Um »Kunden« anzulocken, ordnete die Friedhofsverwaltung, schlau wie sie war, die Verlegung einiger bekannter Leichname auf den neuen Friedhof an. Die ersten waren Jean de la Fontaine und Molière, dann kam Cyrano de Bergerac hinzu. Doch der eigentliche Geniestreich bestand in der Umbettung der Leichname von Abaelard und Heloise, dem wohl gegensätzlichsten Liebespaar Frankreichs, das schließlich in der gemeinsamen Ruhestätte vereint war. Von da an verlangte ganz Paris nach einem Grab neben den »Berühmten«.

Heute versammelt der *Père Lachaise* 70 000 mit Statuen, Reliefs oder Votivkapellen verzierte Gräber, die sich alle in ihrem eigenen architektonischen Stil voneinander absetzen und damit aus ihm nicht nur einen der vielseitigsten Friedhöfe der Welt machen, sondern auch eine der meistbesuchten Pariser Sehenswürdigkeiten. Die Liste der Stars und Legenden ist endlos lang: Auf dem 44 Hektar großen Gelände ruhen Seite an Seite Amedeo Modigliani, Colette, Apollinaire, Maria Callas und Edith Piaf, die, im nahe gelegenen Belleville aufgewachsen, gewissermaßen heimgekehrt ist. Yves Montand und Simone Signoret teilen dasselbe Grab, so wie sie ihr langes Eheleben im »Wohnwagen« an der Place Dauphine miteinander teilten. Molière, letztendlich doch begnadigt, hat zwischen den geweihten Gräbern seinen Frieden gefunden, während von Chopin hier nur der Leichnam ohne Herz liegt, da dieses auf Wunsch des Musikers in eine Säule der Heilig-Kreuz-Kirche in Warschau eingemauert wurde; der Überlieferung nach soll seine Schwester es in einer Cognacflasche versteckt über die Grenze nach Polen geschmuggelt haben. Eines der meistbesuchten Gräber ist das von Jim Morrison. Zunächst mit einer Büste verziert, die sein Konterfei mit einer teuflischen Fratze zeigt, bleibt nach deren Diebstahl durch fanatische Fans heute nichts weiter davon übrig als ein rechteckiges Stück Erde, das Fans mit Liebesbriefen, Bierdosen und fertig gedrehten Joints übersäen, um dem »König der Eidechsen« das Leben im Jenseits angenehmer zu machen. Nicht unbedingt das Schlechteste, denn jetzt, wo die Büste verschwunden ist, können wir offen zugeben, dass sie derart hässlich war, dass sich der Musiker im Grabe umgedreht hätte. Oscar Wilde ist es noch schlimmer ergangen: Dem marmornen Engel, der sein Kenotaph ziert, wurden die Genitalien abgetrennt. Zur Entschädigung ist das gesamte Monument von Lippenstiftabdrücken leidenschaftlicher Küsse überzogen, die glühende Verehrer als Zeichen ewiger Liebe hinterlassen haben. Um solche Exzesse einzudämmen, wurde eine Vitrine aus bruchfestem Glas um die Statue herum errichtet, doch auch diese trägt Kussspuren.

> Das Grab von Tignous, dem Cartoonisten
> von »Charlie Hebdo«, ist ein einziges
> Blumenmeer und von bunten Stiften
> und Kugelschreibern übersät.

Balzac, der zu Lebzeiten dazu gezwungen war, ständig seinen Wohnort zu wechseln, hat nun endlich hier auf dem *Père Lachaise* einen dauerhaften Wohnsitz gefunden, wo ihn niemand mehr belästigt. Auf seinem Grab, unterhalb der Büste, die ihn darstellt, liegt eine bronzene Nachahmung der *Menschlichen Komödie* und daneben ein Federhalter, vielleicht um es dem Schriftsteller auch im Jenseits zu ermöglichen, einer plötzlichen Eingebung nachzugehen. Wenn man sein Leben lang so viel geschrieben hat, ist es sicherlich nicht einfach, damit aufzuhören. Auch das Grab von Tignous, dem Cartoonisten von *Charlie Hebdo*, der sein Leben beim Attentat auf die Redaktion im Januar 2015 verloren hat, ist ein einziges Blumenmeer und von bunten Stiften und Kugelschreibern übersät.

Von hier oben überblickt man die zwischen den beiden Seineufern liegende Stadt. Genau von dieser Stelle aus stieß Rastignac, Romanfigur aus Balzacs *Menschlicher Komödie,* eine der finstersten Drohungen gegen Paris aus, nachdem er den Leichnam Vater Goriots zu Grabe getragen hatte: »Er warf auf diesen wimmelnden, summenden Bienenstock einen Blick, der schon im Voraus all seinen Honig aufzusaugen schien, und sprach die grandiosen Worte: Jetzt wollen du und ich uns messen!« Das soll auch unser Motto sein.

BISTROT

B WIE BISTROT

»Wir kehrten immer wieder dorthin zurück [...].
Paris war es immer wert, und man bekam den
Gegenwert für alles, was man hinbrachte. Aber so
war das Paris unserer ersten Jahre, als wir sehr arm
und sehr glücklich waren.«

Ernest Hemingway, *Paris – ein Fest fürs Leben*

Das Pariser Bistrot ist weitaus mehr als eine Bar und weniger als ein Restaurant. Es ist vor allem eine unmittelbare und erschwingliche Antwort auf das Verlangen nach unverbindlichem Kontakt. Ein Transitraum, der den heiklen Übergang zwischen der heimischen Privatsphäre und dem großstädtischen Chaos erträglich macht. Doch gleichzeitig auch ein sicheres und stets zugängliches Mittel gegen die Einsamkeit, zur Deckung der Tagesdosis an *Joie de vivre*. Nicht umsonst heißt es, dass die Stadt des Lichts mehr Bistrots zählt als Apotheken und das Bistrot seit jeher für das Wesen des Pariser Lebens steht: Wenn ein Ethnologe von unbestrittenem Ruf wie Marc Augé einen ganzen Essay den Pariser Bistrots als Zivilisationsmodell widmet, dann gibt es daran wohl nichts zu zweifeln.

Paris ist voll von Bistrots, und jeder Kenner hat seine Lieblingsorte, jedes Arrondissement rühmt sich seiner ganz besonderen Attraktion. Da gibt es die historischen, seit zweihundert Jahren existierenden Bistrots oder die hippen mit exzentrischen

Bars und Cocktails von skurrilen Namen. Doch jeder Tisch heißt »all jene willkommen […], für die die Straße ein mögliches Abenteuer bleibt«. Kein Tourist entgeht der Faszination der Pariser Cafés, wo man sich inmitten der Menge wie zu Hause fühlt oder besser noch wie in einem Garten, wie der italienische Autor Leonardo Sciascia es sich vorstellt, der ein passionierter Parisreisender war: »[…] Kaffeeterrassen blühten mit runden Tischchen auf dünnen Beinen, und die Kellner gingen wie Gärtner einher, und wenn sie Kaffee und Milch in die Tassen schütteten, war es, als besprengten sie weiße Beete.«

Für einen Vielreisenden kann der Zwischenstopp im Bistrot ein altbewährtes Mittel sein, die Stadt zu entdecken und bei einem Kaffee das Spektakel der »anderen« zu genießen, um sich in Toleranz und Offenheit zu üben.

Genau aus diesem Grund waren die Terroranschläge auf Pariser Restaurants, Cafés und Bars besonders perfide und von symbolischem Charakter. Sofort nach Bekanntwerden der tragischen Ereignisse im November 2015 grassierte in den Lokalen der Stadt folgender Slogan: »Tous au bistrot!« Auf ins Bistrot! – eine unmissverständliche Aufforderung an alle Bewohner der Stadt, sich von einem Besuch der Lokale auch in Zukunft nicht abbringen zu lassen. Die Pariser folgten diesem Aufruf. Als Antwort auf die Gewalt strömten sie in die Bars, und um sich nicht von der Angst erpressen zu lassen, ließen die Betreiber die Rollgitter geöffnet, um vorübergehenden Passanten Getränke auszuschenken. Eine Herausforderung, eine Provokation zur Stärkung dieser lebendigen Schauplätze Pariser Kultur. Es ist kein Zufall, dass man dort, wo die Anschläge stattfanden, zwischen brennenden Kerzen, Blumen und Beileidsbekundungen hier und dort auch den Roman *Paris – ein Fest fürs Leben* von Ernest Hemingway entdecken konnte: das Pariser Tagebuch eines Schriftstellers, der den

Geist der Stadt begriffen und diese aus tiefstem Herzen geliebt hat – und der natürlich zu den passionierten Bistrotbesuchern gehörte. Man sah Exemplare seines Romans im Bataclan, auf der Place de la République und bei der Schweigeminute in Gedenken an die Opfer, zu der viele Pariser das Buch mitgebracht hatten und es stolz vor sich hertrugen: ein Symbol, stärker als tausend Worte. Es ist berührend, wie die Lektüre eines Buches in wirklich schwierigen Zeiten noch immer Trost spenden kann. In unserer durch das Internet geprägten und vom Terror der Kurznachrichten und Selfies beherrschten Welt wirkt es fast anachronistisch, dass ein fünfzig Jahre altes Papierrelikt für viele noch immer eine solche revolutionäre Sprengkraft und Ermutigung in sich birgt. Und doch hat sich die Botschaft des amerikanischen Schriftstellers dermaßen rasant verbreitet, dass der Verlag aufgrund der großen Nachfrage eine Neuauflage des Romans drucken musste, die inzwischen ebenfalls vergriffen ist.

> Als Antwort auf die Gewalt strömten
> die Pariser in die Bars, und um sich nicht
> von der Angst erpressen zu lassen,
> ließen die Betreiber die Rollgitter geöffnet.

Hemingway bringt in seinem Buch die Philosophie der Bistrots auf den Punkt, wenn er sie als begehrte Ruhepunkte im Fest fürs Leben bezeichnet, dem Fest der Stadt (Paris), die sich trotz allem nicht unterkriegen lässt. Es lohnt sich, das Buch während eines Parisaufenthalts als Einstimmung noch einmal zu lesen. Selbst wenn die meisten der von Hemingway beschriebenen Cafés heute sehr touristisch sind und ein wenig von ihrem Bohème-Charakter eingebüßt haben im Vergleich zu damals, als Hemingway und die Horde amerikanischer Schriftsteller, arm, aber schön, hier noch Dauergäste waren und sie zu literarischen Künstlertreffs umfunktionierten.

DIE CLOSERIE DES LILAS UND DIE LOKALE DER RIVE GAUCHE

> *»Die Notizbücher mit den blauen Rücken, die zwei Bleistifte und der Bleistiftspitzer (ein Taschenmesser war zu verschwenderisch), die Tische mit den Marmorplatten, der Geruch des frühen Morgens, des Ausfegens und Aufwischens und Glück war alles, was du brauchtest.«*

> Ernest Hemingway, *Paris – ein Fest fürs Leben*

Von allen Bistrots, in denen der amerikanische Schriftsteller regelmäßig verkehrte, steht die *Closerie des Lilas* auf meiner Nostalgieliste unverändert auf Platz eins. Selbst wenn es heute eigentlich ein Luxusrestaurant ist, erliegt man noch immer dem Charme dieses Lokals am Boulevard du Montparnasse 171, also praktisch dem höchsten Punkt des bei Intellektuellen so beliebten Viertels am linken Seineufer.

Das mag daran liegen, dass es einer der ersten Schätze war, die ich als junges Mädchen auf meinen schüchternen Pariser Streifzügen entdeckte. Oder an den blühenden Lilien am Eingang, von denen der Gast auch heute noch empfangen wird. Die *Closerie* hat jedenfalls ihren besonderen Charme von einst und das ländliche Flair der alten *Guinguettes* bewahrt: Tavernen, außerhalb des schicken Pariser Stadtlebens, mehr Ballsäle als Restaurants, wo Damen sich mit ihren Verehrern trafen, um nach den kindlichen Freuden einer Landpartie ihre ungebremste Lust nach Unterhaltung auszuleben. Liest man die Geschichte der *Closerie*, überkommt einen das Gefühl, die Gäste bestanden in erster Linie aus Künstlern und nicht aus Normalsterblichen. Offensichtlich haben alle, von Baudelaire bis Henry Miller, irgendwann mal ein Gläschen an diesen Tischen und im Schatten der denkwürdigen blühenden Lilien getrunken.

»Das *Closerie des Lilas* war eins der besten Cafés in Paris. Im Winter war es drinnen warm, und im Frühling und Herbst war es draußen wunderbar mit den Tischen im Schatten der Bäume […]«. So die lapidare Beschreibung von Hemingway in *Paris – ein Fest fürs Leben,* die es locker mit jedem Kommentar bei TripAdvisor aufnehmen kann. Dem amerikanischen Schriftsteller war keines der Bistrots im Viertel entgangen, es gab kein Lokal, keine Brasserie, die er nicht vor, während oder nach dem Krieg aufgesucht hätte, doch die *Closerie* betrachtete er als seinen offiziellen Wohnsitz in der Stadt und nannte sie tatsächlich sein *Home Café*. Im Schatten der Lilien hat er *Paris – ein Fest fürs Leben* geschrieben, und ebenfalls hier zeigte ihm Francis Scott Fitzgerald die ersten Entwürfe von *Der große Gatsby*. Vielleicht an demselben Tisch, an dem einige Jahre zuvor Lenin seine Qualitäten als Politstratege mithilfe des Schachspiels perfektionierte.

Auch aus diesem Grund haben sich die Preise im Vergleich zu früher verändert, und es ist ratsam, sich zunächst an die übersichtlichere Speisekarte der Brasserie zu halten; doch zumindest ein Glas Champagner auf die alten Zeiten kann man sich schon gönnen, denn die Atmosphäre von einst ist auf wundersame Weise erhalten geblieben. Und wenn man schon mal da ist, bietet es sich praktischerweise an, den im klassischen Art-déco-Stil erhaltenen Toiletten einen Besuch abzustatten. Sie rangieren auf meiner persönlichen Hitliste der öffentlichen Pariser Toiletten übrigens ganz weit oben.

Wo wir gerade beim Thema Toiletten und *Lost Generation* sind: Es gibt noch ein weiteres Restaurant, das durch eine Anekdote berühmt wurde. Ich würde sie nie erzählen, wenn sie nicht sowieso schwarz auf weiß auf den letzten Seiten von *Paris – ein Fest fürs Leben* nachzulesen wäre, das glücklicherweise erst 1964 posthum herauskam, als Ernest und sein Freund Scott schon lange tot waren. Wenn Hemingway beim Pferderennen gewonnen hatte oder wenn ihn jemand einlud, ging er immer im edlen *Michaud* essen, einem angesehenen Restaurant auf der Rive gauche, wo James Joyce für gewöhnlich mit seiner gesamten Familie zu Mittag aß und dabei fröhlich auf Italienisch plauderte, seiner unangefochtenen Lieblingssprache. Heute heißt das Restaurant *Le Comptoir des Saints Pères*, befindet sich aber nach wie vor an derselben Stelle, zwischen Rue Jacob und Rue des Saints-Pères. Ehrlich gesagt ist es inzwischen nichts Besonderes mehr, und auch die Toiletten, Schauplatz einer nicht alltäglichen Episode, können es mit ihrer Geschichte nicht mehr aufnehmen.

Francis Scott Fitzgerald war zu jener Zeit etwas deprimiert wegen seiner Lebensgefährtin Zelda, einer faszinierenden Muse von unberechenbarem Temperament. Scottie hatte das Bedürfnis, sich jemandem anzuvertrauen, und lud daher seinen Freund Ernest zum Mittagessen ein. Nach mehreren Gängen und zahlreichen Gläsern Wein… »Schließlich, als wir die Kirschtorte aßen und eine letzte Karaffe Wein tranken, sagte er: ›Du weißt, dass ich mit niemand außer mit Zelda geschlafen habe.‹ ›Nein. Das wusste ich nicht.‹« So die etwas verblüffte Antwort Hemingways angesichts dieser ungewohnten Intimität. »Zelda hat gesagt, dass ich durch die Art, wie ich gebaut bin, nie eine Frau glücklich machen könne, und das war's, was sie zuerst aus dem Gleichgewicht gebracht hat. Sie sagte, es sei eine Frage der Maße.« An diesem Punkt forderte der Autor des Romans *In einem anderen Land* mit der Soldatenmiene des Kriegsberichterstatters seinen Freund auf, ihm auf die Toilette zu folgen, die er zu diesem Anlass das »Büro« nannte. Allein auf der Toilette des *Michaud*, mustert »General« Hemingway das bemängelte Körperteil des armen Scott, um schließlich sein knappes Urteil zu fällen: »Du bist völlig in Ordnung [...]. Du bist okay. Mit dir ist überhaupt nichts verquer. Du siehst dich von oben an, und deshalb siehst du dich verkürzt. Geh rüber in den Louvre und sieh dir die Statuen an, und dann geh nach Haus und sieh dich selbst im Spiegel im Profil an.« Die zwei Freunde gingen tatsächlich in den *Louvre*, doch Scottie war alles andere als überzeugt. Wie die Geschichte ausgeht, kann man im Buch nachlesen, das sich, wie man sieht, perfekt als Stadtführer eignet. Inklusive des empfohlenen Abstechers in den *Louvre* für alle Männer auf der Suche nach Selbstbestätigung, ohne den obligatorischen Zwischenstopp bei der *Mona Lisa*.

Einmal in besagtem Viertel bietet sich eine komplette Tour durch die beliebtesten Bars der Schriftsteller- und Künstlerszene an, die damals das linke Seineufer der Stadt okkupierte. Wenn man seinen Erinnerungen Glauben schenken darf, hat Hemingway überall ein wenig »herumprobiert« ... »Weintrinken war weder Snobismus noch ein Zeichen von Sophisterei noch ein Kult. Es war ebenso natürlich wie Essen und für mich ebenso notwendig [...].« Heute, wo seine starke Trinkernatur bekannt ist, könnte man wohl sagen, er hat diesen Aspekt ein wenig folkloristisch überhöht. Lassen wir uns dennoch auf diesen alkoholisch-literarischen Spaziergang ein und bestellen etwas zu trinken im *Le Select*, auf dem Boulevard du Montparnasse 99, einem weiteren legendären Künstlertreff der Zeit zwischen den beiden Weltkriegen. 1923 eröffnet war das *Le Select* damals das einzige Café in Montparnasse, das rund um die Uhr geöffnet hatte; ideale Bedingungen für diese *verrückten Jahre*, die als Wiege der revolutionären Avantgarde fungierten, bevor der düstere Vorhang der Diktaturen fiel und der Zweite Weltkrieg begann. Hier machte Hemingway die Bekanntschaft von Stammgästen wie Cocteau, Aragon, Breton, Picasso usw.

Das *Le Select*, das inzwischen um zwei Uhr in der Nacht schließt, hat nichts von seinem Charme eingebüßt, dem die Schar aus abgebrannten Schriftstellern, politischen Exilanten sowie diversen Künstlern und Heimatentflohenen schon damals erlegen war, die man aufgrund der Wahl ihres Wohnsitzes auf dem links der Seine gelegenen Hügel gemeinhin als *die von Montparnasse* bezeichnete: »Aber was die Amerikaner reizte, war dieses Kaffeehausleben, die Terrasse, jene Freiheit der Sitten, die sie weder in London noch in irgendeiner Stadt des freien und strengen Amerikas kannten, diese internationale Kirmes der *Rotonde*, des *Dôme*, des Parnasse, wo man ungeniert zu jeder Stunde arbeiten, trinken, Klavier spielen konnte […].«

Auch wenn man mittlerweile im *Le Select* nicht mehr »jene Freiheit der Sitten« pflegt, lohnt sich ein Besuch allemal, und sei es auch nur zum Bestaunen seines antiquierten Interieurs und zum Kosten der berühmten *Tarte au citron* nach Art des Hauses, die, im Gegensatz zur Einrichtung, nichts Angestaubtes hat und hervorragend schmeckt.

Die passende musikalische Untermalung für das *Le Select*, ebenso wie für alle anderen Lokale auf unserer Zechtour, wäre ohne Zweifel *Ein Amerikaner in Paris*, jene Tondichtung, die George Gershwin damals während einer seiner regelmäßigen Parisaufenthalte komponierte, bei denen er keines der Pariser Bistrots ausließ. Heute gilt das Orchesterstück unbestritten als Standardwerk, doch damals war diese betörende Mischung aus

Charleston, Jazz und neuen Klängen der Zwölftonmusik bahn-
brechend und barg enorme Sprengkraft. Gershwin versetzt sich
darin in die Rolle eines amerikanischen Touristen und erweiterte
die Orchesterpartitur zur Verstärkung der Atmosphäre eines
Stadtspaziergangs um das Hupen der Pariser Taxis: »untypische«
Instrumente, die er sich im Koffer aus Frankreich mit nach New
York gebracht hatte. Sicherlich waren es diese für ein Sympho-
nieorchester unorthodoxen Klänge, die das Staunen des Publikums in der Carnegie Hall hervorriefen. Außerdem waren das
Hupen und die etwas eigenwillige Fahrweise der Pariser Taxifah-
rer schon damals sprichwörtlich, doch heute wie damals ist es
ganz hilfreich, sich mit ihnen gut zu stellen. Und wer nicht gleich
bei der ersten Kurve rausgeschmissen werden möchte, der sollte
möglichst nicht den Namen »Uber« erwähnen (eine Regel, die
übrigens auch in anderen Ländern gilt).

> Gershwin erweiterte die Orchesterpartitur
> um das Hupen der Pariser Taxis.

Wo wir gerade bei Taxis sind: Wieder mal ist es Hemingway, der
uns auf die richtige Spur bringt, wenn er daran erinnert, dass
»[…] ganz gleich, welches Café auf Montparnasse man dem
Taxichauffeur auch immer nennt, er fährt einen zur *Rotonde*.«
Unter den Bistrots auf dieser Uferseite zählt das *La Rotonde* vielleicht zu den bekanntesten. Zu seinen ersten Stammkunden gehörte Apollinaire und der Kreis um die Zeitschrift *Les Soirées de
Paris*, eine Künstlergruppe, die, in Zeiten vor Facebook, als sich
die Intellektuellen noch wirklich trafen und nicht damit begnügten, einander zu liken, angeregt und konstruktiv debattierte.

Ein Großteil des Erfolgs des *La Rotonde* gebührt seinem Besitzer, dem unermüdlichen Papa Libion, der die Künstler liebte und

bei den vielen unbezahlten Rechnungen immer wieder ein Auge zudrückte. Man erzählt sich, dass Amedeo Modigliani, nachdem er sein erstes Bild für einige Hundert Francs verschachert hatte, ein Fest in seinem nur wenige Schritte vom *La Rotonde* entfernten Atelier ausrichtete, zu dem er Freunde und natürlich Papa Libion, den »Schutzheiligen« all seiner Gäste, einlud. Der Eigentümer des *La Rotonde* staunte nicht schlecht beim Anblick des gedeckten Tisches mit Besteck und Geschirr aus seinem Lokal. Sogar ein Beistelltisch des Restaurants thronte gut sichtbar in der Mitte der kleinen Dachkammer. Sich alles Nötige »auszuleihen«, um die eigene Wohnung einzurichten, war gängige Praxis unter den Stammgästen des Lokals, doch der gutherzige Papa Libion nahm ihnen das nicht übel. Im Gegenteil: Er kehrte noch einmal in sein Restaurant zurück, um etliche Flaschen Wein zu holen, an dem es bei großen Gelegenheiten nie mangelte.

Dies war leider einer der wenigen glücklichen Abende für Modigliani, der sein Leben lang um künstlerische Anerkennung kämpfte. 1917 wurde sogar während der Ausstellung seiner schönsten Aktzeichnungen in der Galerie Berthe Weill vom Polizeikommissar des 9. Arrondissements wegen Sittenwidrigkeit die Beschlagnahmung seiner im Schaufenster aufgehängten Bilder angeordnet.

Nach einem von Alkoholsucht und depressiven Schüben geprägten Leben starb er mit nur 35 Jahren, ohne zu Lebzeiten Achtung für sein Werk erfahren zu haben. Seine Lebensgefährtin Jeanne ertrug diesen schmerzlichen Verlust nicht und beging zwei Tage nach seinem Tod Suizid, indem sie sich aus dem 5. Stock ihres Elternhauses stürzte, das noch ungeborene Kind ihres geliebten Modi im Leib tragend. Eine Tragödie, die Freunde wie Bewunderer Modiglianis tief erschütterte und sie dazu veranlasste, einem vermögenden Sammler ein Gemälde des Künstlers für die unglaubliche Summe von tausend Francs anzubieten, um beiden eine würdige Beerdigung zu ermöglichen. Der Käufer rief persönlich im Pariser Charité-Krankenhaus an, um sich vom Ableben des Malers zu überzeugen und damit auch vom Wert des Bildes. Der Zynismus des Marktes stirbt nie, ganz im Gegensatz zu den Künstlern.

LA COUPOLE UND CHEZ LIPP: DAS YING UND YANG DER RIVE GAUCHE

Wie man sieht, könnte man so noch ewig durch die Bistrots weiterziehen, die im Grunde genommen eher Brasserien sind. Doch die Feinheiten zwischen den unterschiedlichen Spielarten Pariser Gastronomiebetriebe überlasse ich besser den Experten, die mit diesem Thema schon ganze Bibliotheken gefüllt haben. Heute setzen sich immer mehr Gastro-Bistrots durch und die mit Sternen ausgezeichneten Neo-Bistrots, in denen junge schnurrbärtige Chefköche das Einfachste als absolutes Novum anpreisen. Einige werden an anderer Stelle im Buch noch ausführlich besprochen, doch das Neue kann man nicht schätzen, wenn man vorher nicht gelernt hat, sich auf die Geschichte einzulassen. Und am linken Seineufer gibt es noch zwei dieser historischen »Denkmäler«, für die ich eine besondere Schwäche habe: *La Coupole*, eine geräumige Brasserie mit angrenzendem Tanzsaal, und das schlichte, schnörkellose *Lipp*. Zwei entgegengesetzte Stile, die einige der vielen Facetten des einmaligen Paris widerspiegeln.

Wenn ich traurig bin und den Drang verspüre, mich auf die schönen Seiten des Lebens zu besinnen, gehe ich ins *La Coupole*. 1927 auf den Überresten eines ehemaligen Holz- und Kohlespeichers errichtet, entstand das Lokal mit dem Ehrgeiz, zum Blickfang und zum Stadtgespräch von Paris zu werden, was mit dem Tag der Einweihung in Erfüllung ging, als die 1200 für die Eröffnungsfeier bereitgestellten Flaschen Champagner bereits nach einer Stunde aufgebraucht waren.

Die auf zwei Stockwerke verteilten 800 Quadratmeter wurden im Nu von den geladenen Gästen in Beschlag genommen, entzückt von dem Raum, der – von den Lampen über die Theken bis hin zu den Mosaiken – bis ins kleinste Detail kunstvoll von Stararchitekten und Top-Inneneinrichtern entworfen wurde. Doch der eigentliche Hingucker ist die Decke, gestützt von dreiunddreißig Pfeilern, an der ein Fresko nach Vorbild der Sixtinischen Kapelle prangt, das auf Anregung der Besitzer die Themen Natur, Frau, Fest aufgreift. Der Inbegriff der *Joie de vivre* …

> **Wenn ich traurig bin und den Drang verspüre, mich auf die schönen Seiten des Lebens zu besinnen, gehe ich ins La Coupole.**

Das *La Coupole* ist ein wahrer Jugendstiltempel und wurde in die Liste der historischen Denkmäler aufgenommen. Trotz einiger fragwürdiger Restaurierungsarbeiten zeigt es sich seinen Gästen von morgens um acht bis um Mitternacht noch immer in seiner ganzen Pracht. Es empfängt im Durchschnitt 1000 Personen täglich, die sich um die 450 Gedecke, angerichtet von 120 Kellnern und 60 Küchengehilfen, streiten. Die Beschreibung klingt eher nach einer Unimensa, doch trotz der Menschenmassen hat das Ambiente nichts von seinem Charme verloren, dem bereits unzählige namhafte Persönlichkeiten erlegen sind.

Zwischen diesen Säulen feierte schon der Schriftsteller Albert Camus seinen Nobelpreis und Marc Chagall seinen 97. Geburtstag. Joséphine Baker, die hier regelmäßig verkehrte, kam wahlweise in Begleitung ihres anhänglichen Geparden Chiquita oder des nicht weniger anhänglichen George Simenon. Ihr zu Ehren bemalte der Künstler Victor Robiquet einen ganzen Pfeiler, der sie im damals populären *Art-nègre*-Stil im Dschungel umgeben von Affen zeigt. An einem Abend im Jahre 1928 ist es ein weiteres Mal das *La Coupole*, das einer der innigsten Liebesbeziehungen der Pariser Literaturgeschichte seinen Segen erteilt: die zwischen dem Dichter Louis Aragon und der russischen Schriftstellerin Elsa Triolet, die seine Muse und lebenslange Gefährtin werden sollte. Und die den seit jeher von der Stadt verzauberten Dichter zu den Versen »Paris ne m' est que d'Elsa« inspirierte.

Der Raum unter der Kuppel beherbergte für einige Zeit einen großen Brunnen, in dem die Gäste auf Wunsch ihre Füße kühlen konnten; heute prangt dort anstelle des Brunnens ein Werk des französischen Bildhauers Louis Derbré. Doch manch einer kann sich noch daran erinnern, wie Kiki de Montparnasse halbnackt in dem Wasserbecken planschte: »Kiki war die Königin des goldenen Zeitalters von Montparnasse, mehr als Königin Victoria es jemals während des viktorianischen Zeitalters war.« Einige werden noch das Porträt des berühmten Fotografen Man Ray im Kopf haben, dessen Muse und Geliebte sie war. Eine Aufnahme, die im Grunde nicht mehr als ihren beachtlichen nackten Rücken zeigt, auf dem sich in dadaistischer Manier zwei aufgemalte f-förmige Öffnungen eines Cellos befinden. *Le Violon d'Ingres* ist nur eine der zahlreichen Fotografien, in denen diese selbstbestimmte und exzentrische Frau verewigt ist, die schon als Kind den bedeutendsten Malern der Blütezeit des Montparnasse Modell stand, mit ihnen befreundet war und dort selbst als Malerin, Sängerin und Cancan-Tänzerin in Erscheinung trat. Mit ihrem schwarzen Pagenkopf und dem feuerroten Lippenstift belebte Kiki die Pariser Nächte der Rive gauche, ohne sich zu schonen. Davon erzählt sie in ihren ausschweifenden Memoiren, die beim ersten Erscheinen in Amerika 1929 unter die Zensur fielen (zusammen mit *Ulysses* von Joyce!) trotz des Vorwortes ihres illustren Freundes Ernest Hemingway: »Wer die von zeitgenössischen Damen verfasste Literatur […] satthat, sollte dies hier lesen, das von einer Frau stammt, die niemals und zu keiner Zeit eine Dame war. Zehn Jahre lang war sie so knapp davor, Königin zu werden, wie man es heutzutage nur sein kann, doch das ist natürlich etwas völlig anderes, als eine richtige Lady zu sein.« Erwähnt sei an dieser Stelle, dass Hemingway zu Lebzeiten nur zwei Vorworte verfasst hat: das für Kiki und ein zweites für die Autobiographie des Barkeepers der *Dingo Bar*.

Mit den unzähligen Legenden, die sich um das *La Coupole* ranken, ließen sich ganze Bücher füllen. Heute kann man hier natürlich weder Jane Birkin und Serge Gainsbourg bei ihrem sonntäglichen Mittagessen beobachten noch Jean-Paul Sartre am Tisch 149 (an den sich die Kellner gern erinnern, denn beim Trinkgeld soll er sehr großzügig gewesen sein).

Doch all diese legendären Geister der Vergangenheit dienen nur als zusätzliche Würze für ein legendäres indisches Lammcurry, das allein schon einen Besuch wert ist.

Das komplette Kontrastprogramm bietet hingegen in seiner Schnörkellosigkeit die Brasserie *Lipp*, was schon der Bismarckhering auf der Speisekarte versinnbildlicht. Ohne Reservierung hat man hier keine Chance auf einen Platz. Nur für die echten Stammgäste findet sich wie durch Zauberei sofort ein freier Tisch. Lange Wartezeiten sind nichts Ungewöhnliches, doch wenn einem signalisiert wird, dass es bis zu 40 Minuten dauern kann, sollte man besser verzichten; ein unmissverständliches Zeichen dafür, dass man die Sympathie des Maître nicht gewonnen hat.

Und falls einem schließlich doch noch der heiß begehrte Platz zugewiesen wird, sollte man sich tunlichst damit zufriedengeben, selbst wenn der Tisch sich womöglich irgendwo im hintersten Eck neben der Toilette befindet: Etwas Besseres zu erhalten ist ein schier aussichtsloses Unterfangen. Wenn Sie auf winzigem Raum gedrängt, dicht an dicht mit dem Nebenmann essen müssen, halten Sie sich zurück mit Beschwerden. Das ist so im *Lipp*. André Malraux' Wahl dieses Lokals zur Feier seines Prix Goncourt, den er für seinen ergreifenden Roman *So lebt der Mensch* erhalten hatte, war alles andere als willkürlich.

Das *Lipp* war immer schon ausgebucht, schon seit es auf dem Boulevard Saint-Germain 1880 zum ersten Mal seine Tore öffnete. An seinen Tischen nahmen zahlreiche Staatsmänner und alle französischen Präsidenten seit de Gaulle ihr bescheidenes Mahl ein; doch einer der wohl aufregendsten Abende war sicherlich dem Piloten Antoine de Saint-Exupéry gewidmet, besser bekannt als Autor des *Kleinen Prinzen*. Wir befinden uns im Jahr 1936, und der unerschrockene, für seine waghalsigen Unternehmen berühmte Pilot beschließt, mit seinem Doppeldecker den Streckenrekord Paris–Saigon, eine Distanz von über 10 000 Kilometern, aufzustellen. Neben seiner Abenteuerlust war es auch die üppige, vom französischen Luftfahrtministerium ausgesetzte Siegerprämie von 150 000 Franc, die ihn dazu anspornte. Zu jener Zeit war sein berühmter Roman, der alle Erwartungen übertreffen sollte, noch nicht geschrieben, und Saint-Exupérys finanzielle Lage war eher prekär. Doch während seines Versuchs verschwand nach nur neunzehn Stunden Flug sein Flugzeug über Libyen. Die ganze Welt und seine geliebte Consuelo (die Rose in seinem Roman) glaubten ihn schon verloren und bereiteten alles für die Begräbnisfeier vor, als ein Telegramm die Nachricht seines Überlebens brachte. Der Pilot war mitten in der Wüste abgestürzt und drei Tage lang mit seinem Mechaniker, von Hunger und Durst geplagt, herumgeirrt, bevor sie glücklicherweise auf eine Karawane von Beduinen stießen. Zurück in Paris wurde er wie ein Held umjubelt, und auch er wollte seine wundersame Rettung in der Brasserie *Lipp* feiern. Weitere zehn Jahre sollten vergehen, bis der Autor des *Kleinen Prinzen* diesmal endgültig in den Wolken über Marseille verschwand, ein Schicksal, von dem im Übrigen niemand ihn hätte abbringen können, denn einer seiner Leitsprüche lautete: Dein Leben sei ein Traum, und dein Traum werde Realität.

CANAL

C WIE CANAL

»Madame Maigret schaute beunruhigt die kleinen
Bistros am Quai an, die ihrer Meinung nach nicht
besonders einladend waren.
›Hab keine Angst, das sind anständige Leute.‹
›Alle?‹«
[…] Natürlich verging kaum eine Woche, ohne
dass eine Leiche aus dem Kanal gezogen wurde.
Abgesehen davon…«

Georges Simenon, *Maigret amüsiert sich*

In Paris gibt es außer der Seine auch noch Kanäle. Nachteulen
und Fans der beliebten italienischen Kultsendung *Fuori orario*
auf Rai 3 kennen sie bereits aus dem Vorspann oder denken dabei zumindest an die Titelmelodie mit Patti Smiths hämmern-
der Stimme: »Because the night belongs to lovers…« Der ver-
schwommene Ausschnitt eines Schwarzweißfilms zeigt darin
einen Mann, der sich in einer Traumsequenz aus Verzweiflung
über seine verloren geglaubte Geliebte in den *Canal Saint-Martin*
stürzt. Die Szene stammt aus *Atalante,* dem Meisterwerk des
»verfemten« und von Cineasten verehrten Regisseurs Jean Vigo.
Der Film wurde unter schwierigen Bedingungen im Herbst 1933
in einem von Wind und Regen heimgesuchten Paris gedreht und
zeigt die Stadt dennoch in seltener Poesie und Schönheit. Heute
ist diese Gegend jenseits der Place de la République übersät von

Lokalen und trendigen Läden. Sie wird von einer ganz neuen Szene in Beschlag genommen, gemeinhin als *Bobo* bezeichnet, bourgeoise *Bohemiens*, die sich unter die ursprünglichen Bewohner des Viertels und die letzten Ökos mischen.

Ein versteckter Flusslauf, der sich sanft durch eine Großstadt schlängelt, ist im Übrigen alles andere als belanglos, und die Pariser, die Picknick lieben, belagern, mit Proviant ausgerüstet, beim ersten kleinen Sonnenstrahl die Ufer. Eine der vielen Ausdrucksformen der sprichwörtlichen Lebensfreude, die Paris in seiner DNA trägt. Hier trifft sich alles: von eleganten Paaren mit Kristallkelchen und eisgekühltem Champagner bis hin zu Hippiefreaks mit entsprechendem Vorrat an Joints und Bier. Niemand möchte auf sein ganz persönliches »Déjeuner sur l'herbe« verzichten. Diese spezielle Gepflogenheit lässt sich gewiss auf das gleichnamige Meisterwerk des Malers Edouard Manet zurückführen, das im Musée d'Orsay zu bewundern ist und als Sinnbild für jedes fröhliche Picknick im Freien steht. Die Ablehnung, die das Bild damals hervorrief, ist auf die Darstellung zweier unbekleideter Frauen in Begleitung zweier komplett bekleideter Männer zurückzuführen, aber auch auf die Malweise. Wie man nachlesen kann, wurde es 1863 von der Jury des offiziellen Salon de Paris abgelehnt und in einer Parallelausstellung gezeigt, dem sogenannten *Salon des Refusés* (Salon der Zurückgewiesenen). Und wie so oft brachte diese kurzsichtige Zensur erst den großen Erfolg.

Spaziert man an lauen Sommerabenden die Uferpromenade entlang, wird man von diesem Glücksgefühl angesteckt, selbst wenn man anstelle einer Wiese einen zementenen Bürgersteig vorfindet und sich niemand nackt, sondern allenfalls im Bikini im Hochsommer zeigt.

Die Kanäle haben sich als idealer Nährboden für eine junge

Unternehmerszene erwiesen, und jeden Tag entstehen neue Locations für ein bunt gemischtes Publikum. Einige von ihnen sind wirklich originell, wie zum Beispiel *Le Comptoir Général*: Von morgens bis in die Nacht geöffnet ist es gleichzeitig Biomarkt mit Produkten direkt vom Erzeuger, Exotikbar, Restaurant, Laden und Treffpunkt für Reisende, die Speisen und Handwerkskunst vor allem afrikanischer Kulturen kennenlernen möchten. Letztere sind auch in Form von Live-Musik oder DJs präsent, sobald die Dämmerung hereinbricht. Auf der gegenüberliegenden Seite des Kanals liegt das *Point Ephémère*, Kulturzentrum mit unterschiedlichen Strukturen, das beinahe dem Abriss zum Opfer gefallen wäre. Hier verschmelzen Essen und Musik zu einer organischen Einheit, denn der Chef ist Produzent des Plattenlabels *Animal Records,* der ersten hybriden Plattenfirma, die sich mit *Animal Kitchen* gleichzeitig auch kulinarischen Kreationen widmet. Wer sich für so etwas zu »alt« fühlt, kann zu Mittag auf der Terrasse auch richtige Speisen zu sich nehmen.

Auch wenn an den Ufern täglicher Wandel vorherrscht, bleibt der Charakter der Kanäle in seinem Wesen doch beständig und gegen Touristenmassen gefeit.

Napoleon Bonaparte hatte sich für den 1825 eingeweihten *Canal Saint-Martin* besonders starkgemacht, um so die Wasserversorgung der Stadt zu verbessern und die Handelswege mit der Hauptstadt auszubauen. In den 1970er Jahren hätte der Plan, eine vierspurige Autobahn über den Kanal zu bauen und dazu angrenzende historische Gebäude abzureißen, fast zum Verschwinden des ganzen Ensembles geführt. Was glücklicherweise dank des beherzten Protests der Anwohner verhindert werden konnte, sodass wir heute noch immer das uralte Schauspiel der Schleusen bewundern können, die einen langsamen und entschleunigten Schiffsverkehr ermöglichen. Eine Schocktherapie gegen jegliches zwanghafte Hektik- oder Stresssyndrom, von dem wir alle betroffen sind. Heute werden die Kanäle nur noch von Ausflugsschiffen befahren, und um das *Bassin de la Villette*, den ersten Landungshafen in Richtung *Canal de l'Ourcq* zu erreichen, muss man mithilfe von neun Schleusen und zwei Drehbrücken einen Höhenunterschied von 25 Metern überwinden. Von der Brücke aus das Rinnen des Wassers zu beobachten, während sich das Becken leert, ist ein Zeitvertreib, zu dem ich jedem rate. Sicherlich ein effizienteres und kostengünstigeres Therapeutikum als eine Sitzung beim Analytiker.

Entlang der Uferpromenade laden zahlreiche Orte zum Verweilen ein. Mein Lieblingsplatz ist das Restaurant *Hôtel du Nord*. 1989 wäre das Gebäude, das ursprünglich ein altes Hotel beherbergte, um ein Haar abgerissen worden. Was zum Glück dank einer vom französischen Kinostar Arletty angeführten Protestinitiative verhindert werden konnte, der Hauptdarstellerin des legendären Films *Hôtel du Nord* von Marcel Carné, der im historischen Ambiente der Kanallandschaft spielt. Ihr aussagekräftiges Statement konnte die Gefahr der Bagger abwenden: »Ein wunderbarer Fleck Erde, der in mir ähnliche Emotionen auslöst wie der Eiffelturm … Ich liebe das Viertel um das Hôtel du Nord, was für eine wahnsinnige Vorstellung, dass es abgerissen werden soll. Dagegen müssen wir uns wehren!« Eine ähnlich lapidare Äußerung wie die schnörkellosen Worte, die die Diva im Film von Carné spricht und die in die Annalen des französischen Kinos eingegangen sind. Vor allem ein bestimmter Dialog während einer Szene mit einem Tölpel, der unmissverständlich genug von ihr hat:

EDMOND: »Ich brauche dringend Luftveränderung. Mit Luft meine ich dich.«

RAYMONDE: »Als *Luft* hat mich bisher noch niemand beschimpft. […] Sehe ich etwa aus wie Luft? Wenn das so ist: Dann geh gefälligst allein nach La Varenne! Guten Fang und gute Luft!«

Eine Lektion für alle Männer, die in Paris eine Frau aufreißen wollen: Es versteht sich von selbst, dass der Vergleich einer Frau mit Luft völlig unpassend ist.

Es ist dieses vor der Zerstörung bewahrte Flair, nach dem wir alle wie durstige Wüstenpilger suchen, und davon gibt es reichlich in dem neuen Restaurant, das sich in dem alten *Hôtel du Nord* einquartiert hat. Die Gästezimmer sind verschwunden, und übrig geblieben ist ein fachgerecht restauriertes Gebäude mit dem Originalfußboden im Schachbrettmuster sowie einer Zinntheke, die es zu bestaunen lohnt. Die Speisekarte hingegen ist eher klassisch als retro, mit einem *Touch* »Nouvelle gastro«, ohne dabei gleich in die Molekulargastronomie zu verfallen, bei der ich persönlich die Krätze bekomme.

> Von der Brücke aus das Rinnen des Wassers
> zu beobachten, während sich das Becken
> leert, ist ein Zeitvertreib, zu dem ich jedem
> rate. Sicherlich ein effizienteres und
> kostengünstigeres Therapeutikum
> als eine Sitzung beim Analytiker.

Ein anderes Lokal, ein altes Bistrot mit Terrasse zum Kanal, das bezeichnenderweise *L'Atmosphère* heißt, sollte man sich schon aufgrund der im Namen anklingenden Stimmung nicht entgehen lassen. Mit seinen klassischen, getäfelten Holztischen versprüht das Ambiente das typische Flair eines jener Lokale aus den Maigret-Romanen. Hier könnte der Kommissar gerade seinen Pernod getrunken haben, vielleicht um dabei über einen neuen Fall nachzudenken. Manch einer behauptet sogar, beim Bistrot *Chez Popaul* im Kriminalroman *Maigret und die kopflose Leiche*, der um den *Canal Saint-Martin* spielt, habe das *L'Atmosphère* dem Schriftsteller Georges Simenon als Vorlage gedient. Simenon kannte die Stadt bis ins kleinste Detail, nicht zufällig spielen fast alle Maigret-Fälle in Paris, dem Schauplatz für Verbrechen schlechthin für den belgischen Autor, der in *Maigret gerät in Wut* behauptet:

»Jedes Stadtviertel von Paris, jede Gesellschaftsschicht hat gewissermaßen ihre eigene Art zu töten, und auch ihre eigene Art, Selbstmord zu begehen. Es gibt Straßen, in denen die Leute sich aus dem Fenster stürzen, andere, in denen sie sich mit Holzkohle oder Gas vergiften, und wieder andere, in denen Selbstmörder eine Überdosis Schlafmittel einnehmen. Einige Stadtviertel sind bekannt für ihre Messerstechereien, andere für den Einsatz von Schlagstöcken, und wieder andere, wie Montmartre zum Beispiel, für den Einsatz von Schusswaffen.«

Hier am *Canal Saint-Martin* war man, wie sich aus der Handlung von *Maigret und die kopflose Leiche* schließen lässt, natürlich auf das Zerkleinern von Leichen spezialisiert. In dem Kriminalroman wird in der trüben Pariser Morgendämmerung des 23. März ein abgetrennter Männerarm aus der Schiffsschraube eines Lastkahns gefischt; das Wasser fördert nach und nach weitere abgetrennte Teile des mysteriösen Toten zu Tage, doch der Kopf bleibt unauffindbar. Ein fulminanter Auftakt für einen Kriminalfall, der komplett in diesem Viertel spielt, einer Gegend, die der Kommissar oft durchquert, wohnt er doch ganz in der Nähe des Kanals auf dem Boulevard Richard-Lenoir 132. Dort erwartet ihn jeden Abend aufs Neue seine warmherzige und untadelige Ehefrau.

Der Boulevard ist eine breite Straße mit begrünter gartenähnlicher Verkehrsinsel, der den unterirdischen Teil des Kanals überdeckt. Zwei Kilometer, die die Ausflugsschiffe in einem riesigen steinernen Gewölbe durchfahren, ehe sie in der Nähe der Bastille, im Port de l'Arsenal, wieder ins Freie gelangen. Von dort trennt sie nur noch eine Schleuse von der Seine. Ein spannender Ausflug, wenn man nicht unter Klaustrophobie leidet. Immerhin wird der Tunnel durch die Installation *Echos de Lumière* des japanischen Künstlers Keiichi Tahara von Lichtspielen und plötzlich auftauchenden Regenbögen erleuchtet, was die unterirdische Fahrt allerdings noch unheimlicher macht. Die komplette Schiffstour führt in gemächlichem Tempo vorbei an Uferpromenaden mit Platanen und Kastanien bis zum *Bassin de la Villette.* Das Wasser ist weniger trüb als sonst, denn es wurde erst vor kurzem gesäubert, ein Vorgang, der alle fünfzehn Jahre wiederholt wird und eine riesige Menge an Abfall zu Tage fördert, den die Pariser mit der Zeit heimlich im Kanal entsorgen. Der Kopf der Leiche aus Maigrets Kriminalfall ist zwar bisher noch nicht aufgetaucht, dafür aber Fahrräder, Mofas, Handys unterschiedlicher Marken und vier Tonnen an Fischen, die in der Seine ausgesetzt wurden.

Ein Ausflug an den Kanal lässt sich beliebig in die Länge ziehen. Zum Beispiel mit einem kleinen Imbiss im ehemaligen Zollhaus aus dem 18. Jahrhundert, der *Rotonde de la Villette,* einem ungewöhnlichen Rotundenbau mit dorischen Säulen, der seit 2011 ein Restaurant mit Terrasse beherbergt (erstklassiges

Ambiente, aber ein Service, der zu wünschen übrig lässt, wie es in einem echten Parisreiseführer heißen würde). Oder im *Pavillon des Canaux*, einem surrealen Haus, das im Stil eines Trickfilms eingerichtet und bis ins kleinste Detail dem Bauernhof von Oma Duck nachempfunden ist. Wenn im Speisesaal alles besetzt ist, kann man sich ein anderes Zimmer aussuchen, um dort zu essen, sogar im Bad, ausgestreckt in einer alten Zinkbadewanne mit Blick auf das *Bassin de la Villette* … Ideal mit Kindern, für ältere Personen vielleicht weniger geeignet. Pflichtprogramm und Highlight bei schönem sonnigem Wetter ist hingegen eine Bootsfahrt auf dem *Canal de l'Ourcq*. Für das Mieten eines Bootes im *Bassin de la Villette* braucht man keinen Bootsführerschein, und an dem Elektromotor kann nicht viel kaputtgehen, selbst wenn man vom Steuern so wenig Ahnung hat wie ich. Hauptsache, man ist mit einem Picknickkorb ausgerüstet und kann sein ganz persönliches *Déjeuner sur l'Eau* zelebrieren. Wem die Zeit oder Lust für das Vorbereiten des Proviants fehlt, der kann zusammen mit dem Boot auch einen Picknickkorb mit Getränken und Sandwiches erstehen. Den Wein sollte man sich besser selbst besorgen. An entsprechenden Läden mangelt es nicht: In den Filialen der Kette *Nicolas* kann man nichts falsch machen, hier wird beim Aussuchen der passenden Flasche gern beraten.

Wer jedoch erschöpft ist, kaputt vom Herumlaufen und zu viel Touristenprogramm, der sollte, zumal wenn auch noch ein leichter Wind weht, den Wein für eine andere Gelegenheit aufheben und stattdessen beim Anblick des Gemäldes *Ansicht des Kanals Saint-Martin* von Sisley zur Ruhe kommen. Das Bild hängt im Musée d'Orsay, wo zudem im zweiten Stock eine gemütliche Cafeteria mit Spiegeln und Stuck und einem unvergesslichen Blick auf die Seine die Besucher erwartet. Schließlich ist Kunst nach Honoré de Balzac »das Konzentrat der Natur«.

DANDY

D WIE DANDY

»Oh, sag mir nicht, dass du mit mir übereinstimmst,
wenn man mit mir übereinstimmt, fühle ich immer,
dass ich unrecht haben muss.«

Oscar Wilde, *Der Kritiker als Künstler*

Bei dem Begriff »Dandy« hat man heutzutage wohl eher einen geschniegelten Lackaffen im Kopf, der auf dem Titelbild eines Hochglanzmagazins prangt, vielleicht mit bunter Fliege und Bart und einem nach neuester Mode gezwirbelten Schnauzer. Aber im 19. Jahrhundert war es mehr als das, es war eine Lebenseinstellung, die zu kultivieren eine ernste Angelegenheit war. Zu Zeiten von Lord Brummell und seinen Epigonen war der Dandy eine romantische Figur, der die bürgerlichen Normen in Frage stellte, und zwar nicht nur durch eine exzentrische äußere Ästhetik und ein snobistisches Auftreten. Wie sich der Illustrator, Schriftsteller und selbsternannte Dandy Philippe Jullian erinnert, ist der Dandy »ebenso weit entfernt vom gewöhnlichen Snob wie [...] eine Teresa von Ávila von irgendeiner biederen Kirchgängerin.« Deutlicher kann man es nicht auf den Punkt bringen.

Von starker individualistischer Prägung nähren die Dandys damit (gewissermaßen unbewusst) ein kulturkritisches Phänomen, das einen Gegenpol zum *Mainstream* darstellt, der im 19. Jahrhundert durch das Aufkommen der Massengesellschaft jeden kreativen und rebellischen Geist vereinheitlicht. Bevorzugte Waffen dieser Gentlemen sind nicht das Florett oder das Schwert, sondern die Wortgewandtheit, der Witz, Skeptizismus sowie ein melancholischer Gleichmut desjenigen, der schon von vornherein weiß, dass er nur verlieren kann. Charles Baudelaire, der dies zu seinem Lebensgrundsatz machte, schrieb: »Der Dandyismus ist das letzte heroische Sichaufbäumen in Zeiten des Verfalls [...]. Der Dandyismus ist eine untergehende Sonne; wie das sinkende Gestirn ist er prächtig, ohne Wärme und voller Melancholie.« Definitionen und Anekdoten dazu gibt es mehr als genug, und wenn London die ersten Lehrmeister dieser Denkschule hervorbrachte, dann war Paris ihre Spielwiese und häufig die perfekte Bühne für viele von ihnen.

Einer der meist verehrten Dandys, der irische Schriftsteller Oscar Wilde, kehrte regelmäßig für längere Aufenthalte in die französische Hauptstadt zurück. Nicht nur auf dem Gipfel seiner Erfolge, als er noch vornehme Salons und Cafés besuchte, bewundert und geschätzt von der erlesenen Gesellschaft, sondern auch später, längst vergessen und am Ende seiner qualvollen Existenz. Der Autor des Skandalstücks *Salome* fand zum letzten Mal in Paris Unterschlupf, nachdem er in England aufgrund seiner Homosexualität wegen Unzucht zu zwei Jahren Zuchthaus und schwerer Zwangsarbeit verurteilt worden war. Der enorme Erfolg, selbst in Amerika, durch den er in das internationale Establishment aufgestiegen war, war für immer Geschichte. Jener Wilde, der im Herbst 1900 vereinsamt und mittellos in die Stadt des Lichts zurückkehrte, der unter dem falschen Namen Sebastian Melmoth eine anonyme Existenz wählte, hatte nichts mehr mit dem Wilde von einst zu tun. Enttäuschte Liebesbeziehungen und die Rache eines streng moralistischen und puritanischen Englands hatten ihn dermaßen in die Knie gezwungen, dass er kaum anders konnte, als sich im Herzen von

Saint-Germain im *Hôtel d'Alsace* zu verstecken, einer trostlosen und heruntergekommenen Herberge, die nichts mehr mit seinem gewohnten Lebensstil zu tun hatte. Hier soll Wilde kurz vor seinem Tod die in die Geschichte eingegangene Drohung gegen die provokante Hässlichkeit der Einrichtung ausgesprochen haben: »Entweder geht diese scheußliche Tapete – oder ich.« Sein Witz war ihm zumindest nicht abhandengekommen.

Bewunderer und Anhänger des Wildekults sollten unbedingt nach einem Besuch an seinem Grab auf dem Friedhof *Père Lachaise* besagtes Hotel in der Rue des Beaux-Arts 13 aufsuchen, wo eine marmorne Tafel würdevoll an den berühmten Gast erinnert. So viel allerdings vorweg: Von besagter Tapete ist nichts mehr übrig; und wer dort übernachten möchte, sollte sich auf den Preis eines luxuriösen Fünf-Sterne-Hotels einstellen. In seinem Zimmer, heute die Nummer 16, überwiegen mittlerweile Damast und Holztäfelung. Auf einem Mahagonischreibtisch thront das berühmteste Foto von Wilde mit einer Blume im Knopfloch. Das einzige Relikt aus der Vergangenheit sind die unbeglichenen Rechnungen des Schriftstellers, die in elegantem Rahmen gut sichtbar auf einem Wandteppich mit typisch floraler Jugendstilornamentik und Pfauen angebracht sind. Monsieur Jean Dupoirier, der damalige Hotelbesitzer, hatte sie liebevoll aufbewahrt. Er war damals der Einzige, der sich um den kranken Autor kümmerte und ihm bei seinem schmerzvollen Abstieg in das Reich der Toten beistand.

Monsieur Dupoirier gab ihm Morphiumspritzen, um die Schmerzen einer Mittelohrentzündung zu lindern, und brachte ihm in aller Diskretion Champagner ans Bett, den der alte Dandy sich eigentlich nicht mehr leisten konnte, was ihm jenen sprichwörtlichen Ausruf entlockte: »Ich sterbe über meine Verhältnisse.« Seine Freunde aus goldenen Zeiten hatten ihm fast alle den Rücken gekehrt; man erzählt sich sogar, dass der Maler Aubrey Beardsley, selbst Dandy und Urheber der unvergesslichen Illustrationen für *Salome,* vorgab, ihn nicht zu kennen, wenn er Wilde zufällig auf den Straßen von Saint-Germain begegnete.

Heute heißt das Hotel ganz einfach *L'Hôtel* und zählt zu den begehrtesten Orten in ganz Paris. Nicht zuletzt aufgrund seiner einzigartigen Wendeltreppe – einer Art Trompe-l'oeil –, die zu den zwanzig vom Innenarchitekten Jacques Garcia sorgfältig umgestalteten Zimmern und Suiten führt, einer Pariser Koryphäe, spezialisiert auf derartige Inszenierungen einer längst vergangenen Epoche (und übrigens auch für den »neuen Schliff« im Schlafzimmer von Ludwig XVI. in Versailles verantwortlich). Wilde hätte sicherlich großes Gefallen an dem neuen Interieur gehabt, doch vor allem würde ihm das mit einem Michelin-Stern ausgezeichnete und vom Chefkoch Julien Montbabut geführte Restaurant zusagen; denn wie bemerkte der irische Autor doch voller Überzeugung: »Ich kann allem widerstehen außer der Versuchung.« Und eine Languste an süßsaurer Creme mit getrocknetem Kaviar ist mehr als eine Versuchung. Allerdings sollte man nicht vergessen, dass da kein Monsieur Dupoirier mehr ist, der ein Auge zudrückt, wenn die Kreditkarte den Schock nicht überlebt.

Jahre zuvor hatte Wilde ein völlig anderes Paris kennengelernt, ein Paris luxuriöser Aufenthalte in Gesellschaft des englischen Adeligen Lord Alfred Douglas, genannt Bosie: ein schöner Jüngling und Wildes schicksalhafter Liebhaber, der, wie ausgewiesene Biographen versichern, der eigentliche Ursprung seines Niedergangs war. Man empfing Oscar und Bosie in den exklusivsten Salons, wohin der für seine legendäre Eleganz berühmte Autor stets mit einer Sonnenblume kam, die er wie einen Spazierstock in der Hand zur Schau stellte. Auch wenn Wilde überzeugend versicherte, er habe sein »Genie für das Leben aufbewahrt«, für seine Werke nur Talent, bewies er in Liebesdingen leider das genaue Gegenteil. Diese leidenschaftliche Affäre, der er Geld und Würde opferte, wurde ihm nicht mit gleicher Münze vergolten. Nachdem der undankbare Bosie zuvor von Annehmlichkeiten und dem Ruhm Wildes profitiert hatte, zeigte er sich mitnichten erkenntlich, als der Autor arm und gesundheitlich angeschlagen aus der Haft entlassen wurde, zu der er schließlich seinetwegen verurteilt worden war, und verweigerte ihm jegliche finanzielle Unterstützung. Chroniken erzählen von einem bitteren Abschied im luxuriösen *Café de la Paix,* einem Ort, an dem das Liebespaar weit glücklichere Tage erlebt hatte. Zu hoffen bleibt, dass Bosie wenigstens dieses letzte gemeinsame Abendessen bezahlt hat, denn heute wie damals ist dieser elegante Treffpunkt an der Place de l'Opéra für sein erstklassiges Ambiente ebenso wie für seine exklusiven Preise bekannt.

Einen Tee kann man sich in den im Stil des Second Empire eingerichteten Nischen aber allemal leisten, ist doch im Gesamtpreis außer der Verkostung auch der Geist vergangener Berühmtheiten inbegriffen.

Das 1862 von Kaiserin Eugenia, Gattin von Napoleon III., eingeweihte Café ist auch heute noch ein Pariser Monument, das eng mit dem Treiben des gegenüberliegenden Musiktempels verbunden ist. Die *Opéra Garnier* ist unbedingt einen Besuch wert, auch außerhalb einer Vorstellung. Das pompöse, mächtige Gebäude wird bei Verfechtern einfacher, schlichter Formen mehr als Unbehagen auslösen: Der Architekt Le Corbusier hat es als ein Musterbeispiel von »Begräbniskunst« bezeichnet! Vielleicht bezog er sich dabei aber auch nur auf den berühmtesten Bewohner der Räumlichkeiten, welcher die Legende vom »Phantom der Oper« nährte. Die spektakuläre Marmortreppe, vergoldeter Stuck und ein riesiger Kristalllüster werden vielleicht den einen oder andern eher gleichgültig lassen, doch ich bin mir sicher, dass beim Anblick des von Marc Chagall entworfenen Deckengemäldes in der Kuppel über dem Zuschauerraum auch der Letzte ergriffen sein wird.

So zumindest meine persönliche Erfahrung. Möglich, dass die französische, leicht zur Esoterik neigende Dame, die mich durch die Oper führte, daran nicht ganz unschuldig ist: Sie wartete mit unglaublichen Anekdoten auf, um die Aufmerksamkeit der langsam in Lethargie verfallenden Touristengruppe für sich zurückzugewinnen.

Die *Opéra Garnier* ist pompös und mächtig:
Le Corbusier bezeichnete sie als
Musterbeispiel für »Begräbniskunst«!

Man mag es glauben oder nicht, aber laut Madame Lorette schwang sich die auf dem Dach emporragende goldene Engelsfigur, eine Allegorie auf die Musik, die sich in den Pariser Himmel erhebt, eines Tages tatsächlich in die Lüfte, begleitet von den Klängen ihrer wertvollen Lyra. Sie selbst sei zwar nicht Augenzeugin des Vorfalls gewesen, dafür aber Oscar Wilde, als er an einem nebligen Morgen des Jahres 1889 wie üblich an einem der Tische des *Café de la Paix* saß. Madame Lorette hat diese fantastische Erzählung, die der Schriftsteller mit ausschweifenden Details zu Papier gebracht hat, noch nie in Frage gestellt und schildert sie während ihrer Führung wie eine historische Tatsache von existentieller Bedeutung. Sie fügt allerdings im selben Atemzug hinzu, dass zu jener Zeit bestimmte Künstler die Angewohnheit besaßen, große Mengen an Absinth zu konsumieren, ein durch seine stark halluzinatorische Wirkung beliebtes alkoholisches Getränk.

Für mich ist Madame Lorette die Größte. Unnötig zu erwähnen, dass sie seitdem meine offizielle Stadtführerin ist.

EXPOSITION
UNIVERSELLE

E WIE EXPOSITION UNIVERSELLE (WELTAUSSTELLUNG)

»Ich habe Paris und sogar Frankreich verlassen,
weil der Eiffelturm mich schließlich zu sehr ärgerte.
Nicht genug, dass man ihn von überall sieht, nein,
er ist auch überall und in jedem erdenklichen Material
erhältlich, in jedem Schaufenster ausgestellt, ein
unentrinnbares, ein quälendes Alpdrücken.«

Guy de Maupassant, *Die Irrfahrten des Herrn*
de Maupassant

Der Eiffelturm, der heute stolz die Pariser Nächte erleuchtet, wurde 1889 für die Weltausstellung in Paris zur Erinnerung an den 100. Jahrestag der Französischen Revolution errichtet. Heute erscheint uns das unvorstellbar, aber die Pariser wollten ihn eigentlich gar nicht, und von Anfang an formierte sich Widerstand gegen den Turm, ja sogar schon gegen seinen Bau. Als das Projekt noch Entwurf war, taten sich die einflussreichsten Künstler und Intellektuellen jener Epoche zusammen, unter ihnen auch Alexandre Dumas d. J. und Guy de Maupassant, um ein Protestschreiben zu unterzeichnen, in dem sie lautstark dazu aufriefen, auf dieses wahnwitzige und ungeheuerliche Projekt zu verzichten: »Wir Schriftsteller, Maler, Bildhauer, Architekten und leidenschaftliche Liebhaber der bisher unangetasteten Schönheit von

Paris protestieren im Namen des verkannten französischen Geschmacks mit aller Kraft gegen die Errichtung des unnötigen und ungeheuerlichen Eiffelturms im Herzen unserer Hauptstadt…«
Doch der Ingenieur Eiffel war ein harter Knochen, und obwohl er sich zahllosen Kritiken und Beschimpfungen ausgesetzt sah, ließ er sich nicht beirren, und tatsächlich gelang es ihm, sein angefeindetes 8000 Tonnen schweres und 323 Meter hohes Eisenbauwerk in der geplanten Zeit fertigzustellen. Um genau zu sein, innerhalb von zwei Jahren, zwei Monaten und fünf Tagen, ein unvorstellbarer Rekord selbst für ein so zweitrangiges Bauprojekt wie die Autobahn Salerno–Reggio Calabria.

Der arme Eisenturm wurde bereits als »Notre-Dame der Flohmärkte« beschimpft, als »überdimensionierter Trödel«, »unansehnliche Stehlampe«, »leerer Kerzenständer«, »Zäpfchen« – um nur einige der einprägsamsten Wortschöpfungen zu nennen, aus denen sich die Pariser Bewohner seitdem einen Spaß machen. Doch den Kritikern zum Trotz wurde die neugeborene »Eiserne Lady« von der Besucherschar vom ersten Tag an ins Herz geschlossen. Diese rangelten sich schon bei der Einweihung um das Erklimmen des Aussichtsturms über die sage und schreibe 1665 Stufen, denn die Aufzüge waren noch nicht funktionsfertig. Erst einige Tage später wurden sie in Betrieb genommen, und sollten von da an nicht mehr stillstehen. Ausgenommen an einem einzigen Tag im Juni 1940, als ein sonderbarer Defekt einem weniger willkommenen Besucher der französischen Hauptstadt, die kurz zuvor von der deutschen Armee eingenommen worden war, die Fahrt nach oben unmöglich machte. Ausgerechnet Adolf Hitler musste während seiner kurzen »Besichtigungstour« durch Paris am Boden bleiben. Trotz der zentralen Rolle der Leibesertüchtigung in der NS-Propaganda weigerte sich der Führer, den Turm zu Fuß zu besteigen. Frankreich hatte er erobert, doch am

Eiffelturm war er gescheitert. Ein Geniestreich hatte dafür gesorgt, dass die an der Turmspitze angebrachte Anlage zur Übertragung von Nachrichten- und Tonsignalen, welche später für die französische Befreiungsfront von fundamentaler Bedeutung sein würde, unentdeckt blieb. Kaum war Hitler abgezogen, setzten sich die Aufzüge wie durch ein Wunder wieder in Bewegung und der Eiffelturm wurde zum Helden der Résistance. Der große Diktator hatte zwar Paris in die Knie gezwungen, doch zumindest blieb ihm das Vergnügen verwehrt, es von oben zu betrachten. Der »eiserne Spargel« hatte längst den Kampf für sich gewonnen und war zu einem der berühmtesten Wahrzeichen und zu einer der weltweit meistbesuchten Sehenswürdigkeiten geworden.

Nur Guy de Maupassant gelang es nicht, seinen Frieden mit ihm zu schließen, obwohl er regelmäßig zu Mittag in das Turmrestaurant essen ging. Einem neugierigen Freund, der ihn nach dem Grund dieses offenkundigen Widerspruchs fragte, antwortete er: »Es ist die einzige Stelle in Paris, von wo aus ich ihn nicht sehe!« Mir hingegen gefällt dieser Anblick aus der Ferne, vor allem nachts, wenn er zu Beginn jeder vollen Stunde wie eine verrückt gewordene Weihnachtsbeleuchtung zu blinken beginnt. Es mag sich kindisch anhören, aber in mir löst das beglückendes Herzklopfen aus. Wer wie ich eher zart besaitet und sensibel ist, dem sei als idealer Standort für dieses bewegende Schauspiel die Terrasse des *Musée de l'Homme* im *Palais de Chaillot* genannt, einem weiteren Monument, das anlässlich einer Weltausstellung, und zwar 1937, erbaut wurde. Luftlinie liegt es gerade mal 600 Meter vom Eiffelturm entfernt, doch zur Überwindung dieser Distanz sollte man besser nicht dem Vorbild des Artisten Philippe Petit nacheifern, der 1989 zur Feier des hundertjährigen Bestehens des »Spargels« die Strecke auf einem gespannten Hochseil balancierte.

Wer einen Platz im *Café de l'Homme* vorbestellen möchte, sollte unbedingt einen Tisch mit Ausblick reservieren. Die Mehrkosten lohnen sich, und selbst der zynischste und nüchternste Mensch auf Erden wird diesen Abend als einen der »unvergesslichen« Momente im Leben in Erinnerung behalten.

Das Erlebnis, von oben einen Blick über Paris zu werfen, sollte man sich dennoch nicht entgehen lassen. Immerhin hat der Eiffelturm sogar den bedeutenden französischen Semiotiker Roland Barthes zu einer literarischen Auseinandersetzung angeregt. In seinem dem Turm gewidmeten Essay zieht er unter jede bisherige Kritik einen Schlussstrich: »Alles am Eiffelturm bestimmte ihn zu diesem Subversionssymbol: die Neuheit des Materials, das Nichtästhetizistische seiner Form, die Unmotiviertheit seiner Funktion. Man kann sagen, dass der Eiffelturm seinen Platz als Symbol für Paris gegen Paris selbst erobert hat, gegen dessen alte Steine, gegen die Dichte seiner Geschichte.«

> »Alles am Eiffelturm bestimmte ihn zu diesem Subversionssymbol: die Neuheit des Materials, das Nichtästhetizistische seiner Form, die Unmotiviertheit seiner Funktion.«

Heute im zarten Alter von fast 130 Jahren zählt der Eiffelturm zu jenen Wahrzeichen, die am häufigsten zu Souvenirzwecken oder Nippes jeglicher Art reproduziert werden; ich weiß nicht, ob er in der Liste der Schneekugeln und Schlüsselanhänger noch vor dem Kolosseum und der Freiheitsstatue rangiert, aber in der Kunstgeschichte nimmt er ganz gewiss eine Spitzenstellung ein.

ROBERT UND SONIA

Kaum einer der großen französischen Künstler widerstand der Versuchung, den Eiffelturm als Motiv in die eigenen Bilder zu integrieren: von Rousseau (der den Beinamen *Le Douanier*, »der Zöllner« trug) bis Seurat, von Chagall bis zu Cocteau und Utrillo. Generationen von Malern unterlagen der Faszination des Turms, wobei Robert Delaunay von allen den »größten Narren daran gefressen« hatte. Wäre Sigmund Freud zu diesem Fall befragt worden, hätte er Delaunays Obsession sicherlich auf ein Erlebnis des 4-jährigen Jungen während eines sorglosen Ausflugs zum Eiffelturm zurückgeführt. Der kleine Robert musste jedoch noch zwanzig Jahre warten und erst mit Farben und Pinseln vertraut werden, ehe er damit begann, den Turm aus unterschiedlichen Perspektiven und in verschiedenen Farbnuancen zu malen, wobei er ihn in Lichtsplitter und -facetten zerlegte. Bis zu über hundert Fassungen seines eisernen Fetischs sollen es gewesen sein. Der Turm war für Delaunay und die Künstler der Avantgarde der Inbegriff des Fortschritts und der Modernität, Vorbote einer Epoche, die den Menschen eine Zukunft in Freiheit und Wohlstand sichern würde. Wie wir wissen, ist dann alles ganz anders gekommen, doch die schöpferische Kraft dieser Künstlergeneration bleibt für uns eine unverzichtbare Lektion.

Die sicherlich romantischste Darstellung dieser Eiffelturmserie ist das Geschenk des Künstlers an seine zukünftige Frau Sonia Terk als Pfand ewiger Liebe. Eine andere Frau hätte sich vielleicht über einen Diamanten gefreut, doch Sonia war eine außergewöhnliche Frau und gab dieses eine Bild zeitlebens nicht aus den Händen. Die beiden Künstler verband im Leben wie in der Kunst eine ganz besondere Partnerschaft: Aufbauend auf dem Surrealismus setzten sie sich bei ihrer kreativen Experimentierfreude keinerlei Grenzen. Vor allem Sonia gelang es, kunstfertig von der Malerei zur Illustration von Büchern befreundeter Schriftsteller zu wechseln und schließlich zur Gestaltung von Dekorationsstoffen und den überwältigenden Kostümen für die Ballettchoreographien des Russen Sergej Djagilev, die im Paris der Zwischenkriegsjahre für einen Skandal sorgten.

In den 1920er Jahren eröffnete sie – getreu ihrem Ausspruch »Farbe bereitet mir Freude« – einen Modesalon, für den sie außergewöhnliche Kreationen »in Bewegung« entwarf. Es sind Kleider und Schuhe voller Dynamik, buchstäblich lebendige Gemälde, für die Sonia Delaunay den Begriff »Simultankleider« prägte. In ihren Textilien überwiegen abstrakte Formen, konzentrische Kreise, Dreiecke, Zickzacklinien in knalligen und vibrierenden Farbtönen. Einige dieser einzigartigen Meisterwerke sind heute im *Musée des Arts Décoratifs* und im *Musée de la Mode* zu bewundern. »Ich wollte mir einen Spaß daraus machen, die Fülle der Linien des weiblichen Körpers und ihre Bewegungen aufzuzeigen […]. Jede Frau sollte sich ihrer Persönlichkeit entsprechend kleiden, denn die Kleidung wird zu einem Bestandteil ihrer Körperlichkeit.«

»Farbe bereitet mir Freude.«

Sonia Delaunay lässt keine Kunstform aus und experimentiert, als echte Vorläuferin der Pop-Art, auf jedem ihrem Talent entsprechenden kunstgewerblichen Gebiet. Sie konzipiert Neonreklame, gestaltet Autos, entwirft aerodynamische Cabriomützen, bunte Schlafanzüge und Mäntel, die Gloria Swanson und der Dadaist Tristan Tzara zur Schau tragen. Wer Kunstobjekte sammelt und über das nötige Kleingeld verfügt, stößt mit etwas Glück beim

Durchblättern des Katalogs von *Artcurial* auf Einzelstücke der Künstlerin oder die ein oder andere signierte Lithographie ihrer zahlreichen Entwürfe. Ein Besuch im Hauptsitz des legendären, unter einschlägigen Experten angesehenen Auktionshauses, dem *Hôtel Marcel Dassault*, am Rond-point des Champs-Élysées 7, ist ein echtes Erlebnis Pariser Art. Auch wenn man nicht vorhat, etwas zu ersteigern, kann man sich dennoch mit einem Katalog voller orientalischer Stoffe oder antiker Uhren an einen der Tische des prächtigen *Café Artcurial* setzen, ihn in entspannter Atmosphäre durchblättern und einen Moment lang so tun, als gehöre man zu den internationalen Kunstkennern. Aber aufgepasst: Während der Auktion kann jede noch so unbesonnene Geste zu folgenschweren Konsequenzen auf dem Bankkonto führen.

Bei *Artcurial* wurde ein wertvolles Selbstporträt von Sonia Delaunay versteigert, das sie als geheimnisvolle Schönheit mit ausdrucksstarken Augen und einer »Art Nouveau«-Silhouette zeigt, umwickelt von einem eleganten Kimono ihrer eigenen Kollektion. Beim Betrachten dieser Aufnahme stellte ich mit Bewunderung fest, dass im Grunde genommen sie selbst das eigentliche lebendige Meisterwerk darstellt, in ihrer Rolle als erster Testperson und idealem Modell ihrer eigenen, innovativen Kunstkreationen, die sie mit einer entwaffnenden Eleganz trug, vor allem an den Tangoabenden, wenn sie als begeisterte Tänzerin zusammen mit ihrem Mann Robert auf der Tanzfläche zu sehen war. So beschreibt es zumindest Guillaume Apollinaire in einem seiner im *Mercure de France* erschienenen Feuilletonartikel aus dem Jahr 1914: »Man muss donnerstags und freitags ins *Bullier* gehen, um Monsieur und Madame Robert Delaunay zu sehen, die damit beschäftigt sind, die Reform der Kleidung durchzusetzen.«

Ein weiteres Projekt der beiden war die Weltausstellung des Jahres 1937, für die sie mit der Ausgestaltung eines gesamten

Pavillons betraut waren: dem *Palais de l'Aire*, einem riesigen futuristischen Ausstellungskomplex, der die Erfolge der Luftfahrt
würdigte, mit im Raum schwebenden Gangways und einem an
der Decke befestigten Doppeldecker. Sonia und Robert gestalteten zusammen mit Mitgliedern der Künstlergruppe »Kunst und
Licht« – sozusagen im Geiste der *Street-Art* ante litteram – ein ab-
straktes Wandgemälde, das kreisende Propeller innerhalb bunt-
bemalter Ringe und Spiralen darstellte und das zur Freude der
Besucher auch heute noch in der Dauerausstellung des *Centre
Pompidou* zu bestaunen ist.

Sonia und Robert verband eine große Liebe, der sich die
Künstlerin auch über den Tod ihres Mannes im Jahr 1941 hinaus
weiter verschrieb. Sonia selbst wurde neunzig Jahre und widmete sich zeit ihres Lebens nicht nur dem künstlerischen Erbe
Roberts, sondern sorgte mit ihrem Talent in der Öffentlichkeit
selbst immer wieder für neue Überraschungen. Selbstlos organisierte sie Ausstellungen und übergab den Pariser Museen mehrere Dutzend Bilder ihres Lebensgefährten als Schenkung. Doch
ihren ganz persönlichen Eiffelturm, ein wertvolleres Geschenk
als jeder Verlobungsring, gab sie nicht aus der Hand. Dafür ist
eine der schönsten Variationen des Eiffelturms von Robert Delaunay im *Centre Pompidou* – einem anderen viel diskutierten
und umstrittenen Pariser Bauprojekt – zu sehen.

EIN UFO VON EINEM ANDEREN STERN

Das Museum, im Volksmund auch *Beaubourg* genannt, darf auf
keinem Parisrundgang fehlen. Nicht zuletzt, weil es Erwachsene
wie Kinder gleichermaßen anspricht. Das Geheimnis ist seine
Architektur, die eher in einen Trickfilm passen könnte als in

ein Altstadtviertel, wo es zwischen den schiefergrauen Dächern wie ein Ufo von einem anderen Stern wirkt. Die Ausstellungsräume, die mit der herkömmlichen Vorstellung eines Museums nicht viel gemein haben, sind genau deshalb der ideale Ort für die Werke der Delaunays und anderer antikonformistischer Künstler mit einer Leidenschaft für Farben. Als der italienische Architekt Renzo Piano gemeinsam mit Richard Rogers 1971 die Ausschreibung für das Projekt *Beaubourg* gewann, war er erst 34 Jahre alt und noch ein unbeschriebenes Blatt. Ihr Wettbewerbsentwurf war so simpel wie innovativ: ein Gebäude ohne Verschalung, mit sichtbaren und in knalligen Farben bemalten Leitungen, Rohren und dem Tragwerk. Die beiden Architekten waren überzeugt, dass eine solch extreme Optik im Kontrast mit der Umgebung bei der Jury niemals durchgehen würde, und wurden stattdessen von der Entscheidung überrumpelt. Man muss wohl nicht hinzufügen, dass dieses Votum noch mehr kritisiert wurde als der Bau des Eiffelturms. Selbst heute, vierzig Jahre nach Fertigstellung des Gebäudes, gibt es noch immer ein Bürgerkomitee, das das Museum am liebsten abreißen ließe. Also: Schnell hin, solange es noch steht! Es gibt immer eine Ausstellung, die man nicht verpassen sollte. Vom Tag der Eröffnungsfeier gibt es großartige Aufnahmen, die das Staunen und die Neugierde im skeptischen Blick der ersten Besucher dokumentieren. Ein genialer Regisseur hatte heimlich Mikrofone und Kameras aufgestellt, um die Emotionen in den Augen der Menschen einzufangen… Gemeint ist Roberto Rossellini, der von der Pariser Verwaltung angefragt worden war, das Ereignis zu verewigen. Der Dokumentarfilm über die Eröffnung des *Beaubourg* sollte die letzte Arbeit seiner langen Karriere sein. Schade, dass man ihn nicht viel öfter zu sehen bekommt. Renzo Piano erinnert sich gern an diese Zeit, und noch heute ist die Aufregung um jenes Projekt, das sie nur

durch Mut und jugendliche Arglosigkeit für sich gewinnen konnten, für ihn gegenwärtig. Eigenschaften, die er jedem angehenden
Architekten nur empfehlen kann: »Was wir gemacht haben, war
Irrsinn, und dafür hagelte es Kritik. Aber wir waren jung, leicht-
fertig und hatten ein dickes Fell!«

Auch die Rolltreppe, die an der Vorderfront des Gebäudes
wie eine Raupe emporkriecht, ist Teil dieses waghalsigen Pro-
jektentwurfs und von einer durchsichtigen Struktur umhüllt, die
an eine fortlaufende Kette aus Seifenblasen erinnert. Wie durch
Magie wird man zur Panoramaterrasse mit einem 360°-Rund-
blick auf die Stadt hinaufbefördert. Hier oben ist einem Selfie
nur schwer zu widerstehen, doch hat sich erstmal die digitale
Aufregung gelegt, kann man sich ganz dem Restaurant *Georges*
zuwenden, einer Art Vogelnest auf dem Gipfel des Gebäudes,
wo man nicht nur den einzigartigen Ausblick genießen, sondern
auch sehr gut essen kann. Wie man unschwer erkennt, habe ich
eine Schwäche für Museumscafés. Essen gepaart mit Kultur, so
lautet für mich die Erfolgsformel, um eine Stadt kennenzulernen, und begossen wird das Ganze dann idealerweise noch mit
einem Gläschen Rosé aus der Provence. Verschnaufpausen zur
Regeneration der müden Glieder gilt es, mit Bedacht einzupla-
nen, und die Terrasse des *Georges* ist ideal zum Auftanken von
Geist und Körper eines jeden Langstreckenläufers. Nicht zu vergessen die angrenzenden Toiletten im Stil des Gebäudes, die ich
in meine wertvolle Liste der besten WCs von Paris aufnehmen
würde. Zwischen den spiralförmigen Mosaiken sind sie allerdings nicht ganz leicht zu finden. Doch erstmal angekommen,
erfüllen sie alle Erwartungen.

Heute ist ein Paris ohne *Beaubourg* und Eiffelturm undenk-
bar, doch es gab eine Zeit, als die Zukunft beider Bauwerke auf
der Kippe stand. Was den Eiffelturm betrifft, machte sich der

geniale Trickbetrüger Victor Lustig diesen Umstand 1925 zu Nutze. Er las in einem Zeitungsartikel von den finanziellen Problemen der Stadt bei der Instandhaltung des Eiffelturms und hatte daraufhin einen ebenso verrückten wie genialen Einfall. Lustig fälschte Dokumente, die ihn als stellvertretenden Generaldirektor des Postministeriums auswiesen und ihn mit dem Verkauf des Eiffelturms – also 7000 Tonnen Eisen – betrauten. Anschließend verschickte er Einladungen zu Verkaufsverhandlungen an Pariser Industrielle entsprechender Branchen und bat sie um ein vertrauliches Treffen im prestigeträchtigen *Hôtel de Crillon* an der Place de la Concorde. Mithilfe eines Komplizen gelang es Lustig, das »vielversprechende Objekt« an einen reichen Geschäftsmann mit dem bezeichnenden Namen Monsieur Poisson zu veräußern: Der Fisch biss an. Der Pechvogel stellte noch vor Ort einen großzügigen Wechsel aus, und Lustig verschwand auf Nimmerwiedersehen. Ich kann mir das Gesicht des echten Stadtverwalters von Paris schwer vorstellen, als Monsieur Poisson vorstellig wurde, um sein wertvolles Eisen abzuholen. Aus Scham, diesem einzigartigen Schwindel erlegen zu sein, zog das Opfer es vor, den Betrug bei der Polizei nicht anzuzeigen.

Lustig zählt zu meinen Lieblingshochstaplern weltweit, aber den legendären Totò, der im Film *Totòtruffa '62* den Trevi-Brunnen an einen amerikanischen Touristen verkauft, übertrifft er dennoch nicht. In besagtem Film überzeugt Totò zusammen mit seinem Komplizen Nino Taranto den naiven Mister Decio Cavallo davon, dass alle Münzen, die in den Brunnen geworfen werden, rechtlich dem Besitzer des Bauwerks zustehen: eine lohnenswerte Investition!

MISTER DECIO CAVALLO: »[...] Gehört das ganze Geld im Brunnen denn dir, Paisà?«

TOTÒ: »Selbstverständlich! Das ist der berühmte Trevi-Brunnen, er ist seit mehreren Generationen im Besitz meiner Familie. Darf ich mich vorstellen: Cavaliere Ufficiale Antonio Trevi.«

Da kann Lustig nicht mithalten.

Promenade Plantée

FLEURS ET JARDINS

F WIE FLEURS ET JARDINS (BLUMEN UND GÄRTEN)

»Der Garten war mein Paradies;
was konnte es schöneres geben?«

Rabindranath Tagore, *Der Gärtner*

Eine leidenschaftliche Gärtnerin wie ich kann der Versuchung nicht widerstehen, ein ganzes Kapitel den Blumen und Parkanlagen von Paris zu widmen. Selbst wenn dabei die Gefahr recht groß ist, ein so umfangreiches Werk wie die Bibel zu produzieren, ist Paris doch von Grünflächen durchbrochen, eingerahmt und durchzogen, die alle ihr eigenes Wesen und ihre eigene Philosophie erkennen lassen. Angefangen bei historischen Parks wie dem zwischen *Louvre* und der Place de la Concorde gelegenen *Jardin des Tuileries*, der von dem großartigen Landschaftsgestalter und Architekten des Versailler Parks André Le Nôtre für die französischen Könige neu gestaltet wurde, bis hin zu dem etwas ausgefalleneren, linearen Parkwanderweg *Promenade plantée* (auch *Coulée verte* genannt), einer begrünten Promenade auf einer 1969 stillgelegten Eisenbahntrasse, die von der Bastille bis nach Vincennes führt. Um zu dem Wanderweg zu gelangen, muss man von der Rue de Lyon im 12. Arrondissement einige Stufen hinabsteigen. Von hier aus kann man anschließend auf einer Strecke von fünf Kilometern wie auf einem Dachgarten im Grünen über der Stadt schweben und die unterschiedlichsten architektonischen Baustile in ihrer ganzen Pracht bestaunen.

Wer hingegen großflächige Grünanlagen und einen weiten Horizont bevorzugt, der ist im *Bois de Boulogne* genau richtig aufgehoben. Er zählt seit jeher zu den beliebtesten Parks, und die Pariser der Belle Époque liebten es, sich in ihren Kutschen darin spazieren fahren zu lassen, um zu sehen und gesehen zu werden. Heute ragt inmitten der Pflanzen und Bäume eines Waldes aus dem 19. Jahrhundert ein Stadtviertel der Gotham City empor: der vom Architekten Frank Gehry entworfene Sitz der Vuitton-Stiftung. Eine gewagte, avantgardistische Konstruktion, die unter ihrem Dach bedeutende Ausstellungen zeitgenössischer Kunst beherbergt. Doch selbst wenn es im Inneren rein gar nichts anzusehen gäbe, würde sich ein Abstecher dorthin dennoch lohnen, um von den futuristischen Terrassen aus Paris zu bestaunen und sich vielleicht im Restaurant *Le Frank* zu stärken. Wie durch Magie fühlt man sich hier, unter riesigen, von der Decke herabhängenden gold-metallenen Fischen, als Teil einer lebenden Installation. Und der Kichererbsen-Espuma des Sternekochs Jean-Louis Nomicos tut sein Übriges.

> Auf einer Strecke von fünf Kilometern
> kann man über der Stadt
> im Grünen schweben.

Allen unverbesserlichen Romantikern sei als idealer Ort der *Parc Monceau* empfohlen, einer der stimmungsvollsten Gärten von Paris. Ende des 18. Jahrhunderts erwarb der Herzog von Orléans das Anwesen, auf dem sich heute der Park und Teile des Viertels erstrecken, und übertrug dem berühmten Landschaftsgestalter Carmontelle die Aufgabe, einen »pittoresken« Ort zu erschaffen. Der vielseitige Herzog wünschte sich eine Landschaft, die die neue Gartenphilosophie widerspiegelte, der auch Jean-Jacques Rousseau zugetan war. Sie stand im Zeichen des Triumphs einer ungebändigten Natur reich an Artenvielfalt, gepaart mit »Verweisen« auf Orte und Zivilisationen aus verschiedenen Epochen. Zwischen Platanen und Maulbeerfeigen tauchen kunstvoll platzierte Skulpturen und Staffagebauten auf, die eine lauschige Atmosphäre der Sehnsucht schaffen. Den Höhepunkt unter den gartenkünstlerischen Gestaltungselementen bildet die Rekonstruktion einer Naumachie: ein von korinthischen Säulen umrahmtes Wasserbassin, auf dem Seeschlachten der alten Römer nachgestellt wurden. Die Gestaltung eines Ortes der Illusion hatte die damaligen Erwartungen dermaßen übertroffen, dass Rousseau persönlich, als leidenschaftlicher Botaniker bekannt für seine Streifzüge durch die Natur, heimlich über die Parkmauer kletterte, um einen flüchtigen Blick auf die verzauberte Landschaft mit ihren exotischen Pflanzen zu erhaschen. Das tat er so lang, bis seine Haushälterin durchgesetzt hatte, dass er einen Schlüssel für das Tor erhielt und damit seine nächtlichen Erkundungen beendete.

Allen unverbesserlichen Romantikern
sei als idealer Ort der *Parc Monceau*
empfohlen, einer der stimmungsvollsten
Gärten von Paris.

1852 wurde der Park nach einigen Wechselfällen der Geschichte zum Gemeingut erhoben und in Teilen zu Bauland erklärt. Während der Zeit des Second Empire entstanden hier für Familien des gehobenen Bürgertums luxuriöse Wohnhäuser, deren Bewohnern bis heute das Privileg erhalten bleibt, auf einen so besonderen und exzentrischen Park blicken zu dürfen.

Ist man erstmal dort, sollte man auch gleich noch dem direkt an den Park angrenzenden *Musée Nissim de Camondo* einen Besuch abstatten, einem architektonischen Juwel, in dem ein Teil des Pariser Kunstgewerbemuseums untergebracht ist. Das Stadtpalais ist dem Stil des *Petit Trianon* in Versailles nachempfunden und ist ein gut erhaltendes Zeugnis der Funktionsweise eines großbürgerlichen Haushaltes aus dem frühen 20. Jahrhundert. Von den Küchen mit Herd und Kupferpfannen über den Speisesaal bis hin zu den mit prunkvoller Tapisserie ausgeschmückten Repräsentationsräumen – alles ist in seinem ursprünglichen Zustand erhalten und wirkt wie die nachgebaute Kulisse eines Historienfilms. Nicht umsonst hat Miloš Forman ausgerechnet hier seinen Kinofilm *Valmont* gedreht, eine Adaption des skandalträchtigen Briefromans *Gefährliche Liebschaften* von Choderlos de Laclos. Mal ganz im Vertrauen: Mir gefällt ja die spätere Verfilmung von Stephen Frears besser, mit John Malkovich in der Rolle des Vicomte de Valmont. Dagegen hat Colin Firth den Sexappeal eines vertrockneten Stangenselleries. Doch das tut dem wundervollen Stadtpalais Camondo keinen Abbruch.

Für alle Rosenliebhaber gibt es nur einen Ort: den *Parc de Bagatelle* im nordwestlichen Teil des *Bois de Boulogne*. In diesem kleinen Paradies findet jeden Frühling der legendäre internationale Wettbewerb zur Prämierung der jeweils besten Züchtung statt. Hier kann man zwischen mehreren Dutzend blühender und für die Auszeichnung nominierter Rosen herumspazieren und als Laie seine ganz persönliche Rose küren. Anschließend ist dann Zeit, sich im Schatten des *Berceau* bei einem Tee auszuruhen und den zutraulichen Pfauen dabei zuzusehen, wie sie die Krümel einer Tarte au citron vom Boden aufpicken. Der *Parc de Bagatelle* war ursprünglich ein Liebesbeweis und das Ergebnis einer Art Wette, zu der Königin Marie Antoinette den Comte d'Artois, ihren schönen Schwager und, wie man im 18. Jahrhundert munkelte, heimlichen Liebhaber, herausgefordert hatte. D'Artois hatte erst kurz zuvor im *Bois de Boulogne* einen heruntergekommenen Pavillon mit angrenzender Grünfläche erworben, und die junge Königin, im Begriff, eine zweimonatige Reise anzutreten, forderte ihn mit ihrem eigenwilligen Wunsch heraus, für ihre Rückkehr dort ein rauschendes Fest zu organisieren. Würde es dem Comte gelingen, diesen Trümmerhaufen in Rekordzeit zu einem Schloss umzubauen, das ihrer Königlichen Hoheit würdig war? Der arme D'Artois gab ein Vermögen aus und beschäftigte mehr als 900 Handwerker, die Tag und Nacht durcharbeiteten, damit die mehr als luxuriöse Wohnstätte bei der Rückkehr der Königin fertig sein würde. Ob sie dies tatsächlich zu schätzen wusste, ist nicht überliefert. Doch seither ist das Anwesen auch unter dem Namen »La Folie« bekannt. Eigentlich wurde diese Bezeichnung generell für Gästehäuser und kleinere Landschlösser verwendet, doch in diesem Fall war der Begriff »Wahnsinn« mehr als bezeichnend.

Für weniger sinnliche als vielmehr intellektuelle Anklänge an die Vergangenheit sorgt der schlichte und absolut klassizistische *Jardin du Luxembourg*, von den Parisern auch liebevoll »le Luco« genannt. Diese grüne Oase im 6. Arrondissement wurde auf Anordnung einer Königin angelegt, die weit weniger Anlass für Gerede gab: die Italienerin Maria de' Medici. Sie hatte 1610 nach dem Tod ihres Mannes Heinrich IV. beschlossen, aus dem für sie bedrückenden *Louvre* auszuziehen, und einen Architekten ihres Vertrauens mit dem Projekt beauftragt, etwas zu entwerfen, das den Palästen und Gärten ihrer geliebten Heimatstadt Florenz gleichkäme. Und so entstand der schöne »Luco« aus der Sehnsucht einer Frau nach ihrer Heimat, jenem unüberwindbaren Gefühl, unter dem rund sechzig Jahre zuvor bereits eine andere

Medici und Königin von Frankreich gelitten hatte: Katharina, Gemahlin von Heinrich II., die sich einen italienischen Konditor an den französischen Hof geholt hatte, um sich der Toskana näher zu fühlen. Von diesem Küchengenie stammen die berühmten *Macarons*, jenes bunte Baisergebäck, das es in jeder Pariser Konditorei in den unterschiedlichsten Geschmacksrichtungen zu kaufen gibt. Besonders lecker schmecken die aus dem Café des *Musée du Luxembourg*, gleich beim Eingang, einer kleinen Dependance der legendären Konditorei *Angelina* in der Rue de Rivoli. Wer auf bio steht, kann in der Orangerie heimischen Honig von Bienenstöcken aus dem *Jardin du Luxembourg* erwerben, denn der eleganteste Park der Welt beherbergt sogar eine biologische Imkerschule. Leider konnte sich Maria de' Medici zu Lebzeiten nicht mehr ihres neuen Wohnsitzes erfreuen, denn noch bevor das Palais fertiggestellt war, wurde sie von ihrem Sohn Ludwig XIII. erbarmungslos vom Thron gestürzt.

Uns hingegen steht »le Luco« von morgens bis abends offen, und obwohl die gesamte Anlage riesig und herrschaftlich ist, bleibt dennoch der familiäre Charakter eines Stadtteilparks erhalten, in dem man am Vormittag auf Schulschwänzer trifft und zu jeder Uhrzeit unermüdliche Jogger von Saint-Germain. Mit etwas Glück stößt man zwischen den Skulpturen großer Künstler wie Rodin, Bourdelle und Zadkine auf die Geister von Simone de Beauvoir und Jean-Paul Sartre, die hier in jungen Jahren, als der Existenzialismus noch in weiter Ferne lag, flirtend in den Alleen herumschlenderten. Die Biographen des intellektuellsten Paares Frankreichs vermuten ausgerechnet hier, auf einer Bank im *Jardin du Luxembourg*, den Ort, an dem die beiden Schriftsteller den berühmten Pakt über eine freie Liebe miteinander schlossen: »Ehe ausgeschlossen. Keine Kinder, das kostet zu viel Energie. Jeder lebt sein eigenes Leben, hat seine Liebesabenteuer …«

An Abenteuern mangelte es im Leben von Jean-Paul und Simone wahrlich nicht, wobei sie besonders gern junge Opfer in ihre turbulente Ménage mit hineinzogen. Ich habe mich immer gefragt, woher sie die ganze Zeit nahmen, all die elementaren Schriften des 20. Jahrhunderts zu verfassen und gleichzeitig auch noch skandalösere Liebesränke zu schmieden als Valmont und die Marquise von Merteuil. Doch ebenso wie es Kindern in Bezug auf ihre Eltern geht, so möchte auch ich den erotischen Aspekt der Beziehung dieser beiden Legenden der französischen Kulturgeschichte besser nicht weiter vertiefen. Da ziehe ich es persönlich vor, weiterhin mit unschuldigem Blick ihr literarisches Werk zu betrachten und zu lesen; allen, die nichtsdestotrotz ein Trauma zurückbehalten und endlich diesen Mythos zu Fall bringen möchten, sei ein Buch empfohlen, das ordentlich für Aufruhr sorgte: *Mémoire d'une jeune fille dérangée* von Bianca Lamblin. Die Autorin war jahrelang in eine Dreiecksgeschichte mit den beiden Ikonen verwickelt und scheint sich von dieser »gefährlichen Liebschaft« nie wieder erholt zu haben. Um die eigene Unschuld wiederzuerlangen, schlage ich als Gegenmittel die Lektüre von Victor Hugos Roman *Die Elenden* vor, in dem der *Jardin du Luxembourg* als Szenerie für die Liebesgeschichte zwischen Cosette und Marius Pontmercy dient – im Vergleich zu Lamblin eher was für brave Klosterschülerinnen.

Für eher introvertierte Gemüter mit einem Hang zur Mystik ist der geheimnisvoll abgeschiedene *Parc des Buttes-Chaumont* im 19. Arrondissement genau das Richtige. Mehr als nur ein simpler Park ist er eine »Kunstlandschaft« im eigentlichen Sinne, konzipiert aus dem Nichts heraus, auf einer ehemaligen Müllkippe. Zur Gestaltung des Parks wurden Erdmassen, Pflanzen und Bäume bewegt, eine Grotte mit Wasserkaskade sowie mehrere Brücken und ein künstlicher See mit Insel angelegt. Das zerfurchte Gelände des ursprünglichen Steinbruchs wurde zu begrünten Hügeln umgestaltet, von denen man heute aus ungewohntem Blickwinkel auf die Stadt hinabsehen kann. Doch vor allem sind es die geheimnisvollen Legenden, die sich um den *Buttes-Chaumont* ranken und auf den Besucher dieses antiken Parks eine schaurige Wirkung ausüben. Auf der Insel inmitten des Sees, zu der man über zwei Hängebrücken gelangt – die höhere der beiden wird »Brücke der Selbstmörder« genannt –, steht eine kleine Rotunde, eine Replik des Tempels der Sibylle in Tivoli bei Rom. Wer für Esoterik etwas übrighat, spürt an diesem unverkennbar magischen Ort das Zentrum eines mystischen, von energetischen Kräften aufgeladenen Pentagons – Energien, die, erst einmal freigesetzt, dem Menschen ähnliche Fähigkeiten verleihen wie dem italienischen Superhelden Jeeg Robot nach seinem Sprung in den Tiber.

Wer für Esoterik etwas übrighat,
spürt an diesem unverkennbar magischen
Ort das Zentrum eines mystischen,
von energetischen Kräften aufgeladenen
Pentagons.

Ich persönlich bin zwar wenig energetisch und völlig außer Atem oben auf dem Hügel angekommen, aber vielleicht wirkt das Ganze bei Kettenrauchern wie mir ja auch nicht. Doch der Blick von oben auf Montmartre und den Norden von Paris entschädigt hinreichend für den beschwerlichen Aufstieg. Allerdings wurde mir von einem nächtlichen Besuch abgeraten, denn die »Sibyllinen« – gemeint sind hier nicht die rituellen Schriften und Orakelsammlungen, sondern die Anhänger des sibyllinischen Kults – versammeln sich vorzugsweise nach Sonnenuntergang in den unterirdischen Stollen des ehemaligen Steinbruchs für ihre Initiationsriten. Die Anhänger dieses Kults sind davon überzeugt, in diesem Labyrinth seien magische Gegenstände wie die berühmten Tarotkarten der Avatare vergraben! Was genau es mit diesen Karten auf sich hat, weiß ich allerdings auch nicht. Ich kenne nur die Karten der Wahrsagerin an der Ecke zur Piazza Navona in Rom. Aber hat uns nicht schon der Journalist Corrado Augias gelehrt, dass Paris die Stadt der Geheimnisse und Mysterien ist? Ihm werde ich ganz sicher nicht widersprechen.

Ich könnte endlos so fortfahren, denn in jedem Arrondissement verbirgt sich eine kleine grüne Oase, wo man dem Rummel entfliehen kann, und sei es nur für ein Picknick. Wie bereits erwähnt sind die Pariser leidenschaftliche Verfechter des *Déjeuner sur l'herbe*, und jeder Quadratmeter Wiese kommt ihnen gelegen, um diese angeborene Leidenschaft auszuleben. Einer der beliebtesten Parks, in dem hemmungslos gepicknickt wird, ist der *Champ-de-Mars*, eine weitläufige Grünanlage im wohlwollenden Schutz des Eiffelturms. Beim ersten Strahl der Frühlingssonne versammelt sich hier, wie durch das Flötenspiel eines unsichtbaren Rattenfängers herbeigelockt, eine ganze Horde zum Wildpicknicken. Dieser elementare weltliche Ritus wird derart zelebriert, dass daraus ein Happening ähnlich einem Rockkonzert entsteht. Auch wenn man nur ein gewöhnlicher Tourist ist, aber trotzdem Lust bekommt, an diesem Hexensabbat des *Déjeuner sur l'herbe* teilzunehmen, ist für eine Lösung gesorgt: Einfach an die neu gegründete Organisation *Frichti* wenden, und mit einem einzigen Anruf vom Smartphone kann man seinen ganz persönlichen Picknickkorb mit kulinarischen Köstlichkeiten ordern – Wein inbegriffen. Das Ganze wird frisch und maximal eine halbe Stunde nach Auftragserteilung direkt geliefert, denn *Frichti* kann durch die Bestellung den aktuellen Standort des Kunden bestimmen. Zu der Frage, ob es in den Pariser Parks Ameisen oder Stechmücken gibt, kann ich allerdings keine Auskunft geben.

DIE GIRAFFE DES KÖNIGS

»Die Erde selbst kann ruhig verschwinden,
wenn mir doch nur der Jardin des Plantes bleibt.«

August Strindberg

Schwer zu glauben, dass es etwas geben soll, das uns Menschen des dritten Jahrtausends tatsächlich noch zum Staunen bringt. Vielleicht würde uns sogar ein Raumschiff, das zu Mittag während der Audienz des Papstes mitten auf dem Petersplatz landet, nicht wirklich aus der Ruhe bringen. Doch wie sprachlos die Pariser Anfang des 19. Jahrhunderts reagiert haben müssen, als sie zum ersten Mal in ihrem Leben eine lebendige Giraffe sahen, das wage ich mir nicht einmal vorzustellen. Das Exemplar stammte aus Ägypten und war ein Geschenk Muhammad Ali Paschas an König Karl X. Ein gerissener diplomatischer Schachzug, um das politische Wohlwollen Frankreichs zu gewinnen. Das Tier, das wir Zarafa nennen wollen (in Anlehnung an den amerikanischen Schriftsteller Michael Allin, der vor einigen Jahren ein spannendes Buch über diese Geschichte verfasste), hatte, bevor sie zum ersten Mal Pariser Boden betrat, bereits auf einer Feluke eine abenteuerliche Fahrt auf dem Nil zurückgelegt, um vom Sudan nach Ägypten zu gelangen. Anschließend hatte sie den Ozean bis nach Europa in einer Brigg überquert, in deren Oberdeck man extra eine runde Öffnung gesägt hatte, um Platz für den langen Hals zu schaffen. In fröhlicher Begleitung von Schafen, Kühen und afrikanischen Antilopen verließ Zarafa in Marseille das Schiff, um zu überwintern und sich dem strengeren nordeuropäischen Klima anzupassen. Der Präfekt der Stadt empfing sie wie eine Königin und hatte das Privileg erhalten, sie persönlich Gassi führen zu dürfen. Als Zarafa schließlich am 30. Juni des Jahres 1827 in Paris eintraf, war sie elegant zurechtgemacht: Spezielle Schneider hatten ihr einen wasserabweisenden Überwurf genäht, und auf dem Kopf trug sie einen Frostschutzhelm. Derart verunstaltet wurde sie anschließend mit großem Pomp Seiner Majestät vorgeführt.

Von diesem Tag an rangelten sich die Menschen darum, Zarafa begaffen zu können, und allein im Sommer desselben Jahres versetzte dieses Naturwunder knapp eine Million Pariser in sprachloses Staunen. Zarafa kam bei den Franzosen so gut an, dass sie sogar eine aberwitzige Giraffenhysterie auslöste. Ein solcher Rummel war nicht einmal um das Rhinozeros von Ludwig XV. etwa sechzig Jahre zuvor gemacht worden. In der Stadt brach eine regelrechte Giraffenmanie aus, die sich in Gemälden, Kleidung, Krawatten, ja sogar einer neuen Frisur »à la girafe« niederschlug. Überall gab es Souvenirs und Nippes mit Giraffenmotiven zu kaufen. Doch die Begeisterung für das exotisch Neue flaute rasch wieder ab, aktuellere Ereignisse beherrschten das Stadtgeschehen und besonders das Leben des Königs, der im Zuge der revolutionären Aufstände von 1830 zum Abdanken gezwungen wurde. Zarafa residierte, anders als Karl X., noch weitere achtzehn Jahre im *Jardin des Plantes,* gehegt und gepflegt von liebevollem Personal. Es stand sogar ein Knappe ganz allein für ihre Pflege zur Verfügung, dessen einzige Aufgabe darin bestand, sie rund um die Uhr zu striegeln. Daher auch die französische Redewendung »peigner la girafe«, die »Giraffe striegeln«, was so viel heißt wie »Energie in etwas komplett Unnützes stecken«. Wie man unschwer erraten kann, habe ich eine Schwäche für Giraffen, für diese eleganten, surrealen Wesen, die dem Pinsel von Salvador Dalí entsprungen zu sein scheinen, und ich kann keiner Ausstellung mit ausgestopften Tieren, Gerippen aus der Steinzeit und diversen Fossilien widerstehen. Aus diesem Grund treibe ich mich natürlich am liebsten im *Jardin des Plantes* herum, dem ersten Zuhause unserer Zarafa, und dem heutigen Sitz des Naturkundemuseums.

Der Park vereint all diese Wunderwerke und beherbergt obendrein auch noch einen umfangreichen Bestand an Pflanzenspezies, die zu jeder Jahreszeit in einem unendlichen Farbenreigen erblühen. Zwei riesige, frisch restaurierte Gewächshäuser bieten Raum für seltene Exemplare tropischer Pflanzen. Es ist eine wahre Freude, mitten im Winter zwischen Lianen eines feucht heißen Urwaldes herumzustreunen, während es draußen zu schneien beginnt. Und wem das noch immer nicht ausreicht: Die großflächige Anlage des *Jardin des Plantes* umfasst auch den ältesten Zoo von Paris. Tierschützer werden nun sicherlich gleich aufschreien, aber wer diesen verzauberten Ort einmal besucht hat, wird sicherlich etwas nachsichtiger. Außerdem ist der Umstand, dass der Orang-Utan Pongo nur einen Steinwurf vom *Quartier Latin* entfernt wohnt, eine wunderbar verrückte Vorstellung, die schon den militanten Schriftsteller und Flaneur Léon-Paul Fargue in Verzücken versetzte. Er war so vernarrt in den *Jardin des Plantes*, dass er ihn in *Piéton de Paris* (Der Wanderer durch Paris) als einen »Garten der Träumerei und der Liebe, ein unvergleichliches Kuriosum von Paris, einen Treffpunkt für Philosophen …« beschrieb. Wer könnte da noch widerstehen?

DER BANKIER UND GÄRTNER

Wer jedoch verrückt ist auf alles, was irgendwie mit Gartenkunst zu tun hat, egal welcher Stilrichtung, und wer in einem Rutsch alle möglichen Varianten der Grünflächennutzung sehen will – angefangen von einem echten japanischen Zen-Garten über einen typischen Wald der Vogesen bis hin zu einem tadellos gepflegten Rosengarten *à la française* oder zerzauste Hecken *made in England* –, für den habe ich die perfekte Lösung. Am südlichsten Rand des *Bois de Boulogne* befindet sich einer der weniger bekannten, aber darum nicht weniger sehenswerten Parks von Paris.

Angelegt hat ihn – Parzelle für Parzelle – Albert Kahn, ein Mann, der mit dieser herrlichen Pflanzenwelt auf Anhieb nur wenig gemein zu haben scheint. Zwischen Ende des 19. und Anfang des 20. Jahrhunderts zählte Kahn zu den einflussreichsten und fähigsten Bankiers Frankreichs. Mit achtunddreißig Jahren war es ihm bereits gelungen, ein immenses Vermögen anzuhäufen und sogar seine eigene Privatbank im Herzen von Paris zu gründen. Doch Kahn entpuppt sich als ein Kapitalist sui generis: Anstatt gierig immer weiter Geld zu scheffeln, wie es für seine Branche typisch wäre, gibt er all seine Funktionen auf und widmet sich seinem Traum. Im Gegensatz zu manch anderen Vertretern seines Berufsstandes, die sich, damals wie heute, in entfernte Paradiese zurückziehen, deren Exotik allein darin besteht, dass es Steueroasen sind, erschafft unser Milliardär zur Überraschung aller mit dem zur Verfügung stehenden Kapital ein kleines Eden.

Allein diese Geschichte ist es wert, dem *Jardin Albert Kahn* einen Besuch abzustatten. Erstmal an diesem einzigartigen Ort angekommen, fasziniert die Genialität seiner Komposition. Die

Schönheit und Harmonie der verschiedenen, nach Themen an-
gelegten Grünflächen ist unvergleichlich in ihrer Art. Und sofort
wird erkennbar, dass es hier nicht nur um die Verwirklichung
einer ästhetischen Passion geht. Der Bankier war in Wahrheit
auch ein Philosoph, der mit der Gestaltung dieses Parks eine
größere Utopie verfolgte, indem er mithilfe der Pflanzenwelt
die Gleichheit zu illustrieren beabsichtigte. Durch längere Reisen war Kahn mit den Kulturen ferner Länder in Kontakt gekommen und hatte ihre Traditionen ausreichend studieren können, in
dem tiefen Bewusstsein, dass nur das Verständnis für die Vielfalt
zu Respekt und Toleranz unter den Völkern führen kann. Eine
grundlegende Voraussetzung, um den Weltfrieden zu erlangen,
an den dieser kleine Mann von unscheinbarem Äußeren voller
Überzeugung glaubte.

Das Lustwandeln durch die verschiedenen Gartenszenen, die
mit viel Geduld von ausdauernden Gärtnern angelegt wurden,
wird so für den Besucher auch zu einem soziopolitischen Erlebnis. Im selben Geiste gründete der Bankier, abgesehen von dem
Park, auch einige Stiftungen, durch die das erlangte Wissen wei-
tergegeben werden sollte. Die Stiftungen schrieben Stipendien
aus, die es verdienstvollen Jungakademikern, die einmal die Füh-
rungsklasse des Landes stellen würden, ermöglichen sollten, den
eigenen Horizont zu erweitern. In den 1910er Jahren begann er
außerdem ein umfassendes Archiv für Fotografie aufzubauen,
Les Archives de la Planète, in dem er all das auf seinen Reisen
gesammelte Material zusammentrug und Wissenschaftlern zur
Verfügung stellte, gemeinsam mit einem Biologielabor, das auf
die Erforschung der Biodiversität spezialisiert war und noch
heute besichtigt werden kann. In sein kleines Reich lud er Philosophen, Intellektuelle, Literaten, Dichter und Nobelpreisträger,
um mit ihnen gemeinsam über Völkerverständigung zu diskutie-

ren und sich auszutauschen. Ein berührendes Foto zeigt den indischen Dichter Rabindranath Tagore, Freund und häufiger Gast bei Kahn, wie er friedlich zwischen den Rosenstöcken des Gartens spazieren geht.

> Das Lustwandeln durch die verschiedenen
> Gartenszenen wird so für den Besucher
> auch zu einem soziopolitischen Erlebnis.

Doch wie im schlimmsten Alptraum sollte diese schöne Utopie letztendlich an der Realität des Geldes scheitern. Die Weltwirtschaftskrise von 1929 zwang den ehemaligen Bankier in die Armut und zum Verkauf all seines Eigentums. Zum Glück hatte das, was der kleine Mann gesät hatte, bereits tiefe Wurzeln geschlagen, und eine Gruppe von Anhängern und Bewunderern seines Werkes setzte sich für den Erhalt seines einzigartigen Vermächtnisses ein. Am Ende erwarb der französische Staat den gesamten Besitz und das Fotoarchiv und verhinderte damit ein Auseinanderreißen und Verstreuen. Albert Kahn gestattete man, in seinem von ihm erschaffenen Paradies wohnen zu bleiben, wo er bis zum Lebensende Jahr für Jahr die Kirschblüte seines japanischen Gartens bestaunen durfte.

LE VOYAGE
DANS LA LUNE

"STAR FILM"
Geo Méliès, Paris

Casinos de TROUVILLE

Le Train Bleu
Restaurant

GARE

G WIE GARE (BAHNHOF)

»Guten Abend, meine Damen und Herren.
Ich heiße Orson Welles und bin Schauspieler.
Autor. Produzent. Regisseur. Magier.«

Orson Welles

Der interessanteste Bahnhof von Paris ist gar kein Bahnhof, oder besser gesagt: Er ist es nicht mehr. Ich spreche vom *Gare d'Orsay*, der anlässlich der Weltausstellung im Jahr 1900 erbaut wurde, mit dem Ziel, einen zentralen Endbahnhof für die Besucher zu errichten. Als echtes Aushängeschild urbaner Architektur entworfen gehörte zu dem Bahnhof auch ein Luxushotel, ein Restaurant und ein von Spiegeln und Kristalllüstern eingefasster Ballsaal. Nicht mal vierzig Jahre später setzte der endgültige Sieg der Elektrizität der Nutzung des Gebäudes ein Ende und läutete seinen langsamen Niedergang ein. Die riesige Bahnhofsuhr an der Hauptfassade, die einst die An- und Abfahrtszeiten der Züge ankündigte, hatte ihre Bestimmung verloren und wurde nur noch ein einziges Mal nach Ende des Zweiten Weltkrieges zum Leben erweckt, als man den Bahnhof kurzfristig zu einem Sammellager für Kriegsheimkehrer umfunktionierte. Doch der Verfall war nicht mehr aufzuhalten, und schon bald verkam der Bahnhof zu einer leeren Hülle, zu einem verwaisten Gebäude. Allerdings vermochte er noch immer die Fantasie eines Orson Welles anzuregen, der ihn 1962 als Drehort für seinen nach dem berühmten Roman von Franz Kafka benannten Film *Der Prozess* wählte. Laut Orson Welles war das eigentlich so nicht geplant gewesen. In Zagreb wurde bereits an Kulissen für den Film gearbeitet, als er am Tag der Abreise mit dem kompletten Cast, darunter Stars wie Anthony Perkins, Romy Schneider und Jeanne Moreau, erfuhr, dass kein einziges Filmset fertiggestellt war und das Projekt zu platzen drohte. »Ich war im *Hôtel Meurice* bei den *Tuileries* untergebracht und lief in meinem Zimmer auf und ab, während ich aus dem Fenster blickte. Ich bin nicht so dumm, den Mond nicht ernst zu nehmen, und ich sah ihn so riesig da stehen vor meinem Fenster, den Herbstmond, wie wir in den USA sagen. Und plötzlich wurden aus dem einen zwei. Zwei Monde, wie ein Zeichen des Himmels! Auf beiden Monden erkannte ich Zahlen, und mit einem Mal wurde mir klar: Das war das Ziffernblatt der Uhr vom *Gare d'Orsay*. Ich erinnerte mich, dass der *Gare d'Orsay* leer stand, also ging ich um fünf Uhr morgens aus dem Hotel, rief ein Taxi, fuhr durch die Stadt und betrat diese leere Bahnhofshalle, wo ich Kafkas Universum entdeckte.« Der Rest ist Filmgeschichte.

> »Ich bin nicht so dumm, den Mond nicht
> ernst zu nehmen, und ich sah ihn so riesig
> da stehen vor meinem Fenster,
> den Herbstmond, wie wir in den USA sagen.
> Und plötzlich wurden aus dem einen zwei.
> Zwei Monde, wie ein Zeichen des
> Himmels!«

Wenn man sich heute die bedrohlichen Schwarz-Weiß-Einstellungen von der riesigen Halle in *Der Prozess* ansieht, scheint es, als sei dieser Ort regelrecht dafür geschaffen, Beklommenheit und mysteriöse Atmosphäre auszustrahlen, so wie es Orson Welles in seinem Werk vermitteln wollte. Ein letztes Mal leistete der *Gare d'Orsay* seinen Beitrag, doch sein Schicksal war bereits besiegelt. Für einige Jahre verlängerte ein anderer Künstler noch seine Lebenszeit: Jean-Louis Barrault nutzte die riesige Halle für seine Theatertruppe und brachte dort Nietzsche und Claudel zur Aufführung. Dann war Schluss. Es gab bereits Pläne, den gesamten Komplex abreißen zu lassen, doch dank des sogenannten »Malraux«-Gesetzes konnte dies noch einmal abgewendet werden, und der Bahnhof wurde zu einem schützenswerten Denkmal erklärt. André Malraux war ein durchaus umstrittener französischer Schriftsteller, Abenteurer und Intellektueller, doch als er zum Kulturminister ernannt wurde, setzte er sich für den Erhalt nationaler Kulturgüter ein. Dank des nach ihm benannten Gesetzes, das den Schutz des historisch bedeutsamen baulichen Erbes Frankreichs regelt und diesen auf städtebauliche Strukturen ausweitete, die zuvor nicht unbedingt als Kulturobjekte eingestuft worden waren, können die Franzosen – im Gegensatz zu manch anderen Ländern – auf ein fast intaktes historisches Erbe zurückblicken. Doch wie wir an den Markthallen *Les Halles* sehen werden, konnte nicht alles in Paris gerettet werden, und teilweise wurde mehr Wert auf das Äußere als auf Substanz gelegt, wie Kritiker unterstreichen, die von einem scheinheiligen *Façadisme* sprechen. Doch ohne besagtes Gesetz wäre die Physiognomie der Stadt heute unbestritten eine komplett andere. Die in seiner Funktion als Minister gehaltene Rede Malraux' über den Erhalt der städtischen Landschaft ist ein Appell an den Wert der Schönheit, der daran gemahnt, dass sogar einfache Bürgersteige an der Seine mit ihren berühmten Buchständen zu einem einzigartigen, ästhetischen Bild beitragen: »[…] Die Seele der Vergangenheit [einer Nation] besteht nicht nur aus Meisterleistungen, denn wie leicht wird in der Architektur ein isoliertes Meisterwerk zu einem toten Meisterwerk; das Schloss von Versailles, die Kathedrale von Chartres, sie sind Teil der rühmlichsten Menschheitsträume. Doch wären dieses Schloss und diese Kathedrale umgeben von Hochhäusern, hätten sie nur noch archäologische Bedeutung; ebenso wenn wir die alten Quais an der Seine zerstören ließen, die in ihrem Erscheinungsbild an romantische Lithographien erinnern. Es wäre, als wenn wir aus Paris den Genius eines Daumier und den Schatten Baudelaires vertrieben [...]. Alles das gehört zu einer außergewöhnlichen Kulisse, die Paris der Welt schenkt, und wir möchten diese Kulisse ebenso wie unsere Denkmäler schützen.«

Wie in einem Märchen wurde dem *Gare d'Orsay* dann doch noch ein glückliches Ende beschert. »Schneewittchen« vom Seineufer erwachte dank einer brillanten Idee aus einem jahrzehntelangen Schlaf und wurde zu einem der meistbesuchten Museen von Paris. Nach grandiosen Restaurierungsarbeiten unter Leitung der berühmten italienischen Architektin Gae Aulenti zeigt der einstige Bahnhof seit 1986 eine beeindruckende Dauerausstellung bildender Kunst, einen wahren Schatz für Liebhaber des Impressionismus. Der Museumsbesuch ist an sich schon ein aufregendes Erlebnis, nicht zu vergessen die jährlichen Wechselausstellungen, die Lust darauf machen, immer wieder zurückzukehren. Ich werde nicht jedes einzelne Meisterwerk aufzählen, das es hier zu bestaunen gibt. Damit könnte man ein ganzes Buch füllen. Aber ganz im Vertrauen: Es ist wirklich das einzige Museum, das man während eines Parisaufenthaltes *nicht* verpassen sollte. Wohin man auch sieht, lassen einen die Bilder von Picasso, Manet, Matisse und Monet in Staunen versetzen; der alte Bahnhof ist letztendlich zu ihrer endgültigen Bleibe geworden. Eine schöne Genugtuung für all jene Künstler, die ihre

Werke teilweise im *Salon des Refusés* ausstellen mussten, einer auf eigene Kosten organisierten, unabhängigen Parallelausstellung zu den offiziellen *Salons*. Was mit vielen Opfern verbunden war, denn man lief Gefahr, den Zorn der Jury, die die Bilder als skandalös oder sogar lächerlich abgelehnt hatte, auf sich zu ziehen. Heute legt sich der unergründliche Blick der schönen *Olympia* von Manet über einen weiten Raum, in dem sich Besucher aus der ganzen Welt drängen, um sie und ihre schwarze Katze zu würdigen, die, wie ich dank einer Lehrerin, die ihre Grundschulklasse durch das Museum führte, nun weiß, die weibliche Sexualität verkörpert. Dabei dachte ich bisher immer, dass es sich um eine einfache Hauskatze aus dem 19. Jahrhundert handelt. Ich muss zugeben, die Schulausbildung in Frankreich hat wirklich Hand und Fuß.

EIN AUSFLUG ANS MEER

*»Die Erinnerungen an meine Jugend knirschen
unter meinen Schritten wie Muscheln im Sand.
Jede brechende Welle, die ich sehe, weckt in
mir ein verschwiegenes Echo. Ich spüre das
Murmeln vergangener Tage und das wellenartige
Zusammenfließen einer unendlichen Reihung
verloren gegangener Leidenschaften.«*

Gustave Flaubert, *Brief an die Freundin Louise Colet*

Im *Musée d'Orsay* selbst findet man einen weiteren berühmten Bahnhof, eine kleine Hommage an die ursprüngliche Bestimmung des Ortes: ein Bild von Claude Monet, das den *Gare*

Saint-Lazare unter blauen Rauchschwaden der Lokomotive und im hektischen Trubel der Reisenden darstellt. Heute gibt es zwar keine Dampfloks mehr, doch der Bahnhof empfängt noch immer in majestätischer Schönheit all jene Reisenden, die in Richtung Normandie zu einem Ausflug an die nur zwei Stunden von Paris entfernten Badeorte Trouville und Deauville aufbrechen möchten. Die Pariser nennen die beiden Seebäder, die bis heute nichts von ihrem Renommee eingebüßt haben, liebevoll das 21. Arrondissement von Paris.

Hier haben bereits Künstler, Schauspieler und Schriftsteller überwintert, angefangen bei Alexandre Dumas bis hin zu Jean Gabin und Rita Hayworth ... Selbst Marguerite Duras ist dem Charme des im Gegensatz zu dem mondänen Deauville eher beschaulichen Trouville erlegen. Die Schriftstellerin besaß ein Apartment im *Hôtel des Roches Noires*, einem unheimlichen, festungsartigen Kasten, der noch heute am langen Strand thront, umspült von den Gezeiten. Seit das Gebäude nicht mehr als Hotel betrieben wird, sind die Zimmer zu Apartments umgebaut, die man saisonweise mieten kann. Doch ein freies zu finden ist ein fast unmögliches Unterfangen.

Wer nicht rechtzeitig buchen konnte und trotzdem Lust dazu verspürt, in die Stimmung einzutauchen, ohne dabei Paris zu verlassen, kann dies auch mithilfe von Claude Monet tun, einem weiteren begeisterten Badegast, der uns seine »Impressionen« des *Hôtel de Roches Noires* in einem ebenfalls im *Musée d'Orsay* ausgestellten Bild überliefert hat.

Trouville ist für sein besonderes Licht berühmt und für die langen Strände voller winziger goldener Steinchen, die unter dem Sonnenlicht zu glitzern beginnen; ich kann dem nur zustimmen und ergänzend hinzufügen, dass die Spaziergänge am Meer unter den am Himmel kreisenden Möwen den Abstecher hierher zu

107

einem wirklich lohnenswerten Ausflug machen. Auch wenn man sich während der Hauptsaison Mitte August etwas schwer dabei tut, zwischen dem strengen Geruch von Frittierfett die romantische Stimmung herauszuspüren. Zudem ist es nicht ganz einfach, unter den Massen der Badegäste das leichte Plätschern der Wellen überhaupt noch auszumachen.

Die ideale Unterkunft für einen solchen Ausflug ist für mich persönlich das *Hôtel Flaubert*, ein altes Stadtpalais im neonormannischen Stil direkt am Wasser gelegen, das nach einem der berühmtesten Feriengäste des Seebades benannt ist.

Hier in Trouville begegnete Gustave Flaubert noch als Schüler zum ersten Mal der jungen Élisa Schlésinger – eine einschneidende Begegnung, die seine »Entwicklung der Gefühle« nachhaltig beeinflussen sollte. Diese knapp zehn Jahre ältere, faszinierende Erscheinung ist jedoch bereits verheiratet, und der Schriftsteller wird diese Leidenschaft, die ihn – glaubt man seinen Biographen – sein ganzes Leben lang verfolgt, nie ausleben können. Von diesem Moment an wird Élisa für Flaubert zum *Phantom von Trouville*, Vorbild für all seine weiblichen Romanfiguren und vor allem verkörpert von Madame Arnoux in *Die Erziehung der Gefühle*: Inbegriff einer unnahbaren Frau, der er – wie wir bereits wissen – vergebens durch die Straßen von Paris nachjagt. Dem Protagonisten wird die große Liebe verwehrt, zum Glück für uns Leser, die wir anderenfalls nicht dieses grandiose Werk in Händen halten würden. Wie so oft in der Kunst fördert eine erwiderte Liebe nur selten die Kreativität.

Ich habe in Trouville keinerlei Männerbekanntschaften gemacht. Stattdessen aber unvergessliche Austern gegessen.

CABOURG ODER BALBEC?

»Ich glaubte mich ebensosehr nach Balbec zu sehnen
wie mein Arzt, der sich am Morgen der Abreise über
mein unglückliches Aussehen wunderte und sagte:
›Sie können mir glauben, wenn ich auch nur acht Tage
Zeit hätte, Seeluft zu atmen, ich ließe mich nicht lange
bitten.‹«

Marcel Proust, *Auf der Suche nach der verlorenen Zeit*

Marcel Proust bevorzugte hingegen Cabourg, einen weiteren Badeort an der normannischen Küste, den man ebenfalls von der *Gare Saint-Lazare* aus erreicht. Der Schriftsteller hatte hier schon als Kind mit seiner Familie regelmäßig Ferienaufenthalte verbracht: »Wie anders jetzt als in jenen Jahren am Meer, wo Großmutter und ich, miteinander verschmolzen, gegen den Wind angingen und plauderten!« Die Erinnerung an diese unbekümmerten und glücklichen Sommer findet immer wieder Eingang in sein monumentales Werk.

In *Auf der Suche nach der verlorenen Zeit* wird Cabourg zu Balbec, wo die erste Begegnung mit Albertine stattfindet und der Erzähler sie in einem Zimmer des *Grand Hôtel* zum ersten Mal küsst. Für die Historiker besteht kein Zweifel, dass es sich bei Cabourg um den Ort der in Tee getauchten *Madeleines* des Schriftstellers handelt. Und ebenso überzeugt davon sind die Einwohner des Städtchens, die aus Proust ihr Aushängeschild und eine beachtliche touristische Attraktion machen. »Ich hatte Cabourg gewählt, weil ich davon gehört hatte, hier gäbe es das komfortabelste Hotel der ganzen Küste. Seit meiner Ankunft gelingt es mir, aus dem Bett aufzustehen und jeden Tag einen Spaziergang zu machen, was ich seit sechs Jahren nicht mehr getan habe.«

Ich muss wohl nicht erwähnen, dass dieser Auszug eines Briefes von Proust an Madame Caraman aus dem Jahr 1907 für die Tourismusbranche noch heute mehr zählt als hundert positive Bewertungen auf TripAdvisor.

In *Auf der Suche nach der verlorenen Zeit* und in der privaten Korrespondenz des Autors wird Cabourg immer wieder durch Balbec ersetzt, bis die beiden Orte sich so überlagern, dass sie auch in der Erinnerung des Lesers zu einer Einheit verschmelzen. So erreicht man von der *Gare Saint-Lazare* aus mit dem Zug in nur drei Stunden das Zentrum eines Proust Romans: »An den stürmischen und sanften Februarabenden einte der Wind in mir den Wunsch nach gotischer Architektur und stürmischem Meer.«

In *Auf der Suche nach der verlorenen Zeit*
und in der privaten Korrespondenz
des Autors wird Cabourg immer wieder
durch Balbec ersetzt, bis die beiden Orte
sich überlagern.

Ich möchte dem großen Schriftsteller nur ungern widersprechen, aber selbst wenn ich den Reiz von Orkanen durchaus zu schätzen weiß, würde ich dennoch für einen Abstecher an die stürmische Küste des Ärmelkanals eher den Frühling empfehlen, es sei denn, man ist versessen darauf, sich selbst zu peinigen, wie es der Autor so gern tat. In Cabourg angekommen sollte man unbedingt einen Spaziergang auf der noch heute erhaltenen und von den klassisch blau-weiß gestreiften Umkleidekabinen gesäumten *Promenade Marcel Proust* unternehmen, um in die Atmosphäre von damals einzutauchen. Während des Rundgangs lohnt sich auch ein kurzer Abstecher in die Kirche aus dem 19. Jahrhundert, möglichst bei Sonnenaufgang, wie Proust vorschlägt: »... bei Ankunft in Balbec, wenn die Sonne über dem vom Sturm gepeitschten Meer emporsteigt, finde ich in der persischen Kirche Schutz vor der Gischt der Wellen.«

Selbstverständlich steigen wir im *Grand Hôtel* von Cabourg ab. Aber aufgepasst: Natürlich buchen wir ausschließlich das Zimmer 414, in dem der Schriftsteller logierte und das sich im 4. und obersten Stockwerk befindet, denn Marcel verfügte über einen leichten Schlaf und ertrug es nicht, wenn er Schritte anderer Hotelgäste über seinem Kopf hörte. Das berühmte Fenster mit Meeresblick, das in *Im Schatten junger Mädchenblüte* zelebriert wird, vervollständigt schließlich den nostalgischen Rahmen. »Und ganze Monate lang war in diesem Balbec, nach dem ich so mich gesehnt hatte, weil ich es vom Sturm gepeitscht und in Nebel verloren mir vorstellte, so strahlend schönes, beständiges Wetter gewesen, dass jedesmal, wenn sie das Fenster öffnete, ich immer, ohne je mich zu irren, hatte erwarten dürfen, dasselbe Stück Sonne auf der Außenmauer liegen zu sehen; und in seiner unveränderlichen Färbung empfand ich weniger ein Zeichen des Sommers als das Triste der Glasur, wie von schwerem künstlichen Emaille.«

Unglaublich, wie bei Proust jedes Detail, angefangen von einem Gebäck über eine Kommode bis hin zu den Mauern eines Hotels Auslöser für Erinnerungen wird ...

Ist die 414 belegt, stünden als Alternative noch die beiden Nachbarzimmer zur Verfügung, in denen die Mutter und die Großmutter des Schriftstellers untergebracht waren. Sie wichen ihm nicht von der Seite, um dem berühmten Ritual des Gutenachtkusses nachzukommen, in dem die Wissenschaftler das auslösende Ereignis für das heikle Gefühlsleben des Autors sehen.

Wer mehr dazu wissen möchte, den verweise ich auf das meisterhafte Werk *Dictionnaire amoureux de Proust* von Jean-Paul und Raphael Enthoven. Die beiden Autoren, Vater und Sohn, teilen die gleiche Leidenschaft sowohl für Proust als auch für Carla Bruni, mit der beide eine Beziehung und ein Kind verbindet: den einen als Vater, den anderen als Großvater. Was das Gefühlsleben der Enthovens betrifft, gäbe es über die beiden also sicher auch so einiges zu erzählen. Aber nicht in diesem Buch.

Das Zimmer 414 wurde mit Rücksicht auf das illustre Phantom restauriert, um die für jeden echten Proust-Verehrer notwendige Authentizität zu erhalten; wem es an Inspiration fehlt, dem steht zur Auffrischung des Stoffs eine kleine Handbibliothek zur Verfügung, die eine vollständige Ausgabe der *Suche nach der verlorenen Zeit* und damit die beachtliche Fülle von circa vierhundert Romanfiguren umfasst. Auch für alle Liebeskranken ist es eine ideale Lektüre, es genügt »drei Mal am Tag Proust, morgens, mittags und abends«, und schon ist man vom Liebeskummer kuriert, wie die Schriftstellerin Françoise Sagan all ihren von Liebespein geplagten Freunden empfahl. Zwar eine rein homöopathische Behandlung, dafür aber mit absolut heilsamer Wirkung, wenn man es bis zum Schluss durchhält.

Das *Grand Hôtel* ist ein gemütliches Boutique-Hotel und hat nichts von der touristischen Geschmacklosigkeit gewisser Plätze, die aus Erinnerungsorten nur Profit schlagen. Und es stellt auch keine Souvenirs in Form von *Madeleines* zur Schau. Zum Glück herrscht hier ein schnörkelloser Charme, abgesehen vom Namen des Restaurants, das natürlich *Balbec* heißt. Doch die Versuchung war sicherlich zu groß, und das Ambiente kann zugegebenermaßen mit der literarischen Vorlage mithalten: »[…] dem Speisesaal von Balbec, diesem nackten, wie ein Schwimmbecken grünlich durchsonnten Raum, vor dem in einem Abstand von ein paar

Metern die hohe Flut und der helle Tag einen unzerstörbaren, beweglichen Damm aus Smaragd und Gold aufführten wie vor der Himmlischen Stadt.« Die Speisekarte hat indes wenig mit der literarischen Vorlage gemein, wenn man sich etwa die Beschreibung der Antipasti genauer ansieht: »Unser medium gegarter Biolachs wird mit Kokosnuss (in vier abgestuften Konsistenzen) und Kochbananen in Agrodolce aus Lime serviert.« Und dabei aß Proust am liebsten gekochtes Huhn mit Bier!

> »Die einzig wahre Reise, das einzig wahre
> Verjüngungsbad, ist nicht das Aufbrechen
> zu neuen Gefilden, sondern das Betrachten
> der Welt mit anderen Augen.«

Aber nicht immer muss man unbedingt wegfahren. Wie uns gerade Proust lehrt, ist manchmal »die einzig wahre Reise, das einzig wahre Verjüngungsbad [ist] nicht das Aufbrechen zu neuen Gefilden, sondern das Betrachten der Welt mit anderen Augen.« Und mit dem Fortgehen zu liebäugeln kann aufregender sein, als an einem Ziel wirklich anzukommen. In diesem Fall ist eine Ortsbegehung an der *Gare Saint-Lazare* mehr als ausreichend. Man muss sich nur Claude Monet mit seiner Staffelei vorstellen, wie er die Lichtreflexe in den Rauchschwaden einfängt, und es sich anschließend, nachdem man einen Moment lang den Fahrplan mit den möglichen Zielbahnhöfen studiert hat, in einem der gemütlichen Sessel des Restaurants *Lazare* gleich am Eingang des Bahnhofs bequem machen. In Momenten, in denen ich vom Leben etwas mehr verlange, gehört diese moderne Brasserie zu meinen Lieblingsorten. Obwohl sie von dem Drei-Sterne-Koch Eric Fréchon geführt wird, einem der hundert besten Köche weltweit, ist das Innendesign überraschenderweise nicht von Philippe Starck

113

entworfen, und das dezente Ambiente hat seine warme Gemütlichkeit beibehalten. Die Küche ist erstklassig und versucht, sich von der populären Ethno-Food-Mode abzuheben. Sonntags bekommt man hier für 39 Euro ein reichhaltiges Menü mit dem einladenden Namen »Le Déjeuner de Grand-mère« (Mittagessen nach Großmutter Art), das an eine traditionelle Hausmannskost mit Bratkartoffeln und richtigem Apfelkuchen anknüpft. Mit dem Gutenachtkuss von Prousts Mutter kann es vielleicht nicht ganz mithalten, aber viel fehlt nicht.

DER BAHNHOF, DEN ES NICHT MEHR GIBT

»Meine Leidenschaft für das Fantastische
hat meinen Weg als Magier der Leinwand,
wie man mich oft nennt, geprägt.«

Georges Méliès

Ich weiß nicht, wie es anderen geht, aber ich persönlich habe ein Faible für Bahnhöfe, und ich stelle mir immer vor, welche Wirkung solch ein Ort erst auf die Menschen zu Beginn des 19. Jahrhunderts gehabt haben muss, die zum ersten Mal Zeuge dieses Spektakels der Geschwindigkeit wurden. Die Dampflok, mit ihrer Verheißung vom Aufbruch in die Ferne und von Unbekanntem, wurde von allen großen Malern auf Leinwand verewigt, und es ist sicher auch kein Zufall, dass in der aufkommenden Filmkunst dieses Thema besonders populär wurde. Am 28. Dezember 1895 fand im *Grand Café* auf dem Boulevard des Capucines in Paris die erste öffentliche Filmvorführung statt, und einer der ersten Streifen, die von den Brüdern Lumière, den unumstrittenen Pionieren auf dem Gebiet dieses neuen Kuriosums, gezeigt wurden, stellte die Ankunft einer Dampflok in einem kleinen Bahnhof dar. Im erschreckten Publikum, das damit rechnete, jeden Moment von der sich nähernden Lokomotive überrollt zu werden, saß auch Georges Méliès, der einzige Zuschauer, der, statt vor der möglichen Gefahr Reißaus zu nehmen, zu den Brüdern Lumière eilte, um mit ihnen den Verkauf dieser außergewöhnlichen Erfindung auszuhandeln. Georges Méliès war ein erfolgreicher Magier und Illusionist, der auf den Grands Boulevards ein Theater führte, in dem er unglaubliche Shows mit Illusions- und Magiekunst in Szene setzte. Seine Spezialität bestand in der Vorführung von Bühneneffekten und vor allem einiger selbstgebauter Automaten, die Klein und Groß regelrecht in Verzückung versetzten.

Doch als Méliès die ersten Filme der Brüder Lumière sah, begriff er sofort, welch weites Feld an wunderbaren Fantasien sich damit für seine Magiekunst auftun würde. Er gründete auf der Stelle die Filmproduktionsfirma *Star Film* und begann leidenschaftlich mit Möglichkeiten dieser neuen »Zauberei« herumzuexperimentieren.

Méliès ist der eigentliche Pionier des Fantasyfilms und Vater der Spezialeffekte, die wir heute in jedem Blockbuster für selbstverständlich erachten. Er erkannte als Erster das Potenzial, auch inszenierte Geschichten zu erzählen, und realisierte absolute Science-Fiction-Filme vor dem Hintergrund einer Fantasiewelt aus Sternen, Drachen und fliegenden Monstern, die unter den amüsierten und entgeisterten Augen des Publikums zum Leben erwachten.

Der wirtschaftliche Erfolg stellte sich schon bald ein, und mit jedem Film vergrößerte er sein Studio in Montreuil: ein Wunderland in einem Hangar, wo er unter anderem als Bühnenbildner, Requisiteur, Drehbuchautor, Cutter und natürlich als Schauspieler fungierte, zusammen mit seiner gesamten Familie, die er in dieses wahnsinnige Unternehmen eingebunden hatte. Zu seinen Meisterwerken zählt *Die Reise zum Mond* aus dem Jahr 1902, eine freie Adaption des Romans *Von der Erde zum Mond* von Jules Verne. Mit diesem witzigen und gleichzeitig poetischen Weltraumabenteuer hatte er den Grundstein gelegt für den ersten Fantasyfilm in der Geschichte des Kinos. Die Szene, in der sich die Rakete in das Auge des Mondgesichts rammt, bleibt neben den Herrschaften im Zylinder, die die Oberfläche des von seltsamen außerirdischen Akrobaten bevölkerten und von Kometensternen umkreisten Mondes zertrampeln, seine wohl genialste Eingebung.

Doch die Vorzeichen des nahenden Ersten Weltkrieges veränderten das Interesse des Publikums schlagartig. Méliès, der in allem ein Genie war außer in Unternehmensführung, bekam gravierende finanzielle Probleme und wurde schon bald derart von seinen Schulden aufgefressen, dass ihm nur noch der Verkauf der geliebten Filme, die sein Publikum noch bis vor kurzem zum Träumen gebracht hatten, als Rohmaterial für die Schuhindustrie übrigblieb. Die Requisiten wurden eingestampft, und der Regisseur zog sich resigniert aus dem Unternehmen zurück. Als Lebensunterhalt blieb ihm nur noch ein kleines Geschäft im *Gare de Montparnasse*, ein Laden für Süßigkeiten und Spielzeug, den er mit dem wenigen restlichen Geld angemietet hatte. Die von ihm erschaffene Filmwelt versank zusammen mit seinem Namen in Vergessenheit. 1929, fünfzehn Jahre nachdem er seine Produktionsfirma *Star Film* aufgegeben hatte, wurde er durch Zufall von dem Journalisten und Herausgeber der Zeitschrift *Ciné-Journal*, Léon Druhot, der gerade einen Zug an eben jenem *Gare de Montparnasse* nehmen wollte, entdeckt. Druhot hörte, wie ein Kunde des Ladens Monsieur Méliès grüßte, und von Neugierde getrieben sprach er den bescheidenen Spielwarenhändler an. So entdeckte er im Verborgenen eines Bahnhofs den Mann, der praktisch das Kino erfunden und den alle längst für tot gehalten hatten. Dank dieses unbeschreiblichen Glücksfalls konnte Méliès aus seinem Schatten heraustreten, und ihm wurden endlich die Ehren zuteil, die er verdient hatte. Viele Filme des Regisseurs, die als verschollen gegolten hatten, tauchten in alten Depots wieder auf. Nach aufwendigen Restaurierungsarbeiten erblickten sie nun wieder das Licht der Öffentlichkeit und wurden in einer Retrospektive ihm zu Ehren vorgeführt. Bewegt traf Georges Méliès hier auf ein Publikum, das ihm über die Zeit hinweg treu geblieben war. Frankreich hatte seinen Meister der Filmkunst wiederentdeckt und verlieh ihm, wenn auch mit einiger zeitlicher Verzögerung, sogar den Orden der Ehrenlegion, der ihm bei der Zeremonie von einem ganz besonderen Ehrengast überreicht wurde: Louis Lumière, der einst den Anstoß für dieses abenteuerliche Unterfangen gegeben hatte.

Eine bewegende und bemerkenswerte Geschichte, die sich selbst wie das Drehbuch zu einem Film liest. Und tatsächlich beschließt der amerikanische Regisseur Martin Scorsese, leidenschaftlicher Sammler von Erinnerungsstücken der Kinogeschichte, 2011 einen Film über Méliès' Leben zu drehen, über jenen Mann, dem alle Kinofans noch etwas schuldeten. Paris sollte dabei als natürliche Filmkulisse herhalten und der *Gare de Montparnasse* zum Zentrum des Geschehens werden. Doch als Scorsese zu einem ersten Ortstermin dort eintraf, fand er nur noch ein modernes und eher hässliches Gebäude vor. Der alte Bahnhof war längst abgerissen worden, und stattdessen ragte nun ein anonymer Bau empor, der nichts von dem nötigen Charme besaß, um die Geschichte wieder aufleben zu lassen.

Und hier kam schließlich Clive Lamming ins Spiel, der wohl berühmteste Experte für französische Bahnhöfe. Als ehemaliger Angestellter der Eisenbahngesellschaft hatte er schon als Kind begonnen, Fundstücke, Schriften, Fotos und jedes Dokument zusammenzutragen, das irgendwie mit der wundersamen Welt der Eisenbahn zu tun hatte. Sicherlich war es Lamming mit seinem enormen Wissen, der Scorsese dabei half, den alten *Gare de Montparnasse* im Studio originalgetreu nachzubauen. Das Ergebnis kann man heute in dem Film *Hugo Cabret* bewundern, eine freie Adaption des unglaublichen Lebens des Filmpioniers Georges Méliès. Ein wahres Geschenk, auf das der alte Meister sicherlich stolz wäre und dessen moderne 3D-Technologie bestimmt seine Neugierde beflügelt hätte.

Wer sich für die Geschichte der Eisenbahn begeistern kann und vielleicht seine Kindheit damit verbracht hat, auf dem Fußboden des Kinderzimmers waghalsige Streckenführungen für seine Modelleisenbahn zu entwerfen, dem empfehle ich das umfassende Werk von Lamming *Paris au temps des gares*, eine echte Bibel für Eisenbahnfans. Seiner Ansicht nach bleibt der schönste Bahnhof von Paris unbestritten der *Gare du Nord*, doch jeder von uns hat seine persönlichen *Madeleines* auch in Sachen Eisenbahn: Mein Lieblingsbahnhof ist der *Gare de Lyon*, der mit seinem Turm und der großen Bahnhofsuhr einer Miniatureisenbahn ähnelt. Mich, und sicherlich viele meiner Generation, erinnert er an die ersten Reisen im Liegewagen des legendären Nachtzugs *Palatino* von Italien nach Paris, der bis zum Aufkommen der Billigflieger häufig verkehrte. Man erreichte das Zentrum von Paris in den frühen Morgenstunden, bepackt mit Tüten und Rucksäcken, verschlafen und glücklich und voller Vorfreude, das erste frisch gebackene Croissant gleich in der nächsten Brasserie zu verschlingen. Als diese Nachtzüge schließlich eingestellt wurden, kam das einem Trauma gleich. Der *Gare de Lyon* ist auch der ideale Ort, um einen Hauch der Stimmung zu Zeiten von Georges Méliès und der *Grand Tour* einzufangen, denn in seinem Inneren beherbergt er das prunkvolle Restaurant *Le Train Bleu*. Das Lokal hat noch immer die Originalausstattung aus den frühen Jahren des 20. Jahrhunderts, und in seinem luxuriösen Interieur fühlt man sich wie im Speisewagen des Orientexpress, einem ebenso legendären Zug, der Paris mit Istanbul verband, mit Zwischenhalt in Calais, um die Reisenden aus London aufzusammeln, und für den Mata Hari sicher eine Monatskarte hatte.

Mein Lieblingsbahnhof ist der
Gare de Lyon: Er erinnert mich an
meine ersten Reisen im Liegewagen
des legendären Nachtzugs *Palatino*.

Die Wirkung einer Reise in die Vergangenheit bleibt garantiert nicht aus, und womöglich kommt es dem einen oder anderen so vor, als kreuze er zwischen der gekochten Entenleber nach Art des Hauses und einer *Île flottante* den prüfenden Blick von Hercule Poirot. Dem belgischen Privatdetektiv mit dem Eierkopf und dem gezwirbelten Schnurrbart gelang es im berühmten Krimi von Agatha Christie, das Geheimnis um den Mordfall im Orientexpress zu lüften. Der Regisseur Sidney Lumet hat daraus den gleichnamigen Film gedreht, den wohl jeder schon einmal im Fernsehen in einer der vielen Wiederholungen zu später Sendezeit gesehen hat. Alternativ gäbe es da auch noch eine etwas anspruchsvollere filmische Variante: Der Regisseur Luc Besson hat nämlich eine der spannendsten Szenen seines Films *Nikita* genau hier, im Restaurant *Train Bleu*, gedreht, in dem Anne Parillaud den luxuriösen Saal in Schutt und Asche legt, um eine ihrer *Mis-*

119

sion impossible zu Ende zu bringen. Im Falle einer überraschenden Flucht sollte man daran denken, dass das Fenster der Toilette zugemauert ist! Das Kino kann uns allerlei Nützliches beibringen.

EIN RESTAURANT IN JEDEM BAHNHOF

Viele der alten Pariser Bahnhöfe existieren heute nicht mehr, doch – wie so oft in dieser Stadt – wird praktisch nichts zerstört, sondern einfach umfunktioniert. Die französischen Küchenchefs scheinen sich von der Idee der stillgelegten Bahnhofshallen als idealer Ort für ein neues trendiges Restaurant mit unterschiedlicher Nutzung und kultureller Ausrichtung regelrecht angezogen zu fühlen. Anbei eine Auswahl an Brasserien, die sich in diesen leerstehenden Gebäuden etabliert haben.

Die einstigen Bahnhöfe der *Petite Ceinture* (der alten ringförmigen Eisenbahnstrecke am äußeren Stadtrand) beherbergen heute edle Restaurants wie das *La Gare*, das sich in die Originalstruktur des alten *Gare de Passy-la-Muette* im 16. Arrondissement einfügt und wo man unter verglasten Kuppeln aus Stahl speist.

Oder Orte wie das *La Recyclerie*, ein buntes und lebendiges Freizeitareal verschiedenster Nutzung, mit Bars und Restaurants auf dem Gelände des ehemaligen Bahnhofs *Ornano* in Bagnolet, wo man außer Cappuccino und Ökosuppen auch Fahrräder zum Ausleihen erhält oder das Repair-Café nutzen kann. Auch der *Gare de Charonne* im 20. Arrondissement, nicht weit vom Friedhof *Père Lachaise* entfernt, gehörte früher zu den Bahnhöfen der *Petite Ceinture*. In den 1930er Jahren stillgelegt, ist heute das *La Flèche d'Or* hier beheimatet, ein Club für Konzerte und DJs. Der Name *Goldener Blitz* entstand in Anlehnung an den gleichnamigen Zug, der jeden Tag zwischen Paris und der Londoner Victoria Station verkehrte. Wen die Sehnsucht nach Italien packt, der ist in der *Brasserie Auteuil* im ehemaligen *Gare d'Auteuil-Boulogne* genau richtig: Hier gibt es Pizza und Burrata, und man kann sich sogar gemütlich für einen Spritz auf die Terrasse setzen.

Wer in den Sommermonaten in Paris ist, sollte zum Essen oder auch nur zum Sonnen unbedingt ins *Grand Train* gehen: ein Areal mit Bars und Restaurants, einer Anlage für *Pètanque,* mit Kino und Spielplätzen, und das alles auf dem Gelände eines stillgelegten Bahnhofs im 18. Arrondissement, wo man auch die alten Wagons noch besichtigen kann. Allerdings sollte man sich genau über die Öffnungszeiten informieren: Das Areal ist nicht das ganze Jahr über in Betrieb und könnte wie durch einen Bühnentrick à la Georges Méliès ganz plötzlich wieder verschwunden sein.

RER
M

RER A B D
M 1 4 7 11 14

Châtelet
Les Halles

HALLES

H WIE HALLES
(MARKTHALLEN)

»Paris verliert seinen Bauch – und ein Stück
seiner Seele.«

Robert Doisneau, *Doisneau – Paris Les Halles*

Wenn ich sage, ich habe Sioux-Indianer gesehen, die im Galopp die Armee von General Custer angriffen, direkt vor der Kirche Saint-Eustache, mitten im Viertel von *Les Halles*, dann *muss* man mir das glauben. Ich war damals Schülerin, zum ersten Mal in Paris – der Moment, als ich mich unsterblich in die Stadt verliebte – und schlenderte ziellos umher, als ich plötzlich Zeugin der Niederlage der in einem riesigen Krater befindlichen 7. Kavallerie wurde, bei der Trompeter von Pfeilen durchbohrt zu Boden gingen. Ich hatte weder irgendetwas geraucht, noch war ich durch andere Drogen benebelt. Ich war nur rein zufällig in die Aufnahmen zum verrücktesten und prophetischsten Film geraten, der jemals im Zentrum von Paris gedreht wurde. Es war 1973, und Marco Ferreri filmte gerade *Berühre nicht die weiße Frau,* eines seiner gewagtesten Projekte: die avantgardistische Rekonstruktion der Schlacht von Little Big Horn vor den Kulissen einer ausgedehnten Baugrube, die durch den Abriss der historischen Markthallen *Les Halles* entstanden war. Nur ein Freigeist und kreativer Künstler wie Ferreri konnte auf die Idee kommen, ausgerechnet an jenem Ort einen Western zu drehen, den die Pariser als größte Wunde empfanden, die der Stadt jemals zugefügt worden war.

Ganz zu schweigen von der Starbesetzung, darunter Marcello Mastroianni in der Rolle des Generals Custer, Ugo Tognazzi als sein indianischer Diener und ein großmäuliger Buffalo Bill mit dem Gesicht von Michel Piccoli. Der behaarte und einen peinlichen Lendenschurz tragende Serge Reggiani verkörperte den Anführer der Sioux-Indianer, der blutjunge Paolo Villaggio lungerte in Jeans und Tanktop als zynischer Anthropologe herum und als Krönung über allem die zauberhafte und frisch in Marcello Mastroianni verknallte Catherine Deneuve in der Titelrolle der »weißen Frau«. Mehr muss man dazu nicht sagen. Ferreri war zum Zeugen eines unwiederbringlich verlorenen Viertels geworden, indem er anhand des Genozids der Indianer auch die Geschichte der Ausgegrenzten westlicher Großstädte erzählte. Wie so oft in seiner Biographie war er einer Vision gefolgt, und alle hatten sich begeistert angeschlossen, denn nur selten hatte man das Privileg, unter der Regie eines so genialen Meisters arbeiten zu dürfen. Selbst wenn der Film nur mäßigen Erfolg erzielte und erst Jahre später (nicht von allen) neu beurteilt wurde, bleibt er doch ein Beweis von Freiheit und Mut, der Kernfragen unserer heutigen Gesellschaft wie Integration, Rassismus und Machtmissbrauch schon damals aufgriff. Wie von Ferreri in seinem Satirewestern als Zukunftsvision dargestellt, fordert die Gier nach Unterwerfung unter dem Vorwand der Vorherrschaft der weißen Rasse bis heute weltweit Opfer. Seinem anarchischen Stil getreu hatte der Regisseur entschieden, in seinem Western auch das moderne Paris aufleben zu lassen, in einer Abfolge von Bildern und Personen, die ohne jegliche Chronologie parallel zur Handlung des Films existiert. So darf es den Zuschauer nicht wundern, wenn im Lager des Generals Custer ein Porträt von Präsident Nixon prangt und Lastwagen und Autos neben Pferden und Heißluftballons existieren. Im Übrigen war Ferreri davon überzeugt, dass es zur Aufgabe eines Regisseurs gehöre, »Faustschläge in die Magengrube zu versetzen«.

Und mit diesem Film war ihm das bravourös gelungen. Zu behaupten, er habe dafür Kritik geerntet, wäre mehr als untertrieben. Doch das war nichts im Vergleich zu dem, was die Pariser Stadtverwaltung aushalten musste, nachdem sie dem Abriss der historischen Markthallen, dem Herzstück der Stadt seit dem Jahr 1137, zugestimmt hatte. Durch diesen Beschluss war der Weg frei gegeben für den Abriss der vom Architekten Victor Baltard im 19. Jahrhundert entworfenen Pavillons, mit dem Ziel einer Modernisierung des Viertels.

> Ferreri war davon überzeugt, dass es zur Aufgabe eines Regisseurs gehöre, »Faustschläge in die Magengrube zu versetzen«.

Die prächtigen Strukturen aus Glas und Metall waren zur Zerstörung frei gegeben. Selbst hartnäckige Kampagnen einiger Dutzend Protestbewegungen, die bis zum Schluss darum rangen, wenigstens einige Reste zu retten, konnten nichts mehr ausrichten. Ebenso wenig wie der Appell, sich auf das berühmte Erbe des Schriftstellers Émile Zola zu besinnen, der in seinem Roman *Der Bauch von Paris* den schönen und lebendigen Stadtmarkt beschreibt: »Das war beim Seefisch, das war bei der Butter, das beim Geflügel, das beim Fleisch [...]. Rings um Florent setzte die Sonne das Gemüse in Flammen. Er erkannte das zarte Aquarell der bleichen Morgendämmerung nicht mehr wieder. Die weiter gewordenen Herzen des Salats brannten. Die Tonleiter des Grüns rauschte in strotzender Pracht. Die Möhren bluteten; die Rüben wurden weißglühend in diesem sieghaften Brand.«

Wer noch einmal in diese Welt der verlorenen Geschmäcker eintauchen möchte, sollte sich den Film *Das Mädchen Irma la Douce* ansehen, diese wunderbare Komödie von Billy Wilder mit Jack Lemmon und Shirley MacLaine, deren gesamte Handlung auf dem Marktareal spielt, das den Parisern einst so teuer war. Allerdings muss man einräumen, dass die Schauspieler vor einer Kulisse in Hollywood gedreht haben, wo man den Markt in einem Studio originalgetreu nachgebaut hatte. Doch zum Glück existieren als authentisches Zeitdokument des Ortes vor seiner Zerstörung die Arbeiten des Fotografen Robert Doisneau. Berühmtheit hatte er durch die romantische Aufnahme eines sich vor dem Pariser Rathaus küssenden Paares erlangt, ein Bild, das zum Symbol der Stadt wurde. Doisneau raubte es bei dem Gedanken an den Abriss dieses städtebaulichen Juwels den Schlaf – wie so vielen Parisern, die die Markthallen liebten. Und tatsächlich bekam er drei Jahre lang kaum mehr ein Auge zu: Mit der öffentlichen Bekanntgabe der Zwangsräumung des ehemaligen Marktgeländes beschloss er, jeden Tag bei Morgengrauen aufzustehen und die letzten Tage dieses legendären Ortes mit seiner Kamera festzuhalten. »Ich hatte viele Freunde in diesem dorfartigen Viertel, die sich von mir und meiner Kamera nicht gestört fühlten. Ich war für sie der sympathische Irre.« Aus diesem großartigen Liebesbeweis entstand das poetische Buch *Doisneau – Paris Les Halles* von Vladimir Vasak, das dem Leben der Markthandler, ihren bunten Ständen, ihren Stammgästen und all den umtriebigen Menschen dieses riesigen Mikrokosmos rund um die Großmarkthallen ein fotografisches Denkmal setzt. Ein einzigartiges und berührendes Vermächtnis eines Fotografen, der sich schlicht als »Humanist« bezeichnete.

Es mag stimmen, was Cocteau uns in Erinnerung ruft, nämlich dass »die Ruinen gewisser Viertel [uns] entzücken; denn nur das wahrhaft Schöne ist schön auch noch als Ruine«. Doch das Trauma war nicht wiedergutzumachen.

Unerbittlich begannen die Bagger 1971 mit den Abrissarbeiten, und nach etwa zehn Jahren Bauzeit war das *Forum des Halles* entstanden, ein steriler und anonymer Shopping- und Freizeitkomplex, der von Anfang an auf Ablehnung der gesamten Stadtbevölkerung stieß. Anhaltende Kritik erzwang schließlich den partiellen Abriss nach nicht einmal dreißigjährigem Bestehen. Nicht gerade lang für eine urbane Architektur, die als zukunftsweisend propagiert worden war. So entstand die zweite Wunde im Herzen von Paris, doch dieses Mal gab es keinen genialen Marco Ferreri mehr, der ihr zur Unsterblichkeit hätte verhelfen können.

Die Pariser ticken nun einmal so: Seit jeher weht ein rebellischer Wind, und die architektonischen Revolutionen sind nicht weniger turbulent als die politischen. Der konstruktive und der destruktive Geist sind gegensätzliche Kräfte, die sich anziehen und seltsame urbane Absurditäten entstehen lassen. Nicht alles gelingt dabei immer ganz perfekt, doch manchmal kommt es allein schon auf den Versuch an.

Die Pariser ticken nun einmal so:
Seit jeher weht ein rebellischer Wind,
und die architektonischen Revolutionen
sind nicht weniger turbulent als die
politischen.

Für eine arme Römerin wie mich, die seit Jahren auf die Fertigstellung der U-Bahn-Linie C wartet, wirkt das wie pure Science-Fiction. Und dennoch bin ich sprachlos über die Entschlossenheit der Pariser Verwaltung, mit der sich diese auf der einen Seite für den Erhalt eines winzigen Ladenschildes einer alten Bäckerei an der Pariser Peripherie starkmacht, aber gleichzeitig auch im Stande ist, ganze Stadtviertel dem Erdboden gleichzumachen. So wie es beispielsweise unter Baron Haussmann in der zweiten Hälfte des 19. Jahrhunderts der Fall war, was die Brüder Goncourt zu dem Kommentar hinreißen ließ: »Unser Paris, das Paris, in dem wir geboren wurden, existiert nicht mehr [...]. Befremdlich stehe ich den Dingen gegenüber, die noch geschehen werden und die bereits geschehen, so wie ich befremdlich durch die Straßen gehe, in denen der Geist eines Balzac längst nicht mehr weht.«

Und das war erst der Anfang!

Nach fünf Jahren Bauzeit entstand aus den Markthallen, wie Phönix aus der Asche, das neue *La Canopée*. Im April 2016 eingeweiht hat sich die neue, futuristische Struktur das Ziel gesetzt, die Fehler der Vergangenheit zu überwinden und die Begeisterung der Pariser Bevölkerung für das Viertel zurückzuerobern. Ich muss wohl nicht betonen, dass die nächsten Gegner bereits in den Startlöchern stehen und mit Unterschriftenlisten für einen Abriss der märchenhaft glitzernden Kuppeln aus 18 000 Glaslamellen protestieren. Es wird gemunkelt, durch die Einstrahlung des Sonnenlichts auf diese futuristischen Glasdächer sei die Temperatur im Viertel um einige Grade angestiegen; Anwohner der benachbarten Häuser haben bereits lautstark Kritik geübt, sie müssten durch das vom neuen Gebäude erzeugte galaktische Licht in ihren Wohnungen ununterbrochen Sonnenbrillen tragen. Ich würde mir wünschen, dass das Gebäude bei Erscheinen des Buches noch steht: Also keine Zeit verlieren! Schnell noch Sonnencreme mit möglichst hohem Schutzfaktor auftragen – und ab geht's zum *La Canopée*. Ein kurzer Besuch lohnt sich allemal.

Allein schon zum Essen im *Champeaux,* dem neuen Restaurant im *La Canopée,* das sich unter der Leitung von Alain Ducasse, dem König der gehobenen französischen Küche, mit seinem Experiment einer Art Bistrot für jedermann ein möglichst breites Publikum anzusprechen erhofft. Mehr als ein Chefkoch ist Ducasse inzwischen zu einer Art lebender Multikonzern der *Nouvelle Cuisine* aufgestiegen, mit einem Imperium aus 26 über die ganze Welt verstreuten Lokalen und circa 20 Michelin-Sternen, die über seinem Lebenswerk strahlen. Das *Champeaux* ist sein neuestes Spielzeug, das er als »zeitgenössische Brasserie« bezeichnet, wo man zwischen der Einrichtung im Industriedesign wunderbar traditionelle süße oder herzhafte Soufflés bekommt. Der große Chef ist begeisterter Sammler historischer Rezepte, und man hat den Eindruck, als stammten einige Gerichte aus dem Repertoire des ursprünglichen *Champeaux,* eines im 19. Jahrhundert berühmten Restaurants, das auch in Zolas Romanen vorkommt. Eine Wahl, die sicherlich von dem Verlangen herrührt, das Phantom des großen Romanautors zum Schweigen zu bringen, das manch einer gesehen haben will, wie es ungläubig zwischen den Resten seines geliebten *Bauchs von Paris* herumirrt.

ENGEL UND DÄMONEN

Dass das *La Canopée* von Dauer sein wird, darauf würde ich nicht wetten; für die Langlebigkeit zweier anderer Gebäude lege ich allerdings meine Hand ins Feuer. Sie haben der Zeit und dem Fortschritt getrotzt, und niemand würde es jemals wagen, ihre Existenz in Frage zu stellen: Ich spreche von der Kirche Saint-Eustache und dem weitaus prosaischsten aller Tempel der Sinne, dem Restaurant *Au Pied de Cochon* (Zum Schweinefuß). Diese

beiden Orte in einem Atemzug zu nennen grenzt schon an Ket-
zerei, doch dem fleischlichen und dem geistigen Verlangen frönt
man hier in Paris, ohne dabei einen großen Unterschied zu
machen. Daher stehen die beiden Gebäude auch einander gegenüber, und beim Schlendern durch das Viertel stößt man unweigerlich auf beide.

Beginnen wir mit dem Restaurant. Seit seiner Eröffnung 1947
gilt es als regelrechte Institution der Stadt, und man findet auch
hier eine traditionelle Speisekarte mit diversen Spezialitäten vom
Schwein. Doch auch wer lieber Fisch isst, kommt hier auf seine
Kosten und wird mit dem verlockenden *Plateau royal* sicherlich gänzlich zufriedengestellt: eine gemischte Platte mit Meeresfrüchten, angerichtet auf einer gigantischen mit Eis beladenen,
vierstöckigen Etagere, auf der sich alle Köstlichkeiten türmen,
die das Meer zu bieten hat, angefangen von Riesenkrabben aus
der Normandie bis zu winzigen auf einem passenden Spieß auf-
gereihten, grauen Garnelen. Fachkundige Kellner übernehmen
den Service mit Eleganz und jahrelang geschulter Geschicklich-
keit. Noch nie habe ich gesehen, wie jemandem eine Krusten-
schale auf den Boden gefallen wäre, und ich vermute stark, dass
man einen qualifizierten Masterabschluss vorweisen muss, um
hier arbeiten zu können. Neben den außergewöhnlichen Türklin-
ken in Form vergoldeter Schweinsfüße sind vor allem die durch-
gehenden Öffnungszeiten das Besondere an diesem Restaurant!
Im wahrsten Sinne des Wortes rund um die Uhr, Tag und Nacht,
sieben Tage die Woche, 365 Tage im Jahr, werden die Gäste hier,
in einem stuckverzierten Saal mit rot lederner Ausstattung und
obstkorbförmigen Lampen aus Buntglas, willkommen geheißen
und können alles bestellen, was die reichhaltige Speisekarte zu
bieten hat. Man erzählt sich, dass das *Pied de Cochon* während
seines fast siebzigjährigen Bestehens noch an keinem einzigen

Tag geschlossen habe, und tatsächlich gibt es wohl nicht einmal passende Schlüssel für die Türen.

Ich habe immer davon geträumt, einmal wie Doisneau meinen Wecker zu stellen und diese Legende selbst zu überprüfen; doch eine Freundin ist mir zuvorgekommen und hat mir versichert, dass alles absolut der Wahrheit entspricht: erstklassiger Service sowie zügig servierte und vorzügliche gratinierte Zwiebelsuppe um vier Uhr früh. Sie hat mir einen Monat nach ihrer Rückkehr aus Paris davon erzählt und hatte noch immer mit der Verdauung der Zwiebeln zu kämpfen. Aber das kann einem auch passieren, wenn man Zwiebelsuppe zu Mittag isst, und schmälert deswegen nicht den Wert des *Pied de Cochon*. Allerdings rate ich dennoch, die Finger vom Gericht *La Tentation de Saint Antoine* (Die Versuchung des heiligen Antonius) zu lassen, ein inszeniertes Ensemble aus Schwanz, Ohren, Rüssel und natürlich Haxe des Schweins, alles schön paniert und als Beilage Pommes frites und Sauce béarnaise. Eine explosive Mischung, die unter Umständen zu einem höllischen Anstieg der Triglycerid- und Cholesterinwerte führt, begleitet von Höllenqualen und dem überstürzten Verkauf der Seele an Satan.

Falls dennoch für den Notfall ein Exorzist benötigt wird, steht zum Glück Saint-Eustache gleich gegenüber. Für mich gehört ein Besuch in dieser Kirche zum Pflichtprogramm, und selbst der noch so überzeugte Atheist wird von der Spiritualität ergriffen sein, die den fünfschiffigen, über hundert Meter emporragenden Innenraum der schlichten gotischen Kirche erfüllt. Mir persönlich gefällt sie fast besser als Notre-Dame, weil sie nicht so touristisch ist und noch ihre Mystik bewahrt hat. Der Altar wurde von demselben Baumeister entworfen wie die historische Struktur der alten Markthallen, doch hier würde niemand es wagen, Hand anzulegen. Zwischen den Fresken aus den unterschiedlichsten Epochen sticht in einem der Seitenschiffe ein auffallend modernes Kunstwerk des Amerikaners und Vorläufers der *Street-Art,* Keith Haring, hervor, ein Triptychon aus Bronze und Weißgold, in das seine berühmten Bildzeichnungen und Strichmännchen eingraviert sind. Was noch einmal unterstreicht, wie wunderbar kontrastreich Paris doch sein kann.

Doch das Eindrucksvollste überhaupt ist die gigantische, 8000 Pfeifen, fünf Manuale mit zusammen 61 Registern und ein Pedal mit 32 Registern zählende Orgel, die damit die wohl größte in Frankreich sein dürfte. Jahrelang hatte der Titularorganist Jean Guillou an ihrer Legendenbildung mitgewirkt. Er war berühmt für seine Orgelimprovisationen während der sonntäglichen Mittagsmesse, zu der die Leute in die Kirche strömten wie zum Konzert eines Rockstars. Ich hatte das große Glück, diesen Künstler spielen zu hören, und muss gestehen: Ich hatte wirklich Gänsehaut. Noch nie zuvor habe ich einen solch apokalyptischen Klang gehört; zwischen dem Licht der Sonnenstrahlen, die durch die bunten Kirchenfenster in die Kirche drangen, und dem starken Weihrauchduft kam ich mir vor, als sei der schicksalhafte Moment des Jüngsten Gerichts gekommen. Und wie man an der Menschenschlange vor dem Beichtstuhl erkennen konnte, ging es anderen offensichtlich ähnlich. Jean Guillou ist inzwischen leider in Rente gegangen, doch die Konzerte finden noch immer statt und bleiben ein einmaliges Erlebnis. Um diesen magischen Klang der Orgel von Saint-Eustache zu erleben, lohnt sich der Gottesdienstbesuch in Paris allemal.

IMPRESSIONNISTES

I WIE IMPRESSIONNISTES

»Ich verfolge einen Traum,
ich möchte das Unmögliche.«

Claude Monet

Das berühmte Bild von Claude Monet mit dem bedeutsamen Titel *Impression soleil levant,* das die aufgehende Sonne über dem Meer der Normandie zeigt, befindet sich nicht im *Musée d'Orsay.* Obwohl dieses Gemälde angeblich der Stilrichtung ihren Namen gab, hängt es nicht dort, wo die größten Meisterwerke der Impressionisten versammelt sind, sondern im weniger bekannten *Musée Marmottan Monet.*

Die aufgehende Sonne von Monet ist der ideale Ansporn, seine Bequemlichkeit zu überwinden und nach Passy, in das abgelegenste Viertel von Paris, vorzudringen, wo es in der Rue Louis Boilly 2 besagtes schlichtes Gebäude zu entdecken gibt, das mit vielen weiteren Überraschungen aufwartet. Das *Musée Marmottan* entpuppt sich als abwechslungsreiche Alternative zu den »berühmten« Museen, besonders während der Ferien und der Hauptreisezeiten, wenn man bei langen Warteschlangen an den touristischen Magneten mit Eisklötzen an den Füßen im Winter und einem Hitzschlag im Sommer rechnen muss. Dennoch ist es, wie sich sofort herausstellt, alles andere als eine simple Verlegenheitslösung.

An der Stelle des heutigen Museums stand ursprünglich das Jagdschloss des Herzogs von Valmy. 1882 wurde es von Jules

Marmottan erworben, dessen Sohn Paul es anschließend in ein vornehmes Stadthaus mit angrenzender Kunstgalerie umbauen ließ, um dort seine wertvolle Sammlung seltener Objekte und Gemälde aus napoleonischer Zeit unterzubringen. Die Werke der Impressionisten kamen erst viel später dazu, dank einer großzügigen Schenkung, durch die dem Besucher heute eine beeindruckende Sammlung an Meisterwerken von Claude Monet, Camille Pissarro, Berthe Morisot und Alfred Sisley zugänglich gemacht wird, die andernfalls in irgendwelchen privaten Wohnzimmern zur Freude weniger Privilegierter für immer im Verborgenen geblieben wären.

Doch kehren wir in das Paris der zweiten Hälfte des 19. Jahrhunderts zurück, als die Bewegung der Impressionisten ihren Anfang nahm und alles andere als positiv aufgenommen wurde. Ihre Gemälde wurden von der Jury der Pariser Salons abgelehnt und von der Kritik verrissen, als handele es sich um besudelte Leinwände irgendwelcher Geisteskranker.

Ihre Gemälde wurden von der Jury der Pariser Salons abgelehnt und von der Kritik verrissen, als handele es sich um besudelte Leinwände irgendwelcher Geisteskranker.

Die Ablehnung historischer und religiöser Themen zugunsten einer Alltagsmotivik war an sich schon ein Skandal. Ganz zu schweigen von der Energie der leuchtenden Farben, deren Licht die Gemälde dieser neuen Künstler zu durchdringen scheint, die sich sogar erlaubten, ihre Motive statt mit klaren Konturen mit einem freien Strich zu malen und mit ungewöhnlichen Farbtönen zu experimentierten. Zu diesem Zweck arbeiteten sie oft *en plein air,* also unter freiem Himmel, und trugen dafür Palette und Staffelei überallhin: an das Ufer der Seine, ins urbane Getümmel oder auf die Wiese inmitten der Natur. Der Impressionismus brach mit allen Regeln malerischer Praxis, was den Verkauf dieser revolutionären Bilder erheblich erschwerte.

Jenseits jeglicher Verklärung bedeutete das für die Künstler jener Epoche ein Leben am Existenzminimum und einen täglichen Überlebenskampf. Wenn Père Tanguy nicht gewesen wäre, ein Händler für Künstlerbedarf wie Leinwand und Farben in der Rue Clauzel, bei dem man auch anschreiben lassen konnte, hätten viele Künstler, die heute Teil der Geschichte sind, nicht einmal Farbtuben zum Malen gehabt. Tanguy, von dem van Gogh ein fröhliches, im *Musée Rodin* ausgestelltes Porträt gemalt hat, betätigte sich unter anderem auch als Galerist, um seine Künstlerfreunde zu unterstützen. Claude Monet erinnert sich: »Sein Geschäft war derart winzig, dass im Schaufenster nur Platz für jeweils ein Gemälde war. Hier begannen wir, unsere Bilder auszustellen. Montag Sisley, Dienstag Renoir, Mittwoch Pissarro, Donnerstag ich, Freitag Bazille und Samstag Jongkind …« Die wenigen Sammler dieser ungewöhnlichen Gemälde, die frühzeitig die mitreißende Kraft der neuen Kunstbewegung erkannten, wandelten sich mit der Zeit von einfachen Gönnern zu echten Freunden. Zu den leidenschaftlichsten Anhängern zählte Georges de Bellio, dessen Name hier besonders hervorgehoben werden soll, ein reicher Rumäne, der aus einer Familie stammte, die Kunst und Kultur liebte, und der mit kaum zwanzig Jahren nach Paris gekommen war, um, wie viele junge Menschen aus halb Europa, dem Mythos der Pariser Bohème zu folgen.

De Bellio schrieb sich sofort in der Fakultät für Medizin ein, besuchte jedoch nie auch nur eine der Lehrveranstaltungen. Stattdessen bildete er sich im Bereich der Homöopathie weiter und wurde zu einem Spezialisten auf diesem neuen Gebiet der Alternativmedizin. Seine Leidenschaft für die bildende Kunst brachte ihn mit dem Künstlermilieu und in erster Linie mit dem Kreis der Impressionisten in Kontakt. Ähnlich wie Père Tanguy beim Künstlerbedarf drückte er bei der medizinischen Behandlung ein Auge zu. Er versorgte die gesamte Gruppe unentgeltlich und unterstützte seine Freunde in ihrer Not, indem er ihre Leinwände, die sie ihm fast täglich anboten, erstand. Es wird berichtet, dass Renoir, wann immer er dringend Geld benötigte, sich eines seiner Bilder unter den Arm klemmte und die Cafés auf dem Boulevard auf der Suche nach dem Arzt abklapperte, denn er wusste, dass de Bellio sie ihm ungesehen sofort abkaufen würde. Er war für alle der Hausarzt und eine Vertrauensperson, die auch in der schwierigsten Lage zur Stelle war. Er kümmerte sich um Utrillo während seiner wiederkehrenden Krisen und begleitete den schwerkranken Manet bis in den Tod.

Claude Monet wurde zu einem seiner engsten Freunde, von dem de Bellio die meisten Werke erstand, die er zu einer beeindruckend umfangreichen Sammlung zusammentrug. Dazu zählte natürlich auch das Bild *Soleil levant*. Welche Zuneigung und welchen Respekt de Bellio dieser visionären Gruppe entgegenbrachte, davon zeugen unzählige Aufzeichnungen und Erinnerungen; er war der Kamerad, dem man sich in seinem Leid anvertraute, wie etwa aus dem ergreifenden Brief hervorgeht, den Monet, als seine Frau an einem schweren Krebsleiden erkrankt, an ihn richtet: »Ich bitte Euch um Eure Unterstützung. Meine Frau ist erkrankt und ich verfüge nicht über die nötigen finanziellen Mittel, die vom Arzt verschriebenen Medikamente zu kaufen. Es ist eine Schande, dass ich Euch erneut behelligen muss, aber wenn Ihr mir mit drei oder vier Louis d'or aushelfen könntet, würdet Ihr mir einen großen Gefallen erweisen… Glaubt mir, es ist nicht einfach, sich bei der Sorge und Angst auf die Arbeit zu konzentrieren ...« Der »Arzt« war sich nicht einmal zu schade, im Pfandhaus das Medaillon der inzwischen verstorbenen Madame Monet auszulösen, damit der Künstler sie mit ihrem Lieblingsschmuckstück beerdigen konnte.

Die Freundschaft und Hilfsbereitschaft de Bellios gegenüber Monet ist in die Geschichte eingegangen, ebenso wie seine Sammlung impressionistischer Werke, die durch Leihgaben und Anzahlungen der Künstler solche stattliche Ausmaße angenommen hatte, die kein Museum bieten konnte. Bei seinem Tode im Jahre 1894 soll de Bellio Hunderte von seltenen Leinwänden, Pastellen und Aquarellen besessen haben. Wie er Monet versprochen hatte, verkaufte er zu Lebzeiten keine einzige seiner Arbeiten, sondern vermachte die komplette Sammlung seiner Tochter Victorine mit der Auflage, sie einem Museum zu spenden. Sicherlich wird dabei das ein oder andere Werk auf der Strecke geblieben sein, doch den wertvollen Kern des Nachlasses, *Soleil levant* eingeschlossen, stiftete die Erbin gewissenhaft dem *Musée Marmottan Monet*, wo wir die Bilder heute zu unserer großen Freude bewundern können.

Der »Arzt für alle« starb überraschend einige Jahre vor seinem Malerfreund und konnte den enormen Publikumserfolg, der Monet zuteilwurde, nachdem die gesamte Welt endlich begriffen hatte, über welches bedeutende Talent der Vater der Impressionisten verfügte, nicht mehr miterleben. Endlich besaß der Künstler das notwendige Kapital, um seinen alten Traum vom Leben im Einklang mit der Natur zu verwirklichen: In einer sonnigen Gegend, siebzig Kilometer von Paris entfernt, kaufte er sich ein Haus und vor allem ein Stück Land, das er zu seinem kleinen Paradies umgestaltete. Giverny ist mit dem Zug in einer knappen Stunde vom *Gare Saint-Lazare* aus zu erreichen. Ein Ausflug, den ich allen ans Herz legen möchte, die eine Schwäche für Natur und /

oder impressionistische Malerei haben, denn hier findet man das Wunder verwirklicht, dem Monet zeitlebens nacheiferte: einen Garten anzulegen als Motiv für seine Gemälde, in denen er aus purer Freude alle jahreszeitlichen Veränderungen malerisch zelebrieren konnte. Ein Trugbild, das sich selbst widerspiegelt und zur letzten künstlerischen Obsession in Monets Leben werden sollte. Von Beginn des 20. Jahrhunderts bis zu seinem Tod malte Monet nichts anderes mehr als seine Blumen und Pflanzen, die er mit Sorgfalt und manischer Präzision eigenhändig gepflanzt hatte: »Abgesehen vom Malen und Gärtnern tauge ich zu nichts. Mein schönstes Werk ist mein Garten.«

Dank seiner detaillierten »Garten-Tagebücher« konnte die Stiftung, die dieses kleine Eden verwaltet, die vom Künstler mitgestaltete Anlage rekonstruieren bzw. in ihrem Originalzustand erhalten, und so kann der Besucher heute zwischen blühender Iris und Kapuzinerkresse spazieren gehen, als wäre eines von Monets Gemälden zum Leben erwacht. Auch das Haus ist in seinem Originalzustand zu besichtigen, mit seinen ursprünglichen und ultramodernen Farben, seiner maßgefertigten Einrichtung, der Sammlung von Porzellan und beeindruckender japanischer Druckgrafiken in der traditionellen Ukiyo-e-Malerei, die Monet so schätzte. Für alle, die beim Anblick einer Arbeit aus der Utagawa-Schule Glücksgefühle überkommen oder die für Landschaften und gewaltige Wellen von Hokusai schwärmen, gibt es in der Rue Clauzel 14, wo sich einst der begehrte Farbenladen der Impressionisten befand, erschwingliche Reproduktionen oder – für die ganz Kühnen – sogar Originale und nummerierte Lithographien zu kaufen. Wie es das Schicksal so wollte, hat sich Père Tanguys Geschäft von einst nun in den kleinen Laden eines jungen Händlers für japanische Kunst verwandelt, der alle in der malerischen Tradition des Landes der aufgehenden Sonne stehenden Künstler verehrt, so wie diese auch für Cézanne, Gauguin und van Gogh eine nie versiegende Quelle der Inspiration darstellten.

Claude Monet ließ sogar eine kleine Brücke in japanischem Stil über den Teich seines Gartens in Giverny bauen; eine von Seerosen bedeckte Wasseroberfläche, die der Maler sich persönlich aus den besten Gärtnereien besorgte.

> In seinen Bildern gibt es keinen Himmel
> mehr, keinen Horizont oder anderen
> Bezugspunkt; er taucht komplett ein in
> die sich ändernden Lichtverhältnisse
> in dem von ihm abgebildeten Ausschnitt
> der Natur, der zur einzigen für ihn
> existierenden Welt wird.

In den letzten Lebensjahren richtete der Künstler seine ästhetische Aufmerksamkeit ausschließlich auf den kleinen blumenbedeckten See. »Ein weiteres Mal habe ich mich am Unmöglichen festgebissen: ein Wasserspiegel, auf dem Pflanzen schwimmen… ist ein wundervoller Anblick, aber unglaublich ermüdend, malerisch umzusetzen. Und trotzdem befasse ich mich immer wieder mit gerade solchen Dingen.« In seinen Bildern gibt es keinen Himmel mehr, keinen Horizont oder anderen Bezugspunkt; er taucht komplett ein in die sich ändernden Lichtverhältnisse in dem von ihm abgebildeten Ausschnitt der Natur, der zur einzigen für ihn existierenden Welt wird. Davon zeugt ein ganzes Dutzend Seerosenbilder, die für Monet zum Inbegriff der Unendlichkeit werden. Es ist die größte Herausforderung seines Lebens, wie er seiner Freundin Berthe Morisot anvertraut: »Diese höllische Malerei ist eine einzige Tortur.«

Diese malerische Obsession mündet in sein Lebenswerk: Mehr als nur ein Gemälde, das Seerosen auf einem See darstellt, ist es eine künstlerische Installation *ante litteram*, der sich Monet mit Geist und Seele hingibt, indem er der Farbe bis zur letzten Nuance nachspürt, obwohl seine inzwischen schwer erkrankten Augen ihn zu täuschen beginnen. Um dieses Wunder zu entdecken, muss man nach Paris zurückkehren, in das *Musée de l'Orangerie*, das auch als die »Sixtinische Kapelle des Impressionismus« bezeichnet wird. Dort sind in zwei großen, speziell eingerichteten, ovalen Sälen diese riesigen elliptischen Gemälde wie in einem Panorama ausgestellt, wodurch ein einzigartiges, sinnliches Erlebnis entsteht.

Mit dieser fast an Abstraktion grenzenden künstlerischen Freiheit erfüllte sich Monet endlich seinen größten Traum, nämlich den Betrachter mitten in Paris in ein Naturparadies eintauchen zu lassen, indem er ihm »die Illusion eines endlosen Ganzen, einer Welle ohne Horizont noch Ufer« schenkt. Wer mich kennt, weiß, dass ich eher für das Einfache, Konkrete zu haben bin, als für Mystisches, doch ohne Scherz: Jedes Mal wenn ich die *Orangerie* betrete, befällt mich regelrecht das Stendhal-Syndrom verbunden mit akustischen Halluzinationen. Ja, einmal habe ich sogar Vögel zwitschern hören …

DIE FRAU MIT FÄCHER

Berthe Morisot verfügte über die besten Voraussetzungen, um gut verheiratet zu werden und ein ruhiges Leben im bürgerlichen Wohlstand zu führen, das ihre Familie für sie vorgesehen hatte. Doch es ist schwierig, die eigenen Begabungen zu unterdrücken, selbst als Frau, die in ein Jahrhundert hineingeboren wurde, in dem eine Karriere als Malerin für ein Mädchen absolut nicht vorgesehen war. Der Zugang zur Akademie der Bildenden Künste war dem weiblichen Geschlecht verwehrt, tüchtigen Mädchen waren Farbe und Pinsel wenn überhaupt als Zeitvertreib zwischen Stickerei und Geklimper am Klavier erlaubt. Doch Berthe war stur und hartnäckig und beschloss, die Kunst gegen die Bedenken ihres Vaters zu ihrem Lebensinhalt zu machen. Von ungewöhnlicher faszinierender Schönheit nahm Fräulein Morisot Privatstunden in den Künstlerateliers und begeisterte sich von der ersten Stunde an für die neue impressionistische Bewegung. Als sie schließlich Edouard Manet kennenlernte, war ihr Schicksal als Malerin endgültig besiegelt. Im Unterschied zu Monet, Pissarro und anderen der Gruppe stammte Manet, ebenso wie Berthe, aus einer bürgerlichen und respektablen Familie, doch seine Bilder stießen, wie wir wissen, auf harsche Kritik und sorgten für einen Skandal.

»Wie selbst in der schlechtesten
Verbrecherbande gibt es auch in der Gruppe
der Impressionisten eine Frau:
Sie heißt Berthe Morisot.«

Berthe Morisot teilte die künstlerischen Auffassungen und Techniken ihrer Freunde, sie malte ebenso *en plein air* und führte die Organisation der »Rebellen« an, die von den offiziellen Ausstellungen ausgeschlossen worden waren. 1864 war sie in dem Salon vertreten, der alternativ im vom Fotografen Nadar bereitgestellten Studio eingerichtet worden war. Unter den 29 ausgestellten Künstlern war Berthe die einzige Frau und sollte von da an zur leichten Zielscheibe des Sarkasmus der konservativen Presse werden. Albert Wolff, Kunstkritiker für *Le Figaro*, ließ nichts aus: »Wie selbst in der schlechtesten Verbrecherbande gibt es auch in der Gruppe der Impressionisten eine Frau: Sie heißt Berthe Morisot und ist eine überaus seltsame Erscheinung. Wie nicht anders zu erwarten, hat sie die weibliche Grazie gegen den Jähzorn eines irren Geistes eingetauscht.« Doch ihre Künstlerfreunde stehen zu ihr und bringen ihr Wertschätzung entgegen. Und so folgt Berthe unbeirrt ihrem Weg und avanciert schon bald zu einer der bedeutendsten Künstlerinnen der impressionistischen Bewegung.

Heute ist auf dem Boulevard des Capucines 35 fast nichts mehr von dem Atelier des exzentrischen Nadar zu sehen. Von dem berühmtesten Fotostudio im Paris des ausgehenden 19. Jahrhunderts ist nur noch ein Skelett aus Eisen und Glas übrig, das zwischen den Schaufenstern der Modegeschäfte, die hier im Viertel die Oberhand gewonnen haben, kaum auszumachen ist. Doch bei Kunstliebhabern weckt der Ort noch immer nostalgische Erinnerungen.

Die Arbeiten von Berthe kann man hingegen – dank einer großzügigen Spende ihrer Erben – in ihrer vollen Pracht im bereits erwähnten *Musée Marmottan* bestaunen. Es sind Gemälde, die von einem magischen, goldenen Licht durchdrungen zu sein scheinen und ein unbefangenes Leben inmitten der Natur darstellen, die gleichzeitig aber auch ein Hauch von Melancholie und Einsamkeit durchzieht. Der Dichter Paul Valéry, der Jahre später Berthes Nichte heiraten wird, hat ein Essay zu Ehren der Malerin verfasst, in dem er ihre Kunst mit folgenden Worten beschreibt: »Das Besondere an Berthe Morisot war, dass sie ihre Kunst lebte und ihr Leben malte, als sei es ein ganz natürlicher und notwendiger Akt …«

Zurückhaltend und anmutig wie sie war, kaschierte Berthe unter ihrer trockenen, bürgerlichen Herkunft brodelnde Leidenschaft, unter anderem für Edouard Manet. Es ist nicht bekannt, ob zwischen den beiden eine wirkliche Liebesbeziehung bestand. Wie immer es auch gewesen sein mag, es bleibt auf ewig ein Geheimnis. Die strenge Erziehung der beiden Künstler verhinderte womöglich die Entwicklung einer leidenschaftlichen Beziehung zwischen ihnen, doch die aufrichtige und sinnliche Verbundenheit der beiden ist dennoch aus den Erinnerungen von Berthe und aus den Werken Manets, die er ihr gewidmet hat, herauszuspüren. Der Maler war bereits mit einer Frau liiert, von der er einen Sohn hatte, und Berthe Morisot stammte aus einem zu konservativen Umfeld, um sich auf ein freieres Leben einzulassen, wie sie es sich vielleicht gewünscht hätte. Berthe begnügte sich zeitlebens mit der Rolle einer Freundin, Bewunderin und eines Modells, wie zahlreiche Porträts Manets bezeugen, die sie in ihrer ganzen magnetischen Erscheinung zeigen. Es sind wunderschöne, spannungsgeladene Werke, die von der tiefen Intimität zeugen, die beide während der langen Sitzungen miteinander teilten.

> Zurückhaltend und anmutig wie sie war,
> kaschierte Berthe unter ihrer trockenen,
> bürgerlichen Herkunft brodelnde
> Leidenschaft, unter anderem für
> Edouard Manet.

Im *Musée d'Orsay* hängen die eindringlichsten Porträts, die Manet von der Malerin geschaffen hat. Zwei davon gehören zu meinen absoluten Favoriten: Auf beiden ist es ihre verführerische Schönheit, die den Blick des Betrachters in den Bann zieht und nicht mehr loslässt. Auf dem Bild *Berthe Morisot mit Veilchenstrauß* aus dem Jahr 1872, das viele Kritiker zu Manets größten Meisterwerken zählen, erkennen wir eine leidenschaftliche, schwermütige und melancholische Frau. Auf *Berthe Morisot mit Fächer* sind es hingegen ihre rätselhaften und wie glimmende Holzstücke glühenden Augen, die ganz im Fokus des Bildes stehen. Ihr Blick bahnt sich zwischen den Stäben eines schwarzen Fächers hindurch, ein Schwarz, das sich auch in Berthes Kleidung wiederholt, die sie meist zum Porträtieren trug, sozusagen eine Huldigung an die Lieblingsfarbe des Künstlers. Als Berthe Morisot sich schließlich zu einer Heirat entschloss, wählte sie unter den zahlreichen Anwärtern ausgerechnet den Bruder von Edouard Manet, Eugène, einen eher unauffälligen, aber umgänglichen Mann, der ihr die Freiheit gab, ihrer Bestimmung nachzugehen. So ist sie schließlich doch Madame Manet geworden, und wenn man heute auf dem kleinen, andächtigen Friedhof von Passy, nicht weit vom *Musée Marmottan,* eine Runde dreht, dann stößt man in einer Nische auf das Familiengrab der Manets. Dort ruht Berthe für immer an der Seite der beiden Brüder. Zumindest am Ende teilt sie so dieselbe Ruhestätte mit ihrem geliebten Meister.

LIBRAIRIE

L WIE LIBRAIRIE
(BUCHHANDLUNG)

»*Paris ist ein großer Bibliothekssaal,
der von der Seine durchströmt wird.*«

Walter Benjamin, *Kurze Schatten*

»*Aber die Bücher waren meine Vögel und meine
Nester, meine Haustiere, mein Stall und mein Gelände;
die Bücherei war die Welt im Spiegel; sie hatte deren
unendliche Dichte, Vielfalt, Unvorhersehbarkeit.*«

Jean-Paul Sartre, *Die Wörter*

Auch wenn es, über die Arrondissements verteilt, immer noch
zahlreiche und diverse Buchhandlungen für jeden Geschmack
und Trend gibt, merkt man auch in Paris die Auswirkungen des
globalen Booms digitaler Bücher und großer Online-Versand-
handel. Ich war fest davon überzeugt, Paris hätte weltweit die
meisten Buchhandlungen pro Einwohner, doch ich musste mich
eines Besseren belehren lassen: Laut einer Studie des *World Ci-
ties Cultural Forum* steht Buenos Aires auf Platz eins, dicht gefolgt von Tokyo. Ob bei der Statistik wohl auch die Literaturcafés
in Betracht gezogen wurden, in denen man einen Aperitif zu sich
nehmen und gleichzeitig einen Roman von Balzac kaufen kann?

Und was ist mit den Dutzenden *Bouquinistes*, die das Seineufer säumen? Wurden die bei den Buchhandlungen wohl ebenso berücksichtigt? Gewiss, die meisten davon sind inzwischen nichts anderes mehr als Souvenirshops, doch bei genauerer Suche stößt man durchaus noch auf kompetente Verkäufer, die mit Leidenschaft kleine Schätze sammeln. Und nicht zu vergessen all die Buchhandlungen in den Museumsshops, wie zum Beispiel der kleine Laden im *Musée Carnavalet*, mit einem ausgewählten Sortiment, das Paris in all seinen Kontrasten huldigt.

Obwohl die Digitalisierung zunehmend die Oberhand gewinnt, bietet ihr die analoge Welt weiterhin die Stirn. Ein gutes Beispiel hierfür liefert die PUF *(Presse Universitaire de France)*, ein traditionelles Verlagshaus mit Universitätsbuchhandlung im *Quartier Latin*, dem Viertel mit der höchsten Dichte an Buchhandlungen in ganz Paris. Aufgrund der extremen Mietpreissteigerung in der für den Tourismus immer attraktiver gewordenen Gegend musste die PUF vor siebzehn Jahren ihren angestammten Firmensitz an der Place de la Sorbonne aufgeben. Nun hat sie ihre Tore nur einige Häuser weiter, in der Rue Monsieur-Le-Prince 60, wieder geöffnet und dabei eine Neuerung eingeführt: die *Espresso Book Machine*, eine Zaubermaschine, die nichts mit den Espressokapseln von George Cloony gemein hat, sondern anstelle von Kaffee Bücher auf Bestellung produziert. Der Kunde kann aus einem 5000 Titel umfassenden Katalog auswählen, und das Buch wird in wenigen Minuten gedruckt. Einen Espresso kann man dennoch während der kurzen Wartezeit in den Nebenräumlichkeiten einnehmen, solange der Wunderdrucker sich um die Herstellung des gewünschten Buches kümmert.

Die Schließung der traditionellen Buchhandlung *La Hune* auf dem Boulevard Saint-Germain bleibt für alle Pariser, ob bibliophil oder nicht, ein unverarbeitetes Trauma; heute hat sie auf der gegenüberliegenden Seite des Platzes in neuem Gewand eröffnet, halb Fotogalerie, halb Veranstaltungssaal, doch an die alten Zeiten kann sie nicht mehr anknüpfen, der Mythos ist dahin, auch wenn die Ausstellungen höchster Qualität entsprechen. Zum Glück konnte sich wenigstens das *L'Ecume des Pages* auf dem Boulevard Saint-Germain, gleich beim *Café de Flore*, halten und kämpft sich weiter durch, dank der Unterstützung einer breiten Leserschaft, eines erstklassigen Sortiments sowie eines Angebots an Papeterieartikeln wie Heften, Blöcken, Stiften und Kalendern, wundervollem Krimskrams, für den ich immer zu haben bin. Ein weiterer Pluspunkt der Buchhandlung: Sie hat bis 24 Uhr geöffnet, was die nächtlichen Streifzüge durch das Viertel noch attraktiver macht.

»In der Nähe des Wassers habe ich begriffen, dass das Fantasieren ein dehnbares Universum ist.« Wer ebenso wie der französische Philosoph Gaston Bachelard der Ansicht ist, Wasser sei ein Element der Bewusstseinserweiterung und rege die Fantasie an, sollte unbedingt die nach besagtem Essay benannte Buchhandlung *L'Eau et les Rêves* aufsuchen. Um dort hinzugelangen, muss man zunächst eine *Péniche* besteigen, einen dieser Lastkähne, die ursprünglich mit Kohle beladen die Seine durchpflügten und nun, in restauriertem Zustand, einigen wenigen Privilegierten als Wohnstätte dienen, die Paris vertäut von einer Mole aus bewundern können. Das Schiff, auf dem sich die Buchhandlung befindet, ist am Quai de l'Oise festgemacht, und man findet dort eine Unmenge an Titeln zu den Themen Meer, Reisen und Abenteuer. Dank der Kraft der Erzählungen hat man den Eindruck, als durchkreuze man die Ozeane der eigenen Fantasie, selbst wenn man sich dabei keinen Millimeter von der Anlegestelle fortbewegt.

Paris ist übersät von charmanten Orten mit hybrider Nutzung, an denen Bücher im Zentrum stehen, gepaart mit anderen perfekt zur Lektüre passenden Vergnügen. Wie zum Beispiel die Brasserie *Le Fumoir*, in der Rue de l'Amiral de Coligny 6, mit dem Flair einer Bibliothek des ausgehenden 19. Jahrhunderts und einem umfangreichen Bestand an internationalen Büchern und Zeitungen. Lesen darf man alles am Platz und damit literarischen und kulinarischen Genuss perfekt aufeinander abstimmen. Ausgespart ist allerdings der Genuss von Tabak, denn anders als der Name »Rauchsalon« erahnen lässt, darf hier nur draußen an den Tischen geraucht werden. Das *Le Fumoir* befindet sich in unmittelbarer Nähe zum *Louvre*, also in einer Gegend, in der ansonsten besondere Wachsamkeit vor Touristenfallen geboten ist, und es erweist sich daher nach der Plackerei durch die Gänge des strapaziösesten Museums der Welt als wahres Refugium.

> Paris ist übersät von charmanten Orten
> mit hybrider Nutzung, an denen Bücher
> im Zentrum stehen, gepaart mit anderen
> perfekt zur Lektüre passenden Vergnügen.

Doch die schönste Buchhandlung ist und bleibt die eigene Stadtteilbuchhandlung, in der man zwanglos vorbeischauen und sich nach den Empfehlungen seiner Buchhändlerin des Vertrauens erkundigen kann, die zusehends zur Psychologin oder zur Händlerin von Träumen, Ideen oder Unterhaltung wird.

Selbst wenn der kommerzielle Erfolg digitaler Lesegeräte weiter steigt, glaube ich dennoch fest daran, dass es Bücher und Buchhandlungen auch in Zukunft geben wird, vielleicht wegen des Geruchs von Papier, für das es keinen vergleichbaren Ersatz gibt. Obgleich ein Unternehmen bereits damit experimentiert hat, den magischen Duft der Celluloseblätter zu reproduzieren und in einer sprayartigen Essenz für Leser von Kindle & Co mit dem gewinnenden Namen »Smell of Books« zu synthetisieren. Ich bin mir nicht sicher, ob es sich dabei um einen schrägen Marketing-scherz handelt oder ob das Produkt tatsächlich auf dem Markt zu haben ist, aber es ist zumindest eine interessante Provokation. Einen passenden Werbeslogan hätte ich schon: »Sie wollen keine E-Books mehr lesen, weil Sie den Geruch von Papier, Drucker-schwärze und Klebstoff vermissen? Jetzt naht Rettung! *Smell of Books* bringt Ihnen das sinnliche Erlebnis alter Bücher zurück – und keiner Ihrer Freunde wird bemerken, dass das, was Sie lesen, ein E-Book ist.«

> Sie wollen keine E-Books mehr lesen,
> weil sie den Geruch von Papier,
> Druckerschwärze und Klebstoff vermissen?
> Jetzt naht Rettung!

Ob es wohl so weit kommen wird? Wer weiß. Inzwischen genie-ßen wir den Duft eines guten Romans, idealerweise in einer so faszinierenden Buchhandlung wie *Shakespeare & Company*, mei-ner absoluten Lieblingsbuchhandlung in Paris: ein romantischer Ort, der über eine genauso fesselnde Geschichte verfügt wie jedes der vielen Bücher in ihren Regalen.

SHAKESPEARE & COMPANY

Alles begann mit einer kleinen Buchhandlung namens *La Maison des Amis des Livres*, gegründet 1915 von der leidenschaftlichen Buchhändlerin Adrienne Monnier, in der Rue de l'Odéon im Her-zen der Rive gauche. Die junge Frau stammte aus der Arbeiterklasse, ihr Vater war ein einfacher Postangestellter, ihre Mutter Hausfrau, doch beide Elternteile ermutigten Adrienne, sich ihren Traum zu erfüllen, indem sie ihr mit Ersparnissen unter die Arme griffen. Man kann Virginia Woolfs These vom oft verborgenen Talent der Frauen nur unterstreichen: Gebt ihnen »ein eigenes Zimmer«, einen kleinen finanziellen Anreiz, und sie schreiben Geschichte. Adrienne ist umtriebig, neugierig und talentiert, und schon nach kurzer Zeit wird *La Maison des Amis des Livres* zu einem Treffpunkt kulturellen Austauschs und einer der wichtigsten Anlaufstellen für französische Intellektuelle und Schriftsteller. Sie organisiert Buchpräsentationen, Veranstaltungen mit den Lesern und führt eine Art Ausweis für die Kunden ein, die die Bücher ausleihen können, ohne sie unbedingt kaufen zu müssen. Folgendes schreibt der Autor Jules Romains über die Buchhandlung, in der er regelmäßig ein und aus ging: »Vor mir taucht eine junge Frau mit rundlichem Gesicht, roten Pausbacken und blondem Haar auf, die mir sofort das Gefühl gibt, in den Dienst der Literatur eingetreten zu sein, so wie andere im Dienst der Kirche stehen ...«

Eines Tages taucht bei Adrienne in der Rue de l'Odéon durch Zufall Sylvia Beach auf, eine junge Amerikanerin aus Maryland, die, wie so viele ihrer Landsleute, besonders an Paris und seiner Kultur Gefallen fand. Die Begegnung zwischen den beiden Frauen schlägt ein wie ein Blitz, und aus dem Zusammentreffen entwächst schon bald nicht nur eine große Liebe, sondern auch eine neue Buchhandlung, die in die Annalen der Pariser Stadtgeschichte eingehen wird. Adrienne unterstützt Sylvia mit ihrer Erfahrung und hilft ihr dabei, einen zweiten Buchladen gleich in ihrer Nachbarschaft zu etablieren, ausschließlich für englischsprachige Bücher. So entstand *Shakespeare & Company*, ein Ort, dem die Bezeichnung Buchladen nicht annähernd gerecht wird, denn in wenigen Jahren entwickelte er sich buchstäblich zu einem Schriftstellerhaus für englischsprachige Autoren in Paris, für die Sylvia die Rolle der Übersetzerin und Freundin, aber vor allem die des Protegés und Schutzengels übernahm. Davon zeugen zahlreiche Zeitdokumente, allen voran die von Ernest Hemingway, der die Adresse der Buchhandlung sogar als seine Postanschrift in Paris angab. Hier verkehrten Francis Scott Fitzgerald, Sherwood Anderson, Ezra Pound, D. H. Lawrence und vielversprechende Jungautoren, deren Potenzial Sylvia erkannte und förderte. Bei *Shakespeare & Company* traf man sich, diskutierte, es gab immer eine Schreibmaschine zum Arbeiten und Sofas und Sessel zum Ausruhen. Im ersten Stock befand sich sogar eine kleine Wohnung, die Sylvia in den Jahren zwischen den Weltkriegen für die bedürftigsten unter den Autoren zur Verfügung stellte, um ihnen das Überleben während ihrer Pariser Tagträume zu sichern.

Die zwei Buchhändlerinnen gaben ein seltsames Paar ab, das gegensätzlicher nicht sein konnte: Sylvia war schmächtig und groß und trug gern perfekt sitzende Kostüme; Adrienne hingegen war klein und rundlich und hatte eine Schwäche für Kleidung in traditionellem französischem Folklorestil. Ihr gegenseitiges Einvernehmen war dessen ungeachtet außergewöhnlich und so auch ihr Spürsinn für die literarischen Begabungen ihrer Literatenfreunde. Sylvia Beach haben wir die erste Veröffentlichung eines der bedeutendsten Werke des 20. Jahrhunderts zu verdanken: Sie investierte ihre gesamten Ersparnisse und versuchte sich als Verlegerin, um James Joyce' Epos *Ulysses* zu drucken. Joyce hatte sieben Jahre daran gearbeitet, doch von den Verlagen in den USA und England bisher nur Absagen erhalten. Niemand wollte die Verantwortung für die Publikation eines Werkes übernehmen, das dem Risiko ausgesetzt war, von der Zensur wegen Obszönität verboten zu werden. Doch Sylvia hielt weiter an Joyce fest, bestärkte ihn, stand ihm bei, gab ihm Halt, finanzierte ihn und überwand unzählige Hürden, bis es ihr schließlich gelang, die weltweite Erstausgabe von *Ulysses* unter dem Logo *Shakespeare & Company* herauszubringen. Als Joyce später die Rechte an den renommierten Verlag Random House verkaufte, überließ er der beherzten Buchhändlerin, die sich für ihn bis über beide Ohren verschuldet hatte, nicht einmal eine kleine Entschädigung. Doch das ist eine andere Geschichte, die trotz allem dem weiteren Bestehen der ruhmreichen Buchhandlung nichts anhaben konnte.

Was letztendlich den kulturellen Traum von Sylvia Beach zum Platzen brachte, waren hingegen der Krieg und die Belagerung der Stadt durch die deutschen Truppen. Viele der amerikanischen Freunde und Schriftsteller kehrten in ihre Heimat zurück oder gingen an die Front; Paris darbte unter der Ausgangssperre, und die Präsenz der Nazis wurde zunehmend bedrohlicher. Sylvia war Amerikanerin, eine Ausländerin, und somit für Deutschland eine Feindin. Schon bald wurde ihr klar, dass die Tage ihrer Buchhandlung gezählt waren. Eines Morgens betrat ein SS-Offizier ihren Laden und verlangte nach der im Schaufenster ausgestellten signierten Ausgabe von *Finnegans Wake* von Joyce. Sylvia Beach weigerte sich, sie ihm zu verkaufen, und begriff, dass in diesem Moment *Shakespeare & Company* Geschichte war. Noch in derselben Nacht räumte sie zusammen mit Adrienne und einigen wenigen Freunden den Laden aus und versteckte die Bücher und Regale in der Wohnung im ersten Stock. Als die Deutschen im Morgengrauen auftauchten, waren von der einst bedeutendsten Pariser Buchhandlung nur noch kahle Wände übrig. Sylvia konnte jedoch nicht mehr rechtzeitig fliehen und wurde festgenommen. Zusammen mit weiteren Amerikanern wurde sie in einem behelfsmäßigen Gefangenenlager im *Bois de*

Boulogne interniert. Die »nicht jüdischen« Feinde des Dritten Reiches blieben zumindest so weit verschont, dass sie nicht in die eigentlichen Konzentrationslager deportiert wurden. Und so kam es, dass die Gründerin von *Shakespeare & Company* 1941 zusammen mit anderen Ausländern auf einem Lastwagen abtransportiert und im Affenkäfig des Pariser Zoos eingesperrt wurde. Dort blieb sie einen Monat, bevor sie schließlich in ein Internierungslager nach Vittel kam. Heute erscheint diese Geschichte mehr als absurd, doch Adrienne und ihre Freunde erzählten, dass sie sich hinter den Hecken des Zoos im *Bois de Boulogne* versteckten, um aus der Entfernung mit den Häftlingen zu kommunizieren; eine paradoxe Situation, die uns einmal mehr die Absurdität des Grauens vor Augen führt.

Sylvia hatte im Gegensatz zu vielen ihrer Landsleute Glück und wurde bei Kriegsende befreit. Doch ihre Buchhandlung blieb für immer geschlossen. Es gibt ein berühmtes Bild von Ernest Hemingway, das ihn vor verschlossener Tür von *Shakespeare & Company* zeigt, als er anlässlich eines Besuches in Paris bei seinen Freundinnen vorbeischauen wollte. Sylvia ging ihrer literarischen Leidenschaft gemeinsam mit Adrienne nur noch privat nach. Und ihre legendäre Buchhandlung hätte keinerlei Spuren hinterlassen, wenn es nicht einen anderen Amerikaner gegeben hätte, der von ähnlichen Träumen angetrieben und mit der fixen Idee in die Stadt gekommen war, eine neue *Shakespeare & Company*-Buchhandlung zu eröffnen, um in die glorreichen Fußstapfen von Sylvia Beach zu treten. George Whitman, ein etwas schrulliger Hippie, liebte die Literatur der amerikanischen Beat Generation wie überhaupt jegliche kreative Freiheit und war in den 1950er Jahren nach Paris gekommen. Wie ein demütiger Pilger stellte er sich bei der inzwischen pensionierten Buchhändlerin vor, um von ihr die Erlaubnis einzuholen, den Namen und die Philosophie ihres Schriftstellerhauses zu übernehmen. Sylvia gab ihr Einverständnis, und die Utopie konnte erneut entstehen.

1951 öffnete *Shakespeare & Company* in neuem Gewand und unter einer neuen Adresse in der Rue de la Bûcherie 37, gleich gegenüber der Seine, wo sie bis heute im wohlwollenden Schatten von Notre-Dame besteht. Mit Sylvias Segen schlug Whitman den beispielhaften Weg der Gründerin ein und schuf in Paris einen neuen literarischen Treffpunkt für Schriftsteller und solche, die es werden wollten. Die gesamte Beat Generation verkehrte in der neuen Buchhandlung, die schon bald zum Refugium der großen Autoren jener Jahre wie Allen Ginsberg, Anaïs Nin, James Baldwin, Julio Cortázar und vieler anderer wurde. Er hatte immer ein Auge auf neue Talente, denen er erlaubte, zwischen den von Büchern überbordenden Regalen, in denen die Erstausgabe von *Ulysses* niemals fehlte, zu wohnen, zu schreiben und sich auszuruhen. George Whitman nannte seinen schreibenden Nachwuchs die *Tumbleweeds* in Anlehnung an jene Steppenpflanzen in der Wüste Arizonas, die rollend vom Wind auf der Bodenoberfläche entlanggetrieben werden. Eine Ansammlung vermeintlich vertrockneter Zweige, die jedoch in Wirklichkeit freiliegende Wurzeln verbergen, dank derer die Pflanze losgelöst im Wind treiben kann. »Viele Menschen haben die Schwelle unserer Buchhandlung schwankend wie ein Gebüsch im Wind übertreten: Beim Abschied hatten sie ihre Unschuld verloren und waren zu freien Bürgern des Universums herangewachsen.«

Tausende literarischer »Herumtreiber« haben über die Jahre hinweg bei *Shakespeare & Company* Unterschlupf gefunden: Als Gegenleistung mussten sie der Buchhandlung eine kleine Biographie hinterlassen und zwei Stunden am Tag im Laden aushelfen; von Whitman aufgestellte Regeln, die nach wie vor gelten. Heute geht die Buchhandlung unbeirrt ihren Weg, inzwischen unter der

Leitung von Whitmans Tochter Sylvia, so benannt zu Ehren von Sylvia Beach – ein schweres Erbe, das die junge Frau mit Würde und Professionalität trägt.

> »Viele Menschen haben die Schwelle
> unserer Buchhandlung schwankend wie
> ein Gebüsch im Wind übertreten:
> Beim Abschied hatten sie ihre Unschuld
> verloren und waren zu freien Bürgern des
> Universums herangewachsen.«

Vor einiger Zeit war ich dort zu einer Buchpräsentation von Zadie Smith, und der Raum war brechend voll mit leidenschaftlichen Zuhörern. Man hatte den Eindruck, als wäre die Zeit stehengeblieben, und sogar die Katzen durften wie jeher zwischen den Regalen herumstreunen. Der an der Wand angebrachte Schriftzug eines immerwährenden Leitsatzes der Gastfreundschaft »Verwehrt dem Fremden die Gastfreundschaft nicht, es könnte ein verborgener Engel sein« hat an Aktualität nicht eingebüßt. Vor allem nicht an jenem Abend des tragischen Terroranschlags im *Bataclan,* von dem Harriet Alida Lye, eine der jungen *Tumbleweed*-Schriftstellerinnen, zu berichten weiß, die sich in jenem schrecklichen Moment in der Buchhandlung aufhielt. *Shakespeare & Company* war dem Geist des Ortes treu geblieben und hatte seine Türen die ganze Nacht hindurch offen gehalten, um Passanten, Kunden und all jene, die einen sicheren Unterschlupf benötigten oder die in der wohl düstersten Stunde der jüngsten europäischen Geschichte nicht allein sein wollten, bei sich aufzunehmen.

MURS

M WIE MURS (MAUERN)

»Les murs ont la parole.«

Motto des Pariser Mai '68

»Eine Stadt ohne Graffitis ist eine tote Stadt.«

Monsieur André

Die Mauern von Paris sprechen. Der Stadt genügen nicht ihre Bauwerke, Türme und Kathedralen, um auf sich aufmerksam zu machen, sondern sie tritt seit jeher auch durch Schriftzüge, Gedichte, Graffitis, Slogans und verschiedenste Wandzeichnungen mit ihren Bewohnern in Austausch.

Es handelt sich dabei um eine lange überlieferte Tradition, die in die heutige Street-Art einfließt und sich Paris als unentbehrliche Kunstgalerie im öffentlichen Raum zu eigen macht. Der Parisbesucher muss nicht einmal ein Museum betreten und kann dennoch, verstreut über alle Stadtviertel, eine beachtliche Anzahl an künstlerischen Ausdrucksformen bewundern, wie auch der populäre Sprayer JR versichert: »Mir steht die größtmögliche Kunstgalerie zur Verfügung: die Mauern der gesamten Welt.«

Wenn man davon ausgeht, dass eine der ersten Kommunikationsformen des Homo sapiens tatsächlich Wandmalereien waren, dann scheint es nur natürlich, dass Künstler sich weiterhin Mauern und Gebäudefassaden aneignen, um ihre Arbeiten zur Schau zu stellen. Es geht ihnen dabei in erster Linie um eine freie Form der Kommunikation ohne Restriktionen, um zensurlos und unmittelbar mit dem Betrachter in Kontakt zu treten.

»*Regarde le ciel*«: Schau zum Himmel, lud vor einiger Zeit dieser Satz an den Wänden von Paris die vorübergehenden Passanten ein. Die Augen zu erheben ist eine heilsame Übung für jeden urbanen Forscher mit dem Drang, das Wesentliche eines Ortes zu erfassen (natürlich weiterhin darauf achtend, wo man seinen Fuß hinsetzt, denn der Pariser Autofahrer zeigt wenig Verständnis für alles, was ihn aufhalten könnte).

Bevor wir uns tiefer in den Dschungel der Autorenschaft von Graffitis vorwagen, beginnen wir mit einer etwas leichteren Vorübung. Zur Schulung des Blickes starten wir bei freistehenden und von touristischen Zentren aus leicht zugänglichen Mauern, wie zum Beispiel *Le mur des je t'aime* (Die Mauer der »Ich liebe dich«), am Fuß des Montmartre im kleinen Park *Square Jehan-Rictus*, bei der Place des Abbesses. Diese Fassade, die aus einer romantischen Idee des Künstlers Frédéric Baron in Zusammenarbeit mit Claire Kito entstand, versammelt 311 Varianten des Satzes »Ich liebe dich«, in den verschiedensten Dialekten und Sprachen der Welt, Esperanto eingeschlossen. Das Ergebnis ist eine 40 Quadratmeter große Fläche aus dunkelblau emaillierten Platten, die ein Sprachengewirr aus Liebeserklärungen fast vollkommen überdeckt.

Ich muss wohl nicht extra erwähnen, dass dieser Ort zu einer der Hauptattraktionen für Verliebte und Fans sentimentaler Selfies geworden ist, die diese besondere Art der Wandzeitung durch eigene Kommentare und Erinnerungen ergänzen. Allemal poetischer als eine unsinnige Ansammlung beliebiger Vorhängeschlösser. Die, zugegebenermaßen, etwas kitschige Idee des Künstlers, ein Element der Trennung zu einem Mahnmal der Liebe abzuwandeln, sollte dennoch durch einen Besuch honoriert werden. Außerdem ist der kleine Park gemütlich und lauschig und ideal für einen Zwischenstopp, bevor man den Hügel von Montmartre besteigt. Diese Fragmente eines Gesprächs zwischen Verliebten werden durch die Zeichnung des Künstlers Jean-Marc Paumier – alias Rue Meurt d'Art – ergänzt: eine an die Filmfigur *Gilda* von Rita Hayworth erinnernde Silhouette, mit langen Handschuhen und verführerischem trägerlosen Kleid, etwas weiter oben an der Fassade mit dem lapidaren Satz darunter: »*Aimer c'est du désordre... alors aimons!*« (Lieben ist Chaos... also lasst uns lieben!). Wie könnte man dem widersprechen?

Eine andere Wand, auf die ich durch Zufall gestoßen bin – und vielleicht berührt sie mich gerade deswegen –, befindet sich in der Rue Férou, hinter der Kirche Saint-Sulpice – die man als eingefleischter Dan-Brown-Fan natürlich nicht auslassen darf. Die Rue Férou ist eine schmale Gasse mit einer gut 300 Quadratmeter großen Fassade, auf der das komplette Gedicht *Le bateau ivre* von Arthur Rimbaud geschrieben steht, vom ersten Vers »*Comme je descendais des Fleuves impassibles...*« bis zum letzten »*Ni nager sous les yeux horribles des pontons*«. Außerdem erfährt man auch etwas über die Geschichte dieser ausgefallenen Aktion, hinter der nicht etwa der kreative Akt eines Sprayers steckt, sondern eine Initiative der holländischen Stiftung *Tegen-Beeld* und der *Association Internationale des Amis de Rimbaud* als Huldigung an den verfemten Dichter. Es heißt, der erst siebzehnjährige Arthur Rimbaud habe in einem kleinen Bistrot, unweit von dieser Stelle entfernt, im engen Freundeskreis zum ersten Mal aus seinem Werk vorgelesen. Die Verse, die eineinhalb Jahrhunderte in der Luft schwangen, haben nun endlich in der Rue Férou zur Überraschung und Freude der vorübergehenden Passanten ihren Frieden gefunden. Eine schöne Idee, doch wer weiß, ob es dem rastlosen Rimbaud, der sein Leben lang nach der absoluten Freiheit strebte, gefallen hätte, seine Poesie so eingeklemmt zwischen Steinen zu sehen: »Was wollen Sie, ich hab mir die Verehrung der freien Freiheit in den Kopf gesetzt.«

Rimbaud war ein Getriebener, allergisch gegen jede Art von Zwängen, und mit der Zeit war er zum Inbegriff des Antikonformismus geworden, sodass ein anderer »schlimmer Junge«, Jean Cocteau, um einen ebenso hitzköpfigen Jean Genet vor dem Gefängnis zu bewahren, jenen historischen Satz ausrief: »Er ist Rimbaud, und einen Rimbaud verurteilt man nicht.« Freiheit ist in Frankreich eine ernsthafte Angelegenheit, und auch wenn sie bedroht, verletzt und auf eine harte Probe gestellt wird, kommt sie doch hinter der nächsten Straßenecke gleich wieder zum Vorschein, ein wenig wie der Slogan, der nach dem Terroranschlag auf das *Bataclan* plötzlich an unterschiedlichen Stellen auftauchte: *Fluctuat nec mergitur.* (»Sie schwankt, aber geht nicht unter.«) Dieser alte Wappenspruch der Stadt Paris wurde spontan aufgegriffen und, in abgewandelten Stilen und Formen, von Vertretern der Street-Art-Künstler an Wände gemalt oder als gigantische Leuchtschrift auf den Eiffelturm projiziert.

Die Verse, die eineinhalb Jahrhunderte in der Luft schwangen, haben nun endlich in der Rue Férou zur Überraschung und Freude der vorübergehenden Passanten ihren Frieden gefunden.

Doch wie es mit urbanen Kunstformen eben ist, kann es ebenso gut sein, dass auf der Place de la République oder am *Canal Saint-Martin* keine Spur mehr von diesen Schriftzügen zu sehen ist. Man muss die Gunst der Stunde zu nutzen wissen, denn die oberste Regel der Street-Art bleibt die eigene Vergänglichkeit, ist sie doch dem Klima und der unerbittlichen Arbeit professioneller Reinigungskräfte der Stadtverwaltung ausgesetzt, die jedes Jahr 130 000 Quadratmeter Graffiti im gesamten Stadtgebiet entfernen. Wie überall auf der Welt reißt auch hier die Kontroverse zwischen der im Grundgesetz garantierten freien Meinungsäußerung und der Sachbeschädigung als Straftat nicht ab. Sich hier als Schiedsrichter des guten Geschmacks aufzuspielen und darüber zu urteilen, was Kunst ist und was lediglich eine beschmierte Wand, ist eine heikle Sache. Es ist pure Ironie des Schicksals, dass dieselben »Werke«, die entfernt wurden, immer öfter in Avantgarde-Ausstellungen gewürdigt werden, bei denen die Stadt als Sponsor auftritt. Ein Beispiel hierfür liefert etwa die *T.A.G. au Grand Palais*, die Paris vor einigen Jahren einen riesigen Besucheransturm bescherte.

In einigen Arrondissements versuchen weitblickende und enthusiastische Verwaltungsangestellte diesen Widerspruch zu lösen, indem sie den Künstlern »legale Flächen« zur Verfügung stellen, auf denen sie ihrer Kreativität in völliger Freiheit nachgehen können. Oder indem sie Register derjenigen Werke aufstellen, die bereits als städtisches Eigentum anerkannt wurden und daher nicht entfernt werden dürfen. Dazu gehört zum Beispiel das Selbstporträt von Jef Aérosol an der Place Igor Strawinsky, neben dem *Centre Pompidou*. Jef Aérosol ist ein Vorreiter der »Wandkunst« und verwendet vor allem das Verfahren des *Stenciling*, bei dem er mithilfe von Schablonen Porträts unbekannter Männer und Frauen, die er auf der ganzen Welt fotografiert hat, reproduziert. Das Selbstporträt, das dem surrealen Brunnen von Jean Tinguely und Niki de Saint Phalle gegenüber prangt, trägt den Titel *Chuuuuttt!!!* (»Pssssst!!!«): eine 22 Meter hohe und 14 Meter breite Einladung zum Schweigen. Auf seinen Arbeiten, die inzwischen

Wände auf der ganzen Welt zieren, taucht immer ein kleiner roter
Pfeil auf, ein unverkennbares Merkmal seiner Autorenschaft. Jef
hat es sogar bis zur Chinesischen Mauer geschafft, wo man in
einem Eck eine seiner beliebten poetischen Figuren entdecken
kann, *L'Enfant assis*, das Bild eines am Boden kauernden Jungen,
versunken in seine Fantasiewelt, als Symbol des kleinen Träu-
mers, der in uns allen steckt.

Die Werke von Ernest Pignon-Ernest, einem Wegbereiter der
Street-Art, in den Straßen von Paris ausfindig zu machen, wird
dagegen um einiges schwieriger sein. Er begann Ende der 1960er
Jahre zu arbeiten, als die heute bekannten Sprayer noch nicht einmal geboren waren. Seine auf altem Zeitungspapier gezeichne-
ten und anschließend an Wände angebrachten Darstellungen sind
dazu bestimmt, wie Tränen im Regen zu verschwinden. Sie zeigen
bekannte oder unbekannte Gesichter und stehen in enger Beziehung zu dem Ort, an dem der Künstler beschließt, sie anzubringen.
Eine seiner letzten Arbeiten entstand anlässlich des 40. Todestages
von Pier Paolo Pasolini und zeigt den italienischen Intellektuellen in einer an Michelangelos Pietà erinnernden Pose, wie er selbst
seinen eigenen, von der Mordtat geschändeten Körper trägt. Die
Werke Pignons sind in einem detaillierten Verzeichnis fotografisch
festgehalten, und Paris hat bereits etliche Ausstellungen ihm zu Ehren organisiert. Wer seinen Namen während eines Parisaufenthaltes in einem Veranstaltungskalender liest, sollte sich die einmalige
Gelegenheit, diesen Künstler zu entdecken, nicht entgehen lassen.

Dem ältesten aller Pariser Graffitis konnte die Zeit allerdings
nichts anhaben, wobei ihm auch der Umstand zu Hilfe kam, dass
es nicht mit einer Spraydose angebracht wurde, von denen man
im 18. Jahrhundert noch nichts wusste. Der Urheber hat es mit
einem Nagel in den Stein geritzt, und man kann es noch heute
in einer der Säulen auf der Place des Vosges auf Höhe der Haus-

nummer 11 bestaunen. Es besteht aus seinem Namen mit der entsprechenden Jahreszahl: »1764 NICOLAS«. Der letzte Rest unzähliger Graffitivorläufer, die der Schriftsteller Nicolas Restif de la Bretonne – aufgrund seiner Marotte auch *Griffon* (»Kritzler«) genannt – während seiner nächtlichen Spaziergänge hinterließ. Restif war Journalist und Autor zügelloser Romane wie etwa *Anti-Justine*, mit dem er in offene Konfrontation zu Marquis de Sade trat, den er bezichtigte, Frauen nicht zu Lust zu verhelfen, sondern zu Leid: »Dieser Bösewicht stellt keine anderen männlichen Wonnen der Liebe dar als solche, die von Foltern und Quälereien begleitet sind und die letztlich zum Tod der Frauen führen.« Restif hingegen besaß eine ausgeprägte Schwäche für Damen, und im Speziellen für ihre Füße, die für ihn nicht klein genug sein konnten. Ein Fetischismus, der ihm zu Ehren seither in Frankreich als »*Rétifisme*« bezeichnet wird. Doch seine eigentliche Passion galt den Graffiti, wie man aus seinen Tagebuchaufzeichnungen *Mes inscriptions* erfährt. Darin gesteht er, dass er regelrecht in Depression verfiel, wenn ihm etwas Unvorhergesehenes dazwischenkam und ihn davon abhielt, seine nächtliche Graffititour zu drehen. »Ich bin gezwungen, dem einzigen verbliebenen Vergnügen zu entsagen: meine nächtliche Runde über die Insel, auf der Suche nach meinen eigenen Daten, in denen mein Seelenzustand anklingt.« Auf seinen Streifzügen hinterlässt er persönliche Notizen, es ist eine Reise durch autobiographische Daten und knappe Kommentare, verstreut über die Wände der Stadt, zur Bewahrung seines Andenkens und um seine Identität zu unterstreichen. Er ist, kurz gesagt, ein echter Vorläufer der heutigen Sprayer, die ganze Mannschaften von »graffiti-busters« der Pariser Städtereinigung in die Verzweiflung treiben.

Für den Fotografen und Schriftsteller Brassaï sind die Fassaden hingegen wie ein offenes Buch, in dem man etwas über die

Pariser Stadtgeschichte und ihre Bewohner erfährt: »In Paris war ich auf der Suche nach der Poesie des Nebels, die die Dinge verwandelt, nach der Poesie der Nacht, die die Stadt verwandelt, nach der Poesie der Zeit, die die Menschen verwandelt.« Seine nächtlichen Aufnahmen zerbröckelter, von der Zeit gezeichneter und mit Graffitis übersäter Mauern haben große Künstler wie Miró, Dubuffet oder auch seinen lebenslangen Freund Pablo Picasso inspiriert, mit dem Brassaï sich regelmäßig traf und über Kunst austauschte. Das wertvolle Buch *Graffiti* dokumentiert die sorgfältige Arbeit dieses urbanen Archäologen, der das Paris der 1950er Jahre erforschte wie eine uralte Höhle aus dem Paläolithikum.

> »In Paris war ich auf der Suche
> nach der Poesie des Nebels,
> die die Dinge verwandelt,
> nach der Poesie der Nacht,
> die die Stadt verwandelt,
> nach der Poesie der Zeit,
> die die Menschen verwandelt.«

Jahre später, im Mai '68, wurden dieselben Mauern Teil eines völlig anderen Kapitels der Geschichte, das, noch bevor davon in den Zeitungen zu lesen war, auf den Hauswänden seinen Anfang nahm: »*Permis d'afficher, loi du 22 mai 1968*« (Erlaubnis zur Plakatierung, Gesetz vom 22. Mai 1968) schrieben die Anhänger der Studentenbewegung an die Fassaden. Diese erste selbsterteilte Autorisierung war der Beginn der Verbreitung unvergesslicher Parolen. Die ursprünglichen Schriftzüge sind heute zwar längst verschwunden, der rebellische Geist dieser freien und zur herkömmlichen Presse alternativen Kommunikationsform bleibt jedoch unverändert eine Inspirationsquelle für die Vertreter der zeitgenössischen Street-Art.

Vieldeutige Slogans wie »*Il est interdit d'interdire*«, »*Tout est possible*« und »*L'imagination au pouvoir*« (»Es ist verboten zu verbieten«, »Alles ist möglich«, »Fantasie an die Macht«) sind auch für die heutige Pariser Sprayerszene nach wie vor Schlagwörter von aktueller Brisanz. So auch für JR, der mit seinen Arbeiten, wie etwa dem *Portrait d'une Géneration,* auf gesellschaftspolitischer Ebene zu provozieren versucht. Um Klischees über die Bewohner Pariser Banlieues zu entmystifizieren, hat er an Orten sozialer Brennpunkte wie *Les Bosquets* oder *Montfermeil* großflächige Poster gewollt verzerrter Porträtaufnahmen junger Bewohner aus Pariser Problemvierteln angebracht.

Offene Provokation, widersprüchlich und poetisch, ist Teil des Stils dieser Künstler, die, ebenso wie die Regisseure einer neuen Richtung des französischen Films, die Lebensbedingungen in Pariser Banlieues ablichten und vor den Konsequenzen einer teils gleichgültigen, teils blinden Regierungspolitik warnen. Ein Film wie *Hass* des Regisseurs Mathieu Kassovitz zeigt auf so eindrückliche Art die Hintergründe und Ursachen der Krawalle in Frankreichs Vororten, wie es keine politische Debatte vermag. Nach über zwanzig Jahren ist der Prolog am Ende des Films, gesprochen von einer Stimme aus dem *Off,* jedoch von erschreckender Aktualität: »Dies ist die Geschichte einer Gesellschaft, die fällt. Während sie fällt, sagt sie sich, um sich zu beruhigen, immer wieder: ›Bis hierher lief's noch ganz gut, bis hierher lief's noch ganz gut, bis hierher lief's noch ganz gut.‹ Aber wichtig ist nicht der Fall, sondern die Landung.«

SPAZIERGÄNGE IM SCHATTEN DER GRAFFITIS

Heute sind viele Vertreter der Street-Art von der Kunstkritik längst akzeptiert und ihre Kunst hochdotiert. Was jedoch der anarchistischen und subversiven Natur ihres Schaffens nicht abträglich ist und jeden Tag neue Pioniere dazu bewegt, Geldbußen und Haftstrafen zu riskieren, um die eigenen Arbeiten *en plein air* auszustellen. Sich auf Entdeckungstour nach diesen Künstlern zu begeben ist ein Abenteuer, das es gleichzeitig auch ermöglicht, vom Massentourismus verschont gebliebene Ecken von Paris kennenzulernen. Wer Lust hat auf was anderes als *Mona Lisa* und *Frühstück im Grünen* und die Stadt besser verstehen will, ist bei *Street Art Paris*, einem von Künstlern und Experten der Großstadtkunst gegründeten Verein, gut aufgehoben. Er bietet wöchentlich Spaziergänge in Begleitung eines professionellen Stadtführers an, der einem vor Ort die neuen Kunstwerke aus Lackfarben und Klebstoff näherbringt. Dank *Street Art Paris* habe ich nicht nur die schönsten Mauern von Paris entdeckt, sondern vor allem unglaubliche urbane Landschaften, die dem Schicksal der Mumifizierung durch eine sterile Fassadenrestaurierung entgangen sind.

Zu nennen wäre da zum Beispiel die *Butte aux Cailles*, ein Hügel im Süden der Stadt, im 13. Arrondissement, der durch seine niedrigen Häuser, begrünte Gässchen und sein Kopfsteinpflaster ein authentisches Pariser Flair und einen fast ländlichen Charme bewahrt hat. Heute lässt nichts mehr erahnen, dass dieser Hügel einst der Schauplatz einer der blutigsten Schlachten während der Aufstände der Pariser Kommune war, an die jedes Jahr mit einem von den *Amis de la Commune* organisierten großen Fest gedacht wird. Der historische Verein hat seinen Sitz in der Rue des Cinq Diamants, ausgerechnet dort, wo sich Nachteulen und Sprayer austoben. Unter den Künstlern, die ein besonderes Faible für dieses Viertel haben, taucht immer wieder das Signet *Miss.Tic* auf. Sie ist eine der ersten Frauen, die sich in der traditionell eher von Männern dominierten Street-Art versucht. Ihre Stencils stellen üppige und sinnliche comicartige Frauen dar und werden von metaphorischen und provozierenden Sätzen über das Zusammenleben der beiden Geschlechter ergänzt, wie etwa »Der Mann ist die Vergangenheit der Frau« oder »Ich erwarte mir nichts von der Liebe, sie erwartet mich«. Inzwischen hat sich *Miss.Tic* als Künstlerin so weit etabliert, dass die französische Post sogar eine Briefmarkenserie mit ihren Arbeiten herausgebracht hat. Doch wie es sich für eine richtige Street-Art-Künstlerin gehört, sind und bleiben Fassaden ihre bevorzugte Leinwand.

Eine andere Frau, deren Namen man sich merken sollte, ist die junge *Kashink*: Ihre Arbeiten bekommt man vor allem in *Belleville* zu sehen, einem Viertel, das sich zusammen mit *Ménilmontant* zum bedeutendsten Freiluftmuseum für Graffitis in Paris entwickelt hat.

Der Künstlername *Kashink* ist ein lautmalerisches Wort, in Anlehnung an Interjektionen in Comics, für die die Künstlerin schon als Kind eine besondere Vorliebe hegte. Der Comicstil findet auch Niederschlag in ihren unverwechselbaren Werken, die sich zwischen mexikanischer Malerei und schriller, psychedelischer Pop-Art bewegen. Ihre Bilder stellen große männliche Gesichter dar, mit vier Augen und gezwirbeltem Schnurrbart nach Art Salvador Dalís. Denselben Schnurrbart, elegant und grazil wie Schwalbenflügel, malt sich *Kashink* provokativ auch in ihr eigenes Gesicht, um zu bekräftigen, dass die Geschlechterfrage bis heute alles andere als eine geschlagene Schlacht ist. Sie ist meine Lieblings-Street-Art-Künstlerin, weil sie auf scharfsinnige Weise Talent, Ironie und soziales Engagement miteinander zu verbinden versteht und zeigt, wie »Kunst den Menschen dabei helfen kann, glücklich zusammenzuleben«.

Doch neben ihr gibt es auch andere Künstler auf den Fassaden von *Belleville* zu entdecken. In manchen Gegenden sind die Wände derart von Graffitis bedeckt, dass sie wie Szenen aus einem Zeichentrickfilm wirken, wie etwa in der Rue Dénoyez, die für jeden Street-Art-Experten zum Pflichtprogramm gehört. Nicht einmal Tim Burton wäre in seinen kühnsten Träumen auf die Idee gekommen, eine einzige Straßenszene bildlich derart zu überfrachten.

> »Kunst kann den Menschen dabei helfen,
> glücklich zusammenzuleben.«

Beim Herumschlendern stößt man auf Figuren von Kindern aus der naiven Fantasiewelt von Seth, oder man kann sich auf die Suche nach den kleinen Marsmännchen von *Space Invaders* machen, dem Werk eines Sprayers, der lange vor der technologischen Invasion durch die Pokémons die Mauern der Welt mit diesem außerirdischen Symbol übersät hat.

Wie schon Daniel Pennac wusste, hält *Belleville* an jeder Ecke neue Überraschungen bereit. Doch das Viertel schöpft seine Vitalität nicht nur aus der urbanen Kunst, den duftenden Gewürzmärkten und seiner multiethnischen Bestimmung. Es sind vor allem seine Bewohner und die begeisterten Besucher, die das Besondere ausmachen, nicht zu vergessen seine ruhmreiche, von anarchistischer und revolutionärer Tradition geprägte Geschichte, ähnlich wie die der *Butte aux Cailles*. Am besten kann man dieser Vergangenheit im *La Bellevilloise* in der Rue Boyer 19 bis 21 nachspüren, ein Lokal aus dem Jahr 1877, das ursprünglich als erste Genossenschaft für Arbeiter gegründet wurde, um finanziell weniger gut gestellten Personen eine politische Erziehung und Zugang zur Kultur zu ermöglichen. Später wurde daraus ein Forum des Widerstandes und ein lebendiger Ort des Austausches und der Begegnung, wo als Erstes überhaupt ein gerechter und ökologischer Handel praktiziert wurde.

Nach mehreren Umbauarbeiten erstrahlt es heute in neuem Glanz als eine Kulturstätte mit dem Bestreben, die Fahne seiner legendären Geschichte hochzuhalten. Die Musikrichtung hat sich verändert, ebenso wie das kulturelle und gastronomische Angebot, doch die von einem Stammpublikum zahlreich besuchten Veranstaltungen und Themenabende halten den Geist der Tradition aufrecht. Im *Bellevilloise* kann man essen, trinken, diskutieren, tanzen oder zu Debatten und Konzerten vorbeischauen. Alles, was an Musikern und DJs gerade angesagt ist, tritt hier auf, doch sollte man unbedingt auch einmal vorbeischauen, ohne vorher ins Programm zu sehen. Vielleicht kommt man ja so ganz nebenbei in den Genuss der *Afro Connections* oder der *Hukulele Stars*, oder man landet, wie es mir passiert ist, zufällig in einem Event der *Paris Cumbia Sound Systems*. Auch wenn ich bei den kolumbianischen Tanzschritten ziemlich ins Stolpern geraten bin, war es ein absolut gelungener Abend. Und sogar meine Freundin Maura, die sich blind von mir hat mitschleppen lassen, hat das Abenteuer nicht bereut.

EINE WAND FÜR ALLE

Erlaubt der enge Zeitplan lediglich den Besuch einer einzigen Wand, dann muss man unbedingt in die Rue Saint-Maur Ecke Rue Oberkampf. Hier kann man die Fassade eines Gebäudes bewundern, die jeden Monat mit einem neuen Werk der Street-Art ihr Äußeres verändert. Eine wegen ihrer strategischen Lage für Werbezwecke besonders begehrte Fassade, die aber aus demselben Grund auch für die Sprayer des Viertels seit jeher eine ideale Fläche darstellte. So wurden die Werbeplakate regelmäßig mit Graffitis übermalt. In dieser Kontroverse, bei der keine der Parteien verschont blieb, hat letztendlich der gesunde Menschenverstand der Pariser Stadtverwaltung gesiegt. Sie hat schließlich in Absprache mit dem Verein M.U.R. (Modulable, Urbain, Réactif) die Fläche zur kreativen Nutzung verpachtet. Doch die kreative Nutzung ist durch eine vorgegebene Dauer von zwei Wochen pro Werk streng reglementiert. Nach Ablauf dieser Frist wird die Arbeit vom nächsten Künstler übermalt. Ein vergängliches Defilee an urbaner Kunst also, die den Passanten das Schauspiel eines wandelbaren Museums bietet.

PASSE-MURAILLE

Doch der größte Wunschtraum besteht nicht etwa im Bestaunen einer Wand – und mag sie noch so kunstvoll mit Graffitis verziert sein –, sondern vielmehr darin, mit dem eigenen Körper magisch durch sie hindurchzugehen, ohne dafür eine Tür geöffnet oder ein Hindernis durchbrochen zu haben. Während ich noch die letzten Korrekturen an diesem Buch vornehme, beschließt Frankreich, gemeinsam mit seinem Erzrivalen England eine neue Mauer zu errichten. Sie soll drei Millionen Euro kosten und dazu dienen, die Massen der Flüchtlinge aufzuhalten, die in provisorischen Lagern, wie etwa dem berühmt berüchtigten »Dschungel« bei Calais, zusammengepfercht leben. Der große Traum von der Integration, der europäische Schriftsteller und Denker beflügelte, scheint ein für alle Mal ausgeträumt zu sein. Kaum vorstellbar, dass Paul Valéry noch mit Überzeugung behauptete: »Eine große Stadt braucht den Rest der Welt.« Heute könnten wir den Satz zynisch fortführen: »… um ihn auszubeuten und verarmen zu lassen.« Aber wie immer in schwierigen Momenten halte ich mich an der Literatur fest, die mir seit jeher Rettungsanker und unablässige Stütze war. Im konkreten Fall könnte uns die Lektüre einer Novelle mit dem anschaulichen Titel *Le Passe-muraille* (»Der Mann, der durch die Wand gehen konnte«) ein wenig Trost spenden. Ihr Autor, Marcel Aymé, war ein unkonventioneller Geist und in seiner ironischen Art allergisch gegenüber jeder Einordnung in eine politische Schublade, weshalb er oft sowohl von links als auch von rechts kritisiert wurde.

Doch der größte Wunschtraum besteht nicht
etwa im Bestaunen einer Wand – und mag
sie noch so kunstvoll mit Graffitis verziert
sein –, sondern vielmehr darin,
mit dem eigenen Körper magisch durch sie
hindurchzugehen.

Die Hauptfigur der Geschichte ist ein kleiner, rechtschaffener Angestellter eines grauen Pariser Ministeriums, der täglich von seinem Vorgesetzten schikaniert wird. Eines Abends entdeckt er durch Zufall, dass er über eine außergewöhnliche Fähigkeit verfügt: Wie durch ein Wunder gelingt es ihm, durch Wände zu gehen. Von nun an beginnt er, diese Fähigkeit in der ganzen Stadt auszuprobieren, zunächst um sich für all die erlittenen Schikanen zu rächen, später dann um sich Zutritt zum Haus seiner Angebeteten zu verschaffen. Wie die Geschichte weitergeht, kann jeder selbst nachlesen. Doch wer zufällig in der Nähe von *Montmartre* ist, sollte unbedingt bei der Skulptur des Bildhauers und Schauspielers Jean Marais vorbeischauen, die dieser entzückenden Erzählung gewidmet ist. Nicht unweit des Hauses des Schriftstellers an der Place Marcel Aymé kann man die Figur eines Mannes sehen, der bei dem Versuch, durch eine Mauer zu gehen, zwischen den Ziegelsteinen stecken geblieben ist. Nur der Oberkörper, die Hände und ein Bein haben es geschafft. Die Versuchung, es den Kindern aus dem Viertel gleichzutun und ihm dabei zu helfen, sich aus dieser unbequemen Lage zu befreien, ist groß. Die Skulptur stammt aus dem Jahr 1989, demselben Jahr, in dem die Berliner Mauer fiel; damals ahnte noch niemand, wie viele neue, verhasste Mauern noch errichtet werden würden – Mauern, in denen wir inzwischen alle endgültig gefangen sind.

NINOTCHKA

N WIE NINOTCHKA

NINOTCHKA: »Es ist Punkt zwölf.«
LÉON: »Es ist Mitternacht. Schauen Sie auf die
Uhr, sogar die Zeiger küssen sich. Ist das nicht
außergewöhnlich?«
NINOTCHKA: »So funktionieren eben nun mal Uhren.
Ich kann darin nichts Außergewöhnliches sehen.«
LÉON: »Ninotchka, es ist Mitternacht. Halb Paris
schläft gerade mit der anderen Hälfte.«

Ninotchka

Ninotchka wurde mit einem ebenso einfachen wie wirkungsvollen Slogan beworben: »Garbo lacht!« Tatsächlich zeigte dieser Film unter der Regie von Ernst Lubitsch »die Göttliche« Greta in ihrer einzigen brillant komischen Rolle als analytische und linientreue sowjetische Kommissarin. Genossin Nina Ivanovna Yakushova, genannt Ninotchka, wird vom sowjetischen Politbüro nach Paris geschickt, um die drei zum Verkauf der konfiszierten Juwelen der Großherzogin Swana entsandten Regierungsbeauftragten zur Ordnung zu rufen. Wie sich herausstellt, sind die drei Unglücksraben in ihren Verkaufsverhandlungen nicht nur wenig erfolgreich, sondern gewinnen zunehmend auch noch Gefallen an den Vergnügungen und Frivolitäten des Pariser Lebensstils. Was die drei nicht wissen: Das alles ist nur eine brillante Inszenierung der gewitzten Adeligen und ihres Geliebten Léon, um ihnen die Juwelen streitig zu machen. Ein leichter Stoff, der von der witzigen Darstellung einer Greta Garbo als ganzer Kerl lebt, die, zunächst emotionslos in ihrer steifen Dienstkleidung, nach und nach der Liebe von Léon und der »Dekadenz« westlicher Lebensart verfällt und sich der verbotenen *Joie de vivre* hingibt, als deren unangefochtene Heimat Paris gilt.

Ernst Lubitsch macht sich mit hintergründigem Witz über die Diktatur Stalins lustig, so wie er es in seiner ebenso brillanten Komödie *Sein oder Nichtsein* mit der Diktatur Hitlers tut. Wir befinden uns im Jahr 1939, und die Spannungen zwischen den Ideologien des Kapitalismus, des Kommunismus und des Nationalsozialismus haben ihren Höhepunkt erreicht. Nur wenige Jahre zuvor hatten sich bei der Weltfachausstellung »Arts et Techniques dans la Vie moderne« in Paris 1937 die monumentalen Pavillons von Russland und Deutschland mit gezückten Symbolen frostig gegenübergestanden, welche schon bald das Schicksal der Welt für die kommenden Jahre bestimmen sollten: ein sich gegen den Himmel abzeichnender Reichsadler mit Hakenkreuz im Eichenkranz, der die bronzene Plastik sowjetischer Arbeiter mit Hammer und Sichel feindselig anblickt. Doch in jenem Jahr strömten die Besucher vor allem in den spanischen Pavillon, in dem Pablo Picassos Meisterwerk *Guernica* ausgestellt wurde, ein anklagender Aufschrei gegen die Unterdrückung jeglicher Regime; ein Bild, das durch seine Kraft die marmornen Monumente der Ideologien ins Wanken brachte und dessen Anblick uns noch heute bewegt.

In diesem politisch aufgeheizten Klima fiel eine Komödie wie *Ninotchka* besonders auf und wurde natürlich von den Amerikanern zu Propagandazwecken instrumentalisiert und von der Sowjetunion streng zensiert. Doch wie Ennio Flaiano clever bemerkt: »… ich muss zugeben, dass ich nach der Premiere in Rom selbst etwas verblüfft war über die Reaktion der Kritiker, von denen einige ihre Filmbesprechungen nicht mit Namen unterzeichneten oder andere keine eindeutige Stellung bezogen, um niemanden zu verärgern.«

Guernica, ein Bild, das durch seine Kraft die marmornen Monumente der Ideologien ins Wanken brachte.

Eine symptomatische Kurzsichtigkeit, an der noch heute viele »ideologische« Urteile über Kunst kranken. Der Film bleibt dank der unfehlbaren Handschrift von Ernst Lubitsch und des großartigen Pariser Settings auch achtzig Jahre nach seinem Erscheinen eine erstklassige Komödie. Es gibt viele legendäre Szenen, wie etwa die Sequenz, in der Greta Garbo (zum ersten Mal in ihrer Filmkarriere) laut herauslacht, als Léon während eines Flirtversuchs mit seinem Stuhl kippelt und zu Boden stürzt; oder die Szene, in der sie aus einem verbotenen Kelch ihren ersten Schluck Champagner probiert, der ihr sofort zu Kopf steigt.

Doch für mich persönlich ist der eigentliche Star des Films ein Hut. Ein extravagantes, kegelförmiges Modell, das Ninotchka, kaum am Pariser Bahnhof angekommen, in einer Schaufensterauslage entdeckt und mit zynischer Verachtung kommentiert: »Eine Gesellschaft, die ihren Frauen erlaubt, solche Dinger aufzusetzen, wird nicht lange überleben, Kameraden.« Als der Zuschauer einige Szenen später die strenge Funktionärin mit besagter Kopfbedeckung sieht, empfindet er mehr Genugtuung darüber als über den langen Kuss mit dem inzwischen weichgekochten Léon. Ich für meinen Teil habe mir immer genau so einen Hut gewünscht, wie ihn die Garbo sich im Film ergattert hat. Aber ich muss gestehen, dass er nicht unbedingt schmeichelt, also nicht jedem steht. Allerdings hilft es ungemein, dass man sich damit zumindest ein wenig wie »die Göttliche« fühlt... Doch in den 1930er Jahren galt ein solcher Hut alles andere als extravagant. Im Gegenteil: Die berühmtesten französischen Modehäuser lieferten sich einen Wettbewerb, um sich bei der Originalität der Hutmode zu übertrumpfen. Zwar war es kein blutiger Krieg wie der, den die Supermächte austrugen, aber dennoch nahm man keine Rücksicht auf Verluste und Modelle. Die zwei Feldwebel der Haute Couture, die sich damals die Vormachtstellung auf den Straßen von Paris streitig machten, waren die Veteranin Coco Chanel und die italienische Newcomerin Elsa Schiaparelli, genannt Schiap. Aus ihren Ateliers im Herzen von Paris lieferten sie sich lange Zeit einen Konkurrenzkampf, indem sie zu jeder neuen Saison begehrte Objekte kreierten, die in die Modegeschichte eingegangen sind. Coco, die ihre Karriere passenderweise mit einem Hutatelier begonnen hatte, befreite die Frauen endgültig von Mieder und Korsett und schenkte ihnen bequeme, locker umspielende Kleider, geeignet für ein neues, modernes Leben. Schiap machte sich in der Modebranche mit kühnen Farben und revolutionären künstlerischen Einfällen einen Namen, so zum Beispiel mit ihrem berühmten Hut in Form eines Schuhs, den sie zusammen mit ihrem Freund Salvador Dalí entwarf: ein weit ausgeschnittener Pumps aus schwarzem Filz und mit feuerrotem Absatz, den Gala, die Muse und Gefährtin des Künstlers, mit Lässigkeit zur Schau trug und damit in Modemagazinen für Furore sorgte.

»Schuhe spielten schon immer eine große Rolle in meinem Leben, und ich habe sie für viele surrealistische Objekte, in vielen Gemälden verwendet, sie bisweilen zu einer Art Gottheit verklärt«, erklärte Salvador Dalí arglos. Sein Psychoanalytiker, wenn er jemals einen aufgesucht hat, hätte bestimmt einiges dazu sagen können... Ein Vintage-Stück des Schuh-Hutes wird noch heute in regelmäßigen Abständen wie eine Reliquie im *Musée de la Mode* im *Palais Galliera* ausgestellt; wer gerade zum passenden Moment in Paris ist – nichts wie hin! Doch Coco gab nicht klein bei und antwortete auf diesen Tiefschlag mit einer neuen Serie der *Petite robe noire, dem kleinen Schwarzen*, ein Klassiker, der in keinem Schrank einer Frau fehlen darf. Das schwarze Chanel-Kleid zählt zu ihren größten Erfolgen, ein so schlichtes und unkompliziertes Kleid, dass es in den USA gleich als der Ford der Modebranche bezeichnet wurde. Die französische Designerin erteilte der Farbe der Trauer eine Abfuhr und machte sie zum dauerhaften Inbegriff der Eleganz. Doch Schiap lässt sich nicht einschüchtern und entwirft eine neue Kollektion in dem von ihr erfundenen *Shocking Pink*, einem knallenden rosa Farbton, der ihr zu Ehren bis heute diesen Namen trägt. Coco kommentierte diesen Einfall spitzzüngig als »ein Rosa, das Zahnschmerzen verursacht«.

Die zwei Diven machen sich gegenseitig die Künstler streitig und frequentieren pausenlos die internationale Jetset-Szene, um Kunden von Rang und Namen an sich zu reißen. Den größten Coup landet Schiap mit ihrem Hummerkleid, einer Kreation, die abermals in Zusammenarbeit mit Salvador Dalí entstand: ein blütenweißes Abendkleid, von ihm mit der Applikation eines riesigen Hummers verziert.

Die Modeschöpferin platzierte das Krustentier genau in die Mitte des Kleides, an die »heikelste« Stelle des weiblichen Körpers. Wallis Simpson, gerade erst in die Schlagzeilen geraten, weil der britische Monarch aus Liebe zu ihr auf die Krone verzichtet hatte, war die erste Kundin für dieses Kleid. Wallis wagte sogar, das Kleid während der heiß diskutierten Flitterwochen mit dem einstigen König zu tragen, und sorgte damit für Empörung bei den Spießern. Hoffentlich konnte sie damit zumindest ihren Sex-

Appeal etwas aufbessern (der nach historischen Aufnahmen zu urteilen nicht wirklich ausgeprägt war).

Das Duell der beiden Moderivalinnen ging unverändert weiter. Mit der Zeit gewann schließlich die kleine Coco die Oberhand, die mit dem weltbekannten Parfüm Chanel N° 5 die endgültige Vernichtungswaffe erfunden hatte, um jeglichen Konkurrenten auf diesem Gebiet auszuschalten.

Elsa Schiaparellis künstlerische und exzentrische Natur unterwarf sich nicht dem neuen ästhetischen Modediktat, und so kam es, dass die Designerin zu Beginn der 1950er Jahre ihr Atelier schließen musste. Die Zeiten für Hummer waren vorbei, die Welt musste sich dem Kalten Krieg und vielen anderen Problemen stellen; eine Epoche war für immer zu Ende gegangen. Heute, nach fast sechzig Jahren des Dornröschenschlafs, hat das Couture-Haus Schiaparelli wie durch ein Wunder erneut seinen ursprünglichen Firmensitz an der Place Vendôme 21 bezogen. Zu verdanken ist dies einem weiteren Italiener mit Leidenschaft, dem Geschäftsmann Diego della Valle, der das historische Erbe aller Unternehmen der genialen Schiap wieder zum Leben erweckte und mit einer neuen Kollektion unter dem vielversprechenden französischen Designer Bertrand Guyon ein Relaunch des Modelabels wagt. Wir werden sehen, ob er mit den revolutionären Ideen der legendären Schiap, wie etwa den Handschuhen aus schwarzem Leder und feuerrot lackierten Nägeln oder der Brille mit riesigen angehefteten Brauen, mithalten kann. Die Modewelt darf gespannt sein. Wer auf den Spuren der beiden Mode-Ikonen wandeln möchte: Die Ateliers gibt es noch immer, und sie sprechen für sich. Ich hoffe nicht, dass ich gleich der Häresie bezichtigt werde, wenn ich von religiöser Hingabe spreche. Aber ich habe mit eigenen Augen schlangenweise junge Japanerinnen gesehen, wie sie in der Rue Cambon überwältigt eine Chanel-Tasche anbeteten, als handele es sich um das Grabtuch Christi. Wer hingegen eher auf historische Stücke und Vintage-Unikate der Haute Couture steht, für den gibt es nur eine einzige Adresse: Didier Ludot, in der Galerie de Montpensier 24. Der Pariser Designer ist einer der größten Sammler von Vintage-Teilen, und sein Laden unter den Arkaden des *Palais Royal* ist ein wahrer Tempel, wo die Stücke wie in einem Museum ausgestellt sind und auch entsprechend hohe Preise haben. Man kann aber auch nur auf einen Plausch vorbeischauen und vielleicht heimlich die rosa Straußenfedern des Modelabels Balenciaga aus dem Jahr 1965 streicheln, nach Meinung der Experten ein einzigartiger Jahrgang für besagtes Modeunternehmen.

> Ich habe mit eigenen Augen
> schlangenweise junge Japanerinnen gesehen,
> wie sie in der Rue Cambon überwältigt
> eine Chanel-Tasche anbeteten,
> als handele es sich um das Grabtuch Christi.

Didier Ludot hat aber auch seine eigene Linie moderner Kleider entworfen, die nicht umsonst »Petite Robe Noire« heißt: Es handelt sich dabei um ausschließlich schwarze Kleider, die in Stil und Konfektion auf die beste Modetradition zurückgreifen. Jedes Modell trägt einen klingenden Namen, und für mich, die auf ein schwarzes Outfit schwört, ist das die reinste Versuchung. Ich gestehe, dass ich ein »Psycho« und ein »Tiffany«, über die ich mit Argusaugen wache, in meinem Schrank hängen habe, wo ich mich zwischen all den schwarzen Sachen ohne Licht gar nicht zurechtfinden würde ... Die Taschenlampen-App meines Smartphones ist da schon eine große Hilfe, aber umständlich ist es allemal.

Abseits dieser Luxustempel ist Paris aber auch ein Paradies für alle Vintage-Fans, das optimale Jagdrevier, um seinen ganz persönlichen Hut à la Ninotchka oder Salvador Dalí aufzuspüren. Entgegen der Empfehlung von Mademoiselle Chanel: »Einzigartig sein heißt anders sein« würde ich mich in altbewährter Manier von der Kinoleinwand inspirieren lassen. Das eher heikle Modell der Greta Garbo mal ausgeklammert wenden wir uns nun dem etwas praktischeren Casablanca-Hut zu, genauer gesagt dem Fedora, mit dem auch jeder Normalsterbliche herumkokettieren kann. Damit wir uns richtig verstehen: Die Rede ist von jenem Modell aus Filz, das Ingrid Bergmann alias Ilsa in der dramatischen Abschiedsszene von ihrem Bogie alias Rick aufhat. Auch er trägt vorschriftsmäßig Filzhut, mit passendem geheimnisvollem Herrenmantel. Wer weiß, ob der Dialog zwischen dem Liebespaar ohne diesen Trenchcoat und den beiden Borsalino-Hüten genauso ergreifend rübergekommen wäre.

ILSA: Und was wird aus uns?
RICK: Uns bleibt immer Paris.

Ein Satz, der unsere Idee von Romantik derart geprägt hat, dass ich nicht widerstehen konnte, ihn als Titel für dieses Buch zu stehlen. Auch uns bleibt zum Glück immer Paris, nicht zuletzt, um individuelle Accessoires aufzutreiben, mit denen wir unserem Einheitslook weltweiter Modeketten den passenden Touch an Eleganz und Charme verpassen können. »Ein bewährtes Secondhandstück ist allemal besser als ein Neues vom Fließband«, wie eine hippe Modebloggerin schreibt, deren Name mir gerade nicht einfallen will, die aber ganz sicher recht hat. Ohne die Flohmärkte und Secondhandshops, von denen es in jedem Arrondissement mehr als genug gibt, schlechtreden zu wollen, finde ich persönlich *Thanx God I'm a V.I.P.* in der Rue de Lancry 12 den bei weitem witzigsten Vintage-Laden mit dem besten Sortiment von ganz Paris. Schon am Namen ist die Ironie und die spezielle Ästhetik der Ladenbesitzerin abzulesen, die eine überwältigende Kollektion an Kleidern, Hüten, Handschuhen und Schuhen vorzuweisen hat und dazu eine entsprechende Abteilung für Herren sowie eine Bar, in der man während des schwierigen Entscheidungsprozesses zu sich finden kann. Hier gibt es bekannte Stücke, die zur Freude des Kunden streng getrennt nach Farbton in einem verführerisch bunten Reigen angeordnet sind. Für alle, die auf diese Art von Läden stehen, sei die Warnung ausgesprochen, dass man einen kompletten Nachmittag einplanen sollte, um diese Topadresse, von der ich eigentlich niemandem erzählen wollte, entsprechend zu erforschen.

Nur ein paar Schritte weiter, in der Rue de Turenne, befindet sich ein weiteres bewährtes Geschäft: *Violette & Léonie*. Ein zauberhafter Ort, wo man sich mit etwas Glück und bei passender Schuhgröße tolle, so gut wie neue, topmodische Schuhe direkt vom Laufsteg ergattern kann.

Wer statt auf Qualität auf Quantität setzt: Die Stadt ist voll von Vintage-Läden, in denen man nach Kilopreis zahlt – und das ist kein Werbegag. Im *Kilo Shop* in der Rue de la Verrerie 69-71 oder auf dem Boulevard Saint-Germain 25 braucht man einfach nur zuzugreifen – Taschen, Hüte, Schuhe oder Kleidungsstücke – und anschließend alles an der Kasse mithilfe des Etiketts abwiegen zu lassen (die Preise variieren zwischen 10 bis 30 Euro pro Kilo). Schon ist der Einkauf erledigt.

Ich könnte endlos so fortfahren, denn was Mode betrifft, ist Paris eine echte Fundgrube. Aber ich möchte niemandem den Spaß nehmen, seinen persönlichen Favoriten selbst zu entdecken und vielleicht als Tipp auf den leeren Seiten am Ende des Buches hinzuzufügen. Abraten möchte ich aber dennoch vom Kauf des berühmten *Pillbox-Hutes* in Form einer riesigen Bonbonschachtel, der auf den Köpfen der unglückseligen Käuferinnen wie eine Art Pilzkappe thront. In Jacqueline Kennedys Garderobe gehörte er zu den Basics, doch außer Jackie kann ihn niemand ungestraft tragen, ohne sofort wie die Stewardess einer Billigfluglinie auszusehen. Wer sich dennoch nicht davon abbringen lassen möchte – in Paris findet man garantiert auch ein solches Modell. Denn wie sagte schon Victor Hugo: »Paris ist ein Ganzes […]. Sucht etwas, was Paris nicht hat.« Und in der Tat ist Paris voll von Geschäften mit den diversesten Hüten. Auch hier verrate ich gern meinen absoluten Favoriten: *Mademoiselle Chapeaux* in der Rue des Tournelles 15. Unter einem Dutzend Modellen mit feinen Federn, Schleier oder romantischem Blumenschmuck sticht auch ein Pillbox-Hut-Modell »Carlà« hervor: Die ehemalige First Lady Frankreichs erprobte ihn selbstsicher während des offiziellen Besuchs der Königin von England. Aus sicherer Quelle des Élysée-Palastes wurde später bekannt, dass Madame Sarkozy, nachdem sie die Fotos des Treffens gesehen hatte, den Hut ohne Bedauern in der Mülltonne entsorgte.

CHAMPAGNER UND HÜTE

>*In der Lichterstadt muss es jemanden geben,*
>*mit dem man Licht trinken kann.*«

Amélie Nothomb, *Die Kunst, Champagner zu trinken*

Was ich persönlich allerdings bedaure, ist, dass mir der Name des Hutgeschäftes entfallen ist, den mir die aus Belgien stammende und in Paris lebende Autorin Amélie Nothomb genannt hat. Jemanden wie sie, die so ungezwungen und mit Eleganz die unmöglichsten Hüte trägt, habe ich selten erlebt. Sie muss inzwischen eine beneidenswerte Kollektion besitzen, denn mit jedem neuen Buch präsentiert sie auch einen neuen Hut, und bis dato hat sie schon vierzig Erzählungen, Romane und Theaterstücke verfasst. Ich hatte das Vergnügen, schon einige Interviews mit ihr zu führen, und jedes Mal ist es ihr gelungen, mich mit einem Modell zu überraschen, das das vorhergehende an Extravaganz übertraf. Das Schöne an Amélie Nothomb ist, abgesehen von ihren Büchern, die Ehrlichkeit, mit der sie zu ihren Schwächen steht. »Als ich jung war, hatte ich ziemlich mit meinem Aussehen zu kämpfen. Mit dreißig habe ich ein Hutgeschäft betreten, nach dem erstbesten Modell gegriffen und es aufgesetzt. Ich blickte mich im Spiegel an, und zum ersten Mal in meinem Leben hatte ich das Gefühl, ich selbst zu sein.«

Allein diese Aussage müsste schon genügen, um in den nächsten Laden zu stürzen und die erstbeste Mütze zu kaufen. Doch es gibt auch noch andere Gründe, warum man bei dieser besonderen Frau das Gefühl hat, auf einer Wellenlänge zu liegen, einer Frau, die trotz ihres außergewöhnlichen Modestils von einer Selbstdisziplin ist, die an die schriftstellerische Hingabe eines Honoré de Balzac erinnert. Amélie steht jeden Tag um vier Uhr früh auf und arbeitet ohne Pause bis um acht. Zum Schreiben benutzt sie keinen Computer, sondern »einen schlechten Kugelschreiber und schlechtes Papier«. Den Rest des Tages verbringt sie damit, Fahnen zu korrigieren oder sich mit ihren Lesern auszutauschen. Gegen Abend widmet sie sich schließlich einem weiteren Hobby, das sie mir noch sympathischer macht, nämlich dem Genuss von Champagner. Die genauen Details dieser für Paris sehr typischen Leidenschaft hat sie den Lesern in ihrem Roman

Die Kunst, Champagner zu trinken aus dem Jahr 2016 geschildert. Es ist die Geschichte einer prickelnden Freundschaft, in der die Autorin gesteht, wie wichtig es im Leben ist, den idealen Trinkkumpan zu finden, mit dem man seine Schwäche für Champagner teilen kann. Da kann ich mich ihr nur anschließen. Zum ausgiebigen Zelebrieren dieses weltlichen Rituals sollte man sich unbedingt von zimperlichen Menschen fernhalten und solchen, die unter Alkoholeinwirkung in Depressionen verfallen. Ebenso wie von Labertaschen oder Maulfaulen etc.

»Ich trinke, um abzufeiern,
um mich zu besaufen, um meine Fresse
nicht länger zu sehen.«

Wir sprechen hier nicht von einem regelmäßigen, sinnlosen Besäufnis, sondern von gelegentlichen, zelebrierten Momenten, bei denen man sich dem Genuss einer guten Flasche hingibt. »Trinken hat für mich etwas mit Vergnügen zu tun. Ich würde mich nicht als Alkoholikerin bezeichnen, denn ich trinke nicht jeden Tag und niemals allein. Ich trinke viel, doch überlasse es nie dem Zufall.«

Eine gemäßigtere Philosophie als das berühmte *Je bois* von Boris Vian, ein Song, der sich als zeitloser Soundtrack für jedwede unschuldige Zecherei hernehmen lässt: »Ich trinke, um abzufeiern, um mich zu besaufen, um meine Fresse nicht länger zu sehen.«

Für die Autorin ist Paris der ideale Ort für diesen Sport, weil es hier in jeder Bar, mag sie noch so unbekannt und durchschnittlich sein, immer ein gutes Glas Champagner gibt. Ein weiterer Tipp von Amélie Nothomb: eine der vielen Vernissagen, die täglich an den unterschiedlichsten Orten stattfinden, oder eine der gastronomischen Verkostungen, wo niemandem ein Glas und ein Schnittchen verwehrt wird.

Noch besser ist es, wie immer, für sich selbst den eigenen, ganz persönlichen Lieblingsort ausfindig zu machen. Bei der Autorin und ihrer Freundin Pétronille fällt hier die Wahl auf das *Café Beaubourg*, gleich gegenüber des *Centre Pompidou*, wo man auf das Wohl der Kunst anstoßen und das Vorwärtsrücken der langen Warteschlange vor dem Museumseingang beobachten kann. Oft ist Amélie auch im *Gymnase* anzutreffen, weil es praktischerweise direkt bei ihrem Verlag liegt und für sie das typische Pariser Bistrot verkörpert, mit den hartgekochten Eiern auf der Theke, die angeblich den Alkohol etwas abmildern, und mit seinen Gästen, die in Schnapsgesprächen tröstenden Zuspruch finden.

Ich zum Beispiel habe in der kleinen Bar *La Belle Hortense* in der Rue Vieille du Temple, wo man zum Genuss des Champagners auch ein passendes Buch findet, Momente innerer Ruhe verlebt. Das Lokal ist Bistrot und Buchhandlung in einem, eine ideale Kombination für Pariser Flaneure, die einen ruhigen Nachmittag verleben möchten. Die Existenzialisten unter den Parisbesuchern kommen um einen Champagner in einem der beiden Intellektuellentreffs der Stadt nicht herum. Die ganze Welt kennt sie, und wenigstens ein Mal muss man auf diesen berühmten Terrassen gesessen haben. Vornehm am Boulevard Saint-Germain platziert konnte man im Lauf der langen und ehrwürdigen Geschichte des *Café de Flore* und des *Les Deux Magots* nahezu jedem begegnen, der in der Pariser Intellektuellenszene Rang und Namen hatte. Doch in erster Linie waren es beliebte Rückzugsorte für Simone de Beauvoir und Jean-Paul Sartre, die beide Cafés zu ihrem zweiten Wohnsitz und ständigem Büro erklärt hatten. An ihrem Besprechungstisch trafen sie Freunde und Kollegen, und zwischen dem einen und anderen Plausch schrieben sie Meisterwerke und gründeten literarische Bewegungen.

Noch heute, wo das Stammpublikum vorwiegend aus Müßiggängern, Touristen und Selfie-Experten besteht, genügt schon ein einziges Getränk in diesen Kulturtempeln, um sich um einiges intelligenter zu fühlen. Wozu sich da noch für einen Master an der Sorbonne einschreiben (was in finanzieller Hinsicht allerdings ungefähr auf dasselbe hinausliefe)?

Champagner ist kein simples Getränk. Amélie Nothomb erklärt uns, dass die darin enthaltene Perlage einen speziellen Rausch verursacht: »[Er] macht liebenswürdig und selbstlos, verleiht Leichtigkeit und Tiefe«. Die Liebe zum Champagner hat in Frankreich eine lange Tradition; man muss sich nur mal vorstellen, dass die Brüder Lumière bereits während der Weltausstellung im Jahr 1900 beauftragt wurden, den ersten Werbespot der Geschichte für die Champagnermarke Mercier zu drehen, ein Unternehmen, das bis heute unter den vielen traditionsreichen Produzenten für Schaumwein vertreten ist.

Für konkrete Empfehlungen und Hinweise, welche Champagnermarke man bestellen sollte, nimmt man sich am besten noch einmal Nothombs Roman *Die Kunst, Champagner zu trinken* vor, selbst wenn Amélie in dieser Hinsicht absolut kategorisch ist: »Mein persönlicher Favorit ist ein 2003er Dom Pérignon. Ich erkenne mich darin wieder.« Zufälligerweise war das auch die Lieblingsmarke von James Bond, der allerdings den Jahrgang 1952 vorzog, wie man in *Der Spion, der mich liebte* nachlesen kann: »Wer 1952er Dom Pérignon trinkt, kann kein böser Mensch sein.« In anderen Erzählungen schwört die Autorin auf Bollinger, doch die Auswahl ist groß, und zum Glück entscheidet nicht immer der Preis über die Qualität.

Um kein Risiko einzugehen, sollte man sich besser an einen

fachkundigen Barmann wenden, einen vom alten Schlag, der den Geschmack jedes einzelnen Gastes kennt und ihm seine geheimen Wünsche und finanziellen Vorstellungen von den Augen abzulesen versteht. Ich hatte das Glück, in einem kleinen Lokal in Montparnasse, in der Rue Delambre 11, einen echten Patron auf diesem Gebiet kennenzulernen. Das *Rosebud*, das schon mit seinem Namen angenehme Erinnerungen an bestimmte Filmszenen wachruft, lädt mit seinem Ambiente zu ruhigen Gesprächen bei Jazzmusik ein, die von einem alten Plattenspieler mit entsprechender respektabler Plattensammlung kommt. Der Barmann ist ein routinierter Gastgeber und mixt mir, entsprechend meinem bescheidenen Äußeren, den besten Champagnercocktail von ganz Paris; ich weiß nicht, ob Amélie Nothomb mit mir einer Meinung wäre, bei Marguerite Duras bin ich mir da allerdings ganz sicher, hängt doch ein Schwarz-Weiß-Foto von ihr dezent hinter der Bar. Der Barmann verrät mir dann auch, dass die Schriftstellerin eine gute Freundin der Besitzer und häufiger Gast war. Vielleicht schmeckt der Champagner im *Rosebud* ja auch deswegen so besonders?

>>Wer 1952er Dom Pérignon trinkt,
kann kein böser Mensch sein.<<

Es gibt einen einfachen Grund, warum mir der Name von Amélie Nothombs Lieblingshutgeschäft entfallen ist: Anlässlich des Interviews zum Erscheinen ihres Buches *Die Kunst, Champagner zu trinken* wollte ich Amélie eine Freude bereiten und habe eine Flasche Champagner besorgt (selbstverständlich auf meine Kosten und nicht auf Kosten des Fernsehsenders, wie ich vorsichtshalber gleich klarstellen möchte). Allerdings erkannte ich dann am Ende des angenehmen Gesprächs nicht einmal mehr die Redakteure meiner eigenen Sendung. Für gewisse Vergnügungen muss man von besonderem Schlag sein, das gebe ich zu. Doch falls Amélie zufällig diese Zeilen liest: Könnten Sie mir netterweise meine Gedächtnislücke füllen? Eventuell für die zweite Auflage ...

OTÉRO UND DIE
GRANDES
HORIZONTALES

O WIE OTÉRO UND DIE GRANDES HORIZONTALES

*»Man tadelt die Männer, die für Schauspielerinnen
oder Mätressen ihr Vermögen durchbringen; mich
hingegen erstaunt, dass für sie nicht zwanzigmal mehr
Torheiten begangen werden.«*

Alexandre Dumas d. J., *Die Kameliendame*

»Reich wird man im Schlaf, aber nicht von allein.«

La Belle Otéro

Simone de Beauvoir behauptete: »Eine freie Frau ist das Gegenteil eines leichten Mädchens.« Ich würde sogar so weit gehen und sagen, dass einige Frauen sich für das »leichte Gewerbe« entschieden, gerade *weil* sie frei sein wollten, da zu einer Zeit, in der Frauen viele Türen versperrt blieben, dies der einzig mögliche Ausweg schien. Doch das taten sie auf so geschickte und intelligente Weise, dass sie damit in die Geschichte eingingen.

Man nannte sie Kurtisane, Kokotte, Hetäre, Schwalbe, Halbweltdame, doch nicht alle hatten das Format einer »Löwin« oder noch besser: einer *Grande Horizontale*. Dieser Euphemismus, der nichts verhehlte, galt in der Branche der Verführerinnen als allerhöchste Auszeichnung. Sie als simple Geliebte zu bezeichnen würde ihnen nicht gerecht werden, denn für ihren Unterhalt musste man ein Vermögen aufbringen – das sie in einem Wimpernschlag verschleuderten. Auf diese Weise brachten sie ganze Heerscharen an hochgestellten Edelmännern und gekrönten Häuptern an den Bettelstab.

Mit ihrem unabhängigen Leben abseits jeglicher Norm traten die *Grandes Horizontales* eine Welle des Irrsinns und des Bedürfnisses nach Freiheit los und trugen sogar, wie die Essayistin Catherine Guigon schreibt, »zur Emanzipation der Frau bei, zwar auf einer anderen Ebene, aber gleichbedeutend mit weiblichen Pionierinnen oder Suffragetten«. Rigorose Feministinnen werden bei dieser These die Nase rümpfen, doch liest man die Biographien über La Belle Otéro, über Valtesse de la Bigne oder La Païva kommt man nicht umhin, Catherine Guigon recht zu geben.

Es sind allesamt Frauen aus bescheidenen Verhältnissen, die oft eine Vergangenheit in Armut und geprägt von Missbrauch hinter sich haben. Fast immer wurden sie schon als Kind vergewaltigt oder von skrupellosen Eltern zur Prostitution gezwungen. Doch dann – von unglaublichem Ehrgeiz oder blutigen Rachegefühlen getrieben – setzten sie ihre Weiblichkeit gezielt für eine grandiose »Karriere« ein, die ihnen ein wohlhabendes Leben als freie und emanzipierte Frauen bescherte. Sie suchten sich ihre Geliebten selbst aus, und sobald sie ihrer überdrüssig waren, wurden sie ausgetauscht wie ein Paar alte Schuhe; zu einer Zeit, in der es Frauen nicht einmal erlaubt war, ohne Begleitung spazieren zu gehen, bewegten sich diese neuen Amazonen völlig frei und fuhren luxuriöse, mit ihren eigenen Initialen geschmückte Kutschen. Sie häuften Wohnungen, Schmuck und Kleidung an und prägten einen neuen Modestil, der Furore machte. Sie erlaubten sich Dinge, die bis dato eine Frau nicht einmal zu denken gewagt hatte, und wurden damit zum Klatschthema des Pariser Nachtlebens. Sie verweigerten sich einer Anstandsheirat oder setzten sich über Zwänge hinweg, zu denen man die sogenannten »braven Mädchen« nötigte, die ihren heimlichen Neid hinter giftigen Kommentaren verbargen. Wenn sie heirateten, dann nur um sich einen Adelstitel zu sichern und ihren Namen damit aufzubessern; im Übrigen gehörten sie zu den ersten Frauen, die das französische Gesetz der Gütertrennung geltend machten, damit ihre Ehemänner keine rechtliche Handhabe auf ihr Vermögen erhielten, das sie sich durch harte Arbeit in luxuriösen Schlafzimmern erwirtschaftet hatten. Widrigenfalls wollten sie lieber ihr Geld alleine verprassen, mit Spaß und ohne allzu schlechtes Gewissen, wie La Belle Otéro, die eine leidenschaftliche Spielerin war und 1901 in wenigen Wochen acht Millionen Franc im Casino von Nizza verspielte, zusammen mit ihrer legendären Sammlung an Perlen und Diamanten. Sie starb mit 96 Jahren völlig verarmt in einem anonymen Hotelzimmer, ohne ihre »Meisterleistung« jemals bereut zu haben. Gewiss, der Hotelverband der Côte d'Azur hätte sich ihr gegenüber durchaus etwas großzügiger zeigen können, angesichts der Tatsache, dass La Belle Otéro nicht nur das Nachtleben von Nizza aufgemischt, sondern auch den Architekten der größten Luxushotels an der Küste als Inspirationsquelle gedient hatte. Man erzählt sich, die Entwürfe zu den Kuppeln der Hotels – vom *Hôtel de Paris* in Monaco bis zum *Hôtel Carlton* in Cannes – seien allesamt der perfekten Form ihrer unvergesslichen Brüste nachempfunden.

Von der zweiten Hälfte des 19. Jahrhunderts bis zum Ersten Weltkrieg war Paris das ideale Jagdrevier für diese Abenteurerinnen: Die französische Hauptstadt galt als Epizentrum dessen, was Alexandre Dumas d. J. in einer seiner erfolgreichen Komödien als »Halbwelt« bezeichnete, eine Parallelwelt, in der jegliche Moral im Namen einer systematischen Zügellosigkeit aufgehoben wurde. Quasi eine Errungenschaft des neuen postrevolutionären

Bürgertums, das endlich diesem Leben aus Luxus und Vergnügen frönen konnte, das einst ausschließlich Königen und Aristokraten vorbehalten war. Eine goldene Existenz, die den Massen der »Elenden« versperrt blieb, wie in den Romanen von Victor Hugo und Émile Zola nachzulesen ist. Zwei Autoren, die allerdings privat die vornehme Welt und vor allem den Besuch der angesagtesten »Löwinnen« durchaus nicht verschmähten.

> Die Halbwelt, eine Parallelwelt,
> in der jegliche Moral im Namen einer
> systematischen Zügellosigkeit aufgehoben
> wurde.

Um sich in diese spritzige Atmosphäre einzufühlen, genügt die inzwischen legendäre Szene aus Giuseppe Verdis *La Traviata*, in der die Luxuskurtisane Violetta ihre programmatische Hymne anstimmt:

> *Immer ungebunden muss ich mich von*
> *einem Vergnügen zum nächsten treiben lassen,*
> *ich will, dass mein Leben die*
> *Pfade des Vergnügens durchläuft …*

Der italienische Komponist hatte das Bühnenstück des umgearbeiteten Romans *Die Kameliendame* von Alexandre Dumas d. J. im *Théâtre du Vaudeville* 1852 gesehen und auf der Stelle beschlossen, daraus eine Oper für *La Fenice* in Venedig zu machen. Auf die Autoren jener Zeit übte besonders die Thematik von Sünde und Strafe nach dem Verständnis der katholischen Moralvorstellung einen besonderen Reiz aus. Doch die eigentliche Geschichte der Violetta alias Marguerite verlief etwas anders als im altbekannten Drama. Alexandre Dumas unterhielt tatsächlich eine Beziehung zu einer der damals bekanntesten Vertreterinnen des »horizontalen Gewerbes«, nämlich zu Marie Duplessis, die im jungen Alter von 23 Jahren an Tuberkulose starb. Zumindest in diesem Punkt stimmen Realität und Fiktion überein. Nicht zufällig wählte der Autor für seinen Protagonisten Armand Duval einen Namen mit denselben Initialen wie seinen eigenen, die Marie Duplessis, wenn sie unter sich waren, zu einem liebevollen *Adet* abwandelte. Das war's dann aber auch schon mit den Gemeinsamkeiten. Im echten Leben hätte die faszinierende Marie, im Gegensatz zu Violetta und Marguerite, niemals auch nur eine einzige Stunde ihrer Freiheit Alfredo zuliebe und schon gleich gar nicht für Armand geopfert. Wie ihr Freund und Biograph Romain Vienne überliefert, äußerte sich Marie Duplessis häufig ganz offen darüber, dass sie »die Absicht habe, unter allen Umständen frei zu bleiben, bei dem, was ich tue, und Herrin meiner Fantasien: Ich erhalte nicht die Befehle, ich erteile sie.«

Mit dem Komponisten Franz Liszt, zu dem sie eine turbulente Beziehung unterhielt, war sie in dieser Hinsicht womöglich etwas umgänglicher. Doch was den Rest angeht, ging sie unbeirrt ihres Weges, der aufgrund ihrer Krankheit viel zu früh ein jähes Ende finden sollte. Einige Tage nach ihrem Tod hielt sich Charles Dickens in Paris auf und schrieb an seinen Freund, den Comte d'Orsay, folgende Zeilen: »Paris ist bis ins Mark korrupt. Seit einigen Tagen sucht man vergeblich in den Zeitungen nach Meldungen über Politik, Kultur oder Wirtschaft. Alles verblasst angesichts eines weitaus wichtigeren Ereignisses: dem romanhaften Tod einer Ehrwürdigen der Halbwelt, der legendären Marie Duplessis.«

Alexandre Dumas kehrte gerade noch rechtzeitig in die Stadt zurück, um nach Maries Tod bei der Versteigerung ihres Nachlasses dabei zu sein, und fand in ihrer Wohnung die gesamte vornehme Pariser Gesellschaft versammelt, getrieben von der Neugier, aber vor allem dem Kitzel, diesen verruchten Ort mit seinen luxuriösen Räumen einmal mit eigenen Augen zu sehen. Was sich hier abspielte, entspricht exakt der Eröffnungsszene der *Kameliendame,* wie die Zeitungen von damals dokumentieren, in denen die Ankündigung für den glamourösen Verkauf veröffentlicht wurde: ein endloser Katalog hochwertiger Möbelstücke, Kristalllüster, Wandspiegel, Schmuckstücke, eleganter Kleider und wertvoller Kaschmirschals. Eine traurige Liste von Gegenständen, die schon bessere Tage erlebt hatten und nun dazu herhalten mussten, den Schuldenberg, den Marie durch ihre wahnsinnigen Ausgaben angehäuft hatte, zu tilgen. Die Dame, die als junge Schönheit mit Alabasterhaut und dem Antlitz und Auftreten einer echten Aristokratin beschrieben wurde, war berühmt für ihre Eleganz. Eine wahre Stilikone des mysteriösen Romantiklooks, den sie durch die sprichwörtlichen Kamelien noch überhöhte. Um ihr Image aufrechtzuerhalten, soll sie sich alle fünf Tage einen neuen Hut gekauft haben, natürlich zusätzlich zu Schmuck und Kleidern der angesagtesten Modeschöpfer. Dumas ersteigerte sich bei der Auktion jene einfache goldene Kette zurück, die er Marie während ihrer kurzen Liebesbeziehung geschenkt hatte. Nichts Üppiges, aber seinem Budget entsprechend, denn der Erfolg seines Kassenschlagers *Die Kameliendame* stellte sich erst später ein. Den Roman, der sein Leben verändern sollte, veröffentlichte er noch unter dem Eindruck der tragischen Ereignisse, nur einige Monate nach dem Tod von Marie Duplessis. Er ist eine Art *instant book,* mit dem Dumas nicht nur ein Vermögen verdiente, sondern der ihn endlich in den lang ersehnten Rang eines Schriftstellers erhob. Ohne Marie und ihre Leidensgeschichte wäre es dem Autor nur schwerlich gelungen, aus dem

Schatten seines vielseitigen und genialen Vaters herauszutreten, der mit Titeln wie *Die drei Musketiere* oder *Der Graf von Monte Cristo* – um nur die bekanntesten zu nennen – ein Meisterwerk nach dem anderen produzierte.

Durch einen Blackout des Schicksals, der bei allen, die an Zufälle in der Liebe glauben, Anklang finden wird, ruhen Alexandre Dumas d. J. und seine inspirierende Kurtisane beide auf dem Friedhof von Montmartre, doch ihre Kenotaphe könnten unterschiedlicher nicht sein. Das des Schriftstellers ist weniger ein Grab als ein imposantes Mausoleum, das die Autorität, die ihm möglicherweise im Leben verwehrt blieb, zumindest post mortem versucht wiederherzustellen. Die Statue des schlafenden Dumas im Schlafrock ist in einer Art marmornem Himmelbett drapiert, zwischen Säulen, Friesen und salbungsvollen Sprüchen. Doch der ganze Pomp wird durch die nackten Füße des Schriftstellers, denen einige Zehen fehlen, ordentlich auf die Probe gestellt. Vermutlich wurden sie von einem auf literarische Fetische versessenen Fan entwendet. Bei der *Kameliendame* findet sich hingegen nichts weiter als ein schlichter marmorner Grabstein, ohne den ganzen Flitter, der sie ihr turbulentes Leben hindurch begleitet hatte. Ein einfacher Schriftzug erinnert an ihren richtigen Namen: Alphonsine Plessis. So hieß die *Grande Horizontale*, bevor sie sich ihren Künstlernamen gab, unter dem sie Berühmtheit erlangte.

Zur luxuriösen Wohnung auf dem Boulevard de la Madeleine 11, in der Marie ihre Gäste empfing, kann man noch heute von der Straße aus einen Blick werfen. Zu erkennen ist sie an den zwei eleganten Marmorkaryatiden, die noch immer die drei Hauptfenster des Salons einrahmen. Die Räume von innen betrachten kann allerdings nur, wer beabsichtigt einen beträchtlichen Kredit aufzunehmen, denn heute beherbergt das Gebäude den Pariser Sitz der italienischen Bank *Monte dei Paschi di Siena*, die auf ihrer

Internetseite sogar auf die berühmte Geschichte der Immobilie verweist. Bei dem finanziellen Debakel von Madame Duplessis wäre es vielleicht ratsamer gewesen, sich einen anderen Standort auszusuchen. Etwaige Ähnlichkeiten mit tatsächlichen Finanzpleiten sind rein zufällig.

CHEZ MAXIM'S UND DAS BETT DER VALTESSE

»Da geh ich zu Maxim,
Dort bin ich sehr intim,
Ich duze alle Damen
Ruf' sie beim Kosenamen,
Lolo, Dodo, Joujou
Clocio, Margot, Froufrou,
Sie lassen mich vergessen
Das teure Vaterland!«

Die lustige Witwe

Wer sich einen Eindruck von Räumlichkeiten und der Einrichtung einer berühmten Kurtisane verschaffen möchte, dem sei ein kleines Museum empfohlen, das nur wenige kennen. Es befindet sich im Obergeschoss des renommierten Restaurants *Chez Maxim's*, einer Pariser Institution in der Rue Royale 3. Dieser unbestrittene Tempel der Belle Époque wurde 1893 eröffnet und verdankt seinen jahrhundertelangen finanziellen Erfolg der Klientel aus Reichen und Mächtigen, aber vor allem der Vorliebe der großen Verführerinnen für dieses Lokal, die hier wie selbstverständlich ein und aus gingen.

Die berühmte Operette *Die Lustige Witwe* von Franz Lehár aus dem Jahr 1905, deren ganzer dritter Akt im *Maxim's* spielt, verhalf dem prominenten Restaurant auf dem Höhepunkt seiner Popularität zu Unsterblichkeit.

Nach den üblichen Hochs und Tiefs und diversen Restaurantbetreibern kaufte 1981 der Modedesigner Pierre Cardin das *Maxim's*, mit der Absicht, eine neue französische Luxusmarke daraus zu machen. Seitdem hat sich das namhafte Label – neben seinem historischen Sitz, wo weiterhin Gäste empfangen werden, um sie mit nostalgischen Gerichten wie dem Crêpe »Lustige Witwe« oder einem Lammrücken »La Belle Otéro« mit 120 Gramm Trüffeln zu verwöhnen – zu einem weltweiten Konzern des Konsums und der Marke »Paris zum Trinken« gewandelt. Der geschäftstüchtige Cardin, der astronautenähnliche Damenmode entwarf, führte mit seinem neuen Label als Erster überhaupt Luxusmode für die breite Masse ein und brachte unter dem Logo *Maxim's* eine Unmenge an Produkten zur Befriedigung alltäglicher Laster auf den Markt. Von Champagner über Schokolade bis hin zum Catering-Service mit Langusten und Kaviar, der in praktischen Pappkartons mit dem Aufdruck *Maxim's* nach Hause geliefert wird. Ganz zu schweigen vom *Bateau Ivre Maxim's*, wo man bei Kerzenlicht die Köstlichkeiten des Hauses verspeist, während man auf der Seine herumgeschippert wird. Fehlen nur noch Unterwäsche und Nudelsieb, ansonsten wird von *Maxim's* einfach alles vertrieben. Weltweit bekannt ist Cardin im Übrigen durch eine geniale Pionierleistung: Von ihm stammt die Idee der Konfektionsbekleidung, und seine Haute Couture war als Erstes überhaupt in großen Kaufhäusern wie *Printemps* erhältlich. Zudem eröffnete er Anfang der 1970er Jahre den *Espace Pierre Cardin*, ein Ort der Avantgarde, der unter einem Dach ein Theater, ein Restaurant, eine Kunstgalerie, ein Designerbüro und eine Werkstatt für junge Talente versammelt.

Heute, im zarten Alter von 94 Jahren, hat sich Pierre Cardin in sein Schloss von Lacoste, einst im Besitz des Marquis de Sade, zur Ruhe gesetzt, wo er 2016 seine letzte Modenschau zeigte, mit der er sein Publikum ein weiteres Mal in Sprachlosigkeit versetzte. Aus purem Patriotismus sei hier noch einmal daran erinnert, dass Pierre Cardin ursprünglich aus der Gegend von Treviso stammt, wie man am Nachnamen leicht erkennen kann: Man muss ihn nur italienisch aussprechen, und schon ist das Geheimnis gelüftet.

Bei allem Respekt für den fortschrittlichen Genius des Monsieur Pierre kann ich dennoch, wenn ich ganz ehrlich bin, nur von der kompletten *Maxim's*-Produktserie abraten, Restaurant inbegriffen. Abgesehen von der perfekt erhaltenen Einrichtung ist es inzwischen eher zu einer Touristenfalle von deprimierender Stimmung verkommen, ideal für eine Tagung für Zahnärzte, aber weniger um einen rauschenden und ausgelassenen Abend zu verbringen. Die Gelegenheit für einen Museumsbesuch im oberen Stockwerk würde ich mir dennoch nicht entgehen lassen. Der ausgestellte Alkoven ist ein echtes Juwel, der uns in das beginnende 20. Jahrhundert versetzt. Seine umfangreiche Sammlung an Möbelstücken und Jugendstilobjekten hat es dem Modemacher ermöglicht, das Appartement einer Kurtisane auf dem Höhepunkt ihrer Karriere detailgetreu nachzuempfinden. Beim Herumschlendern durch die Räume, die von Tiffany-Lampen und Gallé-Vasen überquellen, taucht man ein in die Privatsphäre einer Belle Otéro mit all den für die Liebesdienste einer großen Verführerin nötigen Hilfsmitteln, Unterwäsche inbegriffen. Die Dessous von einst waren im Vergleich zum heutigen Tanga zwar unpraktisch, dafür aber um einiges erotischer. Die Zeit, die man aufbringen musste, um sein Objekt der Begierde auszupacken, zögerte den Lustmoment erheblich hinaus, wie sich Jean Cocteau erinnert, der von der Kultur des Boudoirs ebenso fasziniert war wie sein Freund Pierre Cardin: »[die betreffenden Damen] waren ein einziger Wust aus Spitze, Samt, Seide, Schleifen, Diamanten, Rubinen, Perlen… Eine dieser Damen auszuziehen war ein Unterfangen, das man drei Wochen im Voraus planen musste, praktisch wie ein Umzug…«

Dieser komplexe Vorgang fand an dem Ort statt, den man als den eigentlichen Tempel der Wohnung unserer »Löwinnen« betrachten kann: das Schlafzimmer. Doch Zutritt zu den Sündengemächern der beliebtesten Mätressen zu erhalten war alles andere als einfach, wie der Schriftsteller Émile Zola aus eigener Erfahrung zu berichten weiß. Ein riesiger Strauß weißer Rosen reichte ihm nicht aus, um die Gunst von Blanche La Valtesse de La Bigne zu erlangen, der unbestrittenen Königin unter den »Horizontalen« des ausgehenden 19. Jahrhunderts, deren berühmtes Motto kurz und knapp lautete: »*Coucher pour arriver*«.

> Doch Zutritt zu den Sündengemächern
> der beliebtesten Mätressen zu erhalten
> war alles andere als einfach,
> wie der Schriftsteller Émile Zola
> aus eigener Erfahrung zu berichten weiß.

Zola schrieb gerade an *Nana*, einer seiner berühmtesten Romane, der den Aufstieg und tiefen Fall einer *Kokotte*, der ganz Paris zu Füßen gelegen hatte, nachzeichnet. Es heißt, La Valtesse de la Bigne, eine gebildete und gepflegte Frau, die über ein so ausgeprägtes Selbstbewusstsein verfügte, dass sie alle Gegenstände in ihrem Besitz mit dem knappen Wort »ego« bezeichnete, sei in schallendes Gelächter ausgebrochen beim Anblick von Zolas floraler Ehrerbietung, der eigentlich nur einen Blick auf das begehrte Gemach werfen wollte, um sich für seinen Roman und seine Protagonistin Anregungen zu holen. Man musste schon andere Summen aufbringen, allein um Blanche la Valtesse nur »anzuschauen und nicht anzufassen«, und im Speziellen ihr Bett, unumstrittener Mythos all jener, denen die Ehre zuteilgeworden war, die Intimität mit Comtesse de la Bigne zu teilen. Den Adelstitel hatte sie übrigens von Napoleon III. verliehen bekommen. Welche Zugeständnisse sie ihm im Gegenzug dafür machte, ist allerdings nicht bekannt.

Heute kann sich jeder für unbegrenzte Zeit und schon für 11 Euro (der Eintrittspreis für das *Musée des Arts Décoratifs*) das Originalbett von La Valtesse ansehen. Eine großzügige Hinterlassenschaft an den französischen Staat, und so thront das Bett nun samt seiner Bronzeverzierungen, Putten und Samtdrapierungen aus wassergrüner Seide unbehelligt in der Galerie des Museums, frisch bezogen und mit Kissen ausstaffiert. Ein echtes *Paradebett*, wie man zu den Nachtlagern am Königshof von Versailles sagte. In diesen Betten wurde das morgendliche Ritual des Weckens vollzogen, ein begehrtes, aber vertrauliches Schauspiel, zu dem nur wenige autorisierte Höflinge zugelassen wurden. Das luxuriöse Möbelstück kostete den amtierenden Geliebten der Comtesse die stolze Summe von 50 000 Franc. Wir hoffen für ihn, dass es das Geld wert war.

Zu gern würde ich einmal die für die Pflege des wertvollen Lagers zuständige Person kennenlernen. Ich würde sie fragen, wie oft die Laken gewechselt und die Kissen ausgeschüttelt werden, aber vor allem würde mich interessieren, ob sie jemals der Versuchung widerstanden hat, sich auf dem zarten Leinen auszustrecken, im Schatten eines Baldachins, der Dinge gesehen hat, die jenseits unserer Vorstellungskraft liegen. Für den draufgängerischen Zola war jedenfalls nichts mehr zu machen. Doch deswegen verlor er nicht gleich den Mut: Es wird überliefert, dass er sich stattdessen an Dumas d. J. wendete, dessen Freizeitbeschäftigung wir inzwischen kennen und der ihm das geheimnisvolle Bett beschrieb. Stimmen aus Insiderkreisen behaupten hingegen, nicht einmal Adet sei es gelungen, in das unerreichbare Heiligtum vorzudringen. Die einzige Gewissheit, die uns bleibt, ist der literarische Stoff, der die Geschichte überdauert hat: »Nana dachte an ein Bett, wie es kein zweites gab, einen Thron, einen Altar, zu dem ganz Paris strömen werde, um sie auf ihm in königlicher Nacktheit zu verehren. Es sollte ganz aus getriebenem Gold und Silber bestehen, ähnlich einem großen Schmuck mit goldenen Rosen auf einem silbernen Gitter; am Kopfende selbst sollte eine Amorettengruppe unter Blumenwerk sich lachend herniederneigen.«

Bei Erscheinen des Romans – der natürlich ein großartiger Erfolg wurde – reagierte La Valtesse mit Empörung, nicht etwa weil der Autor ihr Bronzebett zu Gold gemacht hatte, sondern weil sie sich kein bisschen in der Figur der Nana wiedererkannte, einer dummen, ignoranten und launischen Frau, kurz gesagt: einem Flittchen, das ihr nicht mal im lackierten Nagel des kleinen Fingers ähnelte.

Vor allem der Schluss des Romans muss sie in Rage versetzt haben. Darin ereilt die elende Sünderin das klassische Schicksal der Buße durch Krankheit und einen besonders schauerlichen Tod in Form von tückischen Pockennarben, die sie in ihrer ganzen Schönheit entstellen.

Doch jeder Autor schlägt aus seinem Leserpublikum so viel Profit wie möglich, und Zola war auf diesem Gebiet ein absoluter Meister. Außerdem diente das tragische Ende, mit dem die Autoren – egal welcher Zeit – ihre Sünderinnen bestraften, nicht nur zur Sühne der Schuld, sondern in erster Linie dazu, den Fängen der Zensur zu entgehen, der solch skandalträchtige literarische Werke unterlagen. Im wahren Leben sah es oft ganz anders aus. Emilie-Louise de La Bigne, die sich, einer kreativen Eingebung folgend, selbst in »Valtesse« umbenannte, eine Anspielung auf den Gleichklang mit der fürstlichen Anrede »Votre Altesse«, hortete zu Lebzeiten nicht nur Vermögen und Liebhaber, sondern war auch eine mutige, gebildete und feinsinnige Frau, die als großzügige Mäzenatin gegenüber Künstlern auftrat und viele Maler als Muse inspirierte. Noch immer reich und ansehnlich, starb sie 1910 mit 62 Jahren an einer banalen Herz-Kreislauf-Erkrankung. Doch noch auf dem Sterbebett gönnte sie sich keine Ruhe und verfasste mit der Gründlichkeit einer Managerin eigenhändig jede einzelne Todesanzeige für die Gäste ihrer pompösen Trauerfeier.

DIE MARQUISE DE PAÏVA

Eine andere, für ihre Courage und ihre Entschlusskraft berühmte Kurtisane war die Marquise Thérèse de Païva. Sie wurde als Esther Lachmann geboren, entstammte einer armen polnischen Familie und wuchs im jüdischen Ghetto von Moskau auf. Alles andere als ein ermutigender Start, um sich in der vornehmen Pariser Gesellschaft durchzusetzen. Titel und Familienname erlangte sie durch die Heirat mit dem Marquis Araújo de Païva, einem Spielwütigen und Dandy par excellence, der, all seinem äußeren Zynismus zum Trotz, bei den Künsten der gewerbsmäßigen *Allumeuse* willenlos einknickte. Für Thérèse eine fabelhafte Partie, wo sie doch in einem Moment der Krise schon drauf und dran gewesen war, ihrem Traum nach Ruhm zu entsagen. Doch einer genialen Eingebung folgend beschloss sie, ihr Glück in England zu versuchen, und lieh sich dafür auf Pump Kleidung und Schmuck, um ihren letzten Trumpf auszuspielen. Bei ihrer siegreichen Rückkehr nach Paris, nun als frisch vermählte Marquise, zahlte sie das komplette Darlehen einschließlich der Zinsen zurück; was Steuern betraf, besaß La Païva eine fast schon manische Pedanterie, wie man an dem Heftchen sehen kann, in dem sie alle Leistungen, Zahlungen und etwaige besondere Anfragen ihrer Kunden vermerkte. La Païvas Biographie liest sich wie der Ratgeber zu einem selbstbestimmten und konsequenten Leben: Mehrmals knapp am Ruin, gelingt ihr mit List und dank des schauspielerischen Talents einer großen Diva immer wieder der Neubeginn. Jetzt, wo sie in den Adelsstand aufgestiegen ist und vor allem sich die Mitgift des Marquis unter den Nagel gerissen hat, kann sie den leichtsinnigen Ehemann, für den sie nun keinerlei Verwendung mehr hat, wieder entsorgen: »Ihr wolltet mit mir ins Bett, und das ist Euch gelungen, indem Ihr mich ehelichtet. Ich habe Euren Namen angenommen und diese Nacht habe ich Euch dafür entlohnt. Ich habe mich als aufrichtige Frau bewiesen. Ich wollte mir eine Position verschaffen, die ich nun habe … Wir können uns also wieder trennen.« Eine Abfuhr von unmissverständlicher Prägnanz. Von diesem Moment an führte sie ein Leben in Luxus, und eine mondäne Eroberung folgte auf die nächste bis hin zum preußischen Reichsgraf Guido Henckel von Donnersmarck. Dieser Herr, dessen Name eher an die Figur aus einer Operette denken lässt, war in Wirklichkeit der reiche Besitzer einer Zinkmine, die er La Païva förmlich zu Füßen legte, zusammen mit einer Unmenge an Diamanten und verschiedenen Diademen. Doch die Marquise war unersättlich und verlangte nach dem begehrtesten Geschenk aller »Horizontalen«, dem unwiederbringlichen Liebesbeweis: ihrem eigenen Domizil. Doch sie erhielt nicht etwa irgendeine Zweizimmerwohnung mit Kochnische wie eine x-beliebige Mätresse, sondern ein komplettes, nach eigenen Plänen erbautes

Stadtpalais, ein *Hôtel particulier*, mitten auf den Champs-Élysées. Eine Adresse, die alles über die Gier der Marquise aussagt.

Ich habe mir das Stadtpalais bereits angesehen. Wer ebenfalls Lust auf einen Besuch hat, sollte über Internet einen Besichtigungstermin vereinbaren. Am besten noch vor der Reise nach Paris, denn die Termine für diese extravaganten historischen Räume sind meist ausgebucht. Das luxuriöse Wohnhaus ist recht schwer zu finden, denn etwas zurückversetzt von der Avenue des Champs-Élysées ist es inzwischen von neuen Gebäuden und durch die gewerbliche Nutzung der wohl touristischsten Straße von ganz Paris teilweise verdeckt. Durchquert man erstmal das Eingangstor zum *Hôtel de la Païva,* wird man von seiner prunkvollen Schönheit sofort in den Bann gezogen. Das Stadtpalais beherbergt bereits seit Jahrzehnten eine Organisation wohlhabender, internationaler Reisender und ist zum Glück dazu verpflichtet, alles im Originalzustand zu erhalten, damit dieses seltene, authentische Beispiel einer Mischung aus stilistischem Eklektizismus und Größenwahn weiterhin der Öffentlichkeit zugänglich bleibt. Sagen wir mal so: Der preußische Reichsgraf hat sich nicht lumpen lassen und jede der noch so abwegigen Launen seiner Geliebten umgesetzt. Betritt man das Gebäude, springt einem schon im Foyer die gigantische Steintreppe aus gelbem Onyx ins Auge, dann der Stuck, Damast, riesige, mit Intarsien aus Malachit verzierte Kamine, Spiegel und Gemälde im Überfluss. Das Ganze in einer Atmosphäre zwischen Renaissancepalast und sündigem Boudoir. Einrichtung und Dekor sind von einer derartigen Opulenz, dass der sonst so zurückhaltende Maler Eugène Delacroix (der wohlgemerkt die Bordelle des Orients von innen kannte) sich zu dem Ausruf hinreißen ließ, er habe in seinem ganzen Leben noch nie so etwas Versnobtes gesehen! Über den Geschmack lässt sich ja bekanntermaßen streiten, und

die Marquise stand nun eben mal nicht auf den heute so modischen *Minimal Chic*. Doch das Highlight der Besichtigungstour
ist ohne Zweifel das im klassischen Luxusstil eines Harems gehaltene private Badezimmer von La Païva mit seiner aus einem
Onyx-Block gehauenen und, ebenso wie die drei Wasserhähne,
silbern verkleideten Badewanne. Meine Stadtführerin des Vertrauens, die weiter vorne im Buch bereits erwähnte Madame Lorette, versicherte mir, die Hähne seien, je nach Tagesverfassung
der Hausherrin, für Warmwasser, Champagner und Eselsmilch
bestimmt gewesen. Ich glaube ihr das auf's Wort. Die Körperpflege war für eine »Horizontale« gewiss eine ernstzunehmende
Angelegenheit, und die Ausgaben für Cremes und Wundersalben
stellten sicherlich einen beachtlichen Posten im Budget zur Instandhaltung dieser speziellen Kriegsmaschinerie dar.

Wer jetzt Lust auf exklusive Körperpflege bekommen hat und
sich an wertvollen und wohlduftenden Ölen berauschen will,
dem sei hier ein Tipp von Madame Lorette verraten, die darin
absolute Expertin ist. In der Rue Bonaparte 6, einer eleganten
Straße im Viertel Saint-Germain, hat seit kurzem das Kosmetikhaus *Officine Universelle Buly* neu eröffnet, eine Marke, die
zu Beginn des 19. Jahrhunderts für ihre regelrecht wunderwir-
kenden Geheimrezepturen, wie etwa die *Lotion de toilette vinaigrée*, eine Art parfümierte Reinigungslotion, berühmt war. Sie
wurde mit einem Slogan beworben, der noch heute überzeugend
wirkt: »Moden kommen und gehen, doch *toilette vinaigrée* von
Buly macht immer schön.« (Ich habe mir natürlich sofort einen
ganzen Vorrat angelegt.) Das Kosmetikhaus inspirierte Balzac zu
seinem Roman *César Birotteau*, der Geschichte eines berühmten
Pariser Parfümhändlers, der im finanziellen Ruin endet, nachdem sein luxuriöses Geschäft während der blutigen Aufstände
der Julirevolution 1830 geplündert und zerstört worden war. Die

heutigen Besitzer haben, jeder literarischen Legende trotzend, gut daran getan, den Ort neu zu beleben, indem sie die Zeit nicht nur in der Ästhetik des Ambientes verewigten, sondern auch in den Originalrezepturen der Kosmetikprodukte. Hier bekommt man die berühmte *Pommade virginale* oder das *L'Huile antique* zu relativ vernünftigen Preisen. Hat man sich mit den Produkten von *Buly* erstmal ordentlich eingerieben, klappt es zwar vielleicht nicht unbedingt gleich mit dem erstbesten Marquis, aber zumindest hilft die Schönheitspflege dabei, nicht in schlechte Laune zu verfallen, wenn man bei der Rückkehr ins Hotel entdeckt, dass das eigene Bad (übrigens ohne Bidet) absolut nichts mit dem Badezimmer der La Païva gemein hat.

Als ihre Luxuswohnung nach zehnjähriger Bauzeit und damit verbundenen gigantischen Kosten endlich fertiggestellt war, wandelte sich La Païva wie durch ein Wunder zu einer kleinen Spießbürgerin und führte das mondäne Leben einer ehrbaren Dame. Sie organisierte festliche Banketts und Empfänge, ohne den Hauch von etwas Lasterhaftem. Aus den Kreisen der Gäste, die für gewöhnlich bei La Païva verkehrten – unter anderem die allgegenwärtigen Brüder Goncourt –, ist überliefert, in welcher Eintönigkeit sich diese Festmahle hinzogen. Die Tische waren mit übertrieben prunkvollem Silber und Kristall gedeckt, auf denen gigantische Krüge so hoch wie Kathedralen standen, die kein Gast heben konnte, um sich einfach ein Glas Wasser einzuschenken. Doch ausgerechnet in dem Moment, als die Marquise alles erreicht hatte, wofür sie gekämpft hatte, musste sie zusammen mit ihrem Mann Hals über Kopf Paris verlassen. Beide standen sie unter dem Verdacht, für Preußen Spionage betrieben zu haben. Der Reichsgraf Guido Henckel von Donnersmarck hatte zugunsten seines Vaterlandes ordentlich intrigiert, und das herrschaftliche *Hôtel* auf den Champs-Élysées empfing die siegreiche preußische Armee beim Einmarsch in ein trauerndes und gewollt leeres Paris als einziges hell erleuchtet. Eine Schande, die sich fest ins Gedächtnis der Pariser einbrennen sollte. Das Paar floh in das nüchterne Familienschloss nach Neudeck in Schlesien, wo die einstige »Löwin« schließlich verstarb. Graf Guido, sichtbar untröstlich, heiratete drei Jahre später eine um viele Jahre jüngere Adelige, doch seiner geliebten Païva, mit der er seine besten Jahre verbracht hatte, blieb er auch im Tod verbunden. Laut Madame Lorette, die ganz bestimmt über die *Grandes Horizontales* promoviert hat, wäre die junge Braut fast an einem Herzinfarkt gestorben, als sie die Privaträume von Guidos erster Gemahlin betrat und den perfekt erhaltenen Leichnam der Marquise, in Formalin eingelegt und in einem Kristallreliquiar von der Decke baumelnd, erblickte. Die Vorstellung, dass es tatsächlich so gewesen sein könnte, ist mir äußerst sympathisch.

DIE ELEGANTESTE FRAU VON PARIS

Odette de Crécy, die spätere Madame Swann, ist hingegen von ganz anderem Format. Marcel Proust hat diese Kokotte, die durch die Bände seines Romans *Auf der Suche nach der verlorenen Zeit* geistert, mit einer fast schon obsessiven Exaktheit nachgezeichnet, wie all seine Figuren dieses Monumentalwerks, dem er sich bis zu seinem Tode mit Leib und Seele widmete. Unter den Protagonistinnen sticht Odette, zusammen mit der Herzogin von Guermantes, durch eine mehr als nur würdevolle Eleganz hervor. Die beiden Frauen werden bis zu den winzigsten Nähten ihrer wertvollen Kleider und Accessoires beschrieben, die der Autor besser kennt als ein erstklassiger Schneider.

Diese Leidenschaft für Mode hat Proust aus reinem Vergnügen in journalistischen Arbeiten weiter gepflegt. Dabei benutzte er verschiedene Pseudonyme, von denen *Étoile filante* (»Sternschnuppe«) sicherlich eines der poetischsten war.

Als Leitfigur diente ihm dabei die eleganteste Frau der Stadt, Comtesse Greffulhe, auf die der Autor in seinen Feuilletonartikeln oft verweist: »Jeder, der die Comtesse ansieht, wird verzaubert von ihren tiefgründigen Augen, die Strahlen und Schatten durchziehen, eine Dämmerung, die vor ihrer perfekten Schönheit jubiliert, vor ihrer absoluten und göttlichen Grazie.«

Proust war derart hypnotisiert von dieser Adeligen, der unbestrittenen Königin mondäner Pariser Salons des ausgehenden 19. Jahrhunderts, dass er sie sich bei der Beschreibung der erlesenen Garderobe von Odette und der Herzogin von Guermantes zum Vorbild nahm. Als sichtbarer Ausdruck dieser Faszination bleibt uns heute ein Brief von Proust, in dem er von der Comtesse eine Fotografie erbittet, um sie damit auch in der Einsamkeit seines Zimmers betrachten zu können. Comtesse Greffulhe lehnte jedoch ab. Im Gegensatz zu den Lebedamen, die von der neuen Fotografenkunst für eigene Werbezwecke Gebrauch machten, lehnte es die Comtesse ab, Porträtaufnahmen von sich zu verbreiten, wodurch sie ihren Mythos nur noch weiter kultivierte. Ich will ja nicht schadenfroh sein, aber anders als Proust besitze ich eine wunderschöne Reproduktion einer Aufnahme von Nadar, dem begehrtesten Fotografen seiner Zeit, auf der die göttliche Greffulhe in ihrem berühmten schwarzen Samtkleid mit riesigen weißen Lilien abgelichtet ist. Wer das Bild haben möchte, kann es als Postkarte im *Musée de la Mode de la Ville de Paris* erstehen, wo man seit kurzem eine beeindruckende Ausstellung mit der kompletten Garderobe der Comtesse bewundern kann, inklusive ihrer roten Samtschuhe. Das Museum beherbergt in einem geheimen Magazin die gesamte Modegeschichte Frankreichs: von der Unterwäsche des Sonnenkönigs bis zum Minirock der Bardot fehlt es quasi an nichts in diesem Fort Knox für Textilien, dessen wertvollste Reliquien in Wechselausstellungen regelmäßig der Öffentlichkeit zugänglich gemacht werden. Unabhängig davon, welche Ausstellung gerade gezeigt wird, lohnt es sich auch so vorbeizuschauen, und sei es nur für eine Verschnaufpause im traumhaften Museumsgarten, den man auch, ohne Eintritt zu zahlen, betreten darf.

Das Museum beherbergt in einem geheimen Magazin die gesamte Modegeschichte Frankreichs: von der Unterwäsche des Sonnenkönigs bis zum Minirock der Bardot.

PROUSTSCHER ZEITVERTREIB

Auch für Proust, der für gewöhnlich jeden Laden und jede Schneiderwerkstatt abklapperte, um sein Wissen durch neue Details für sein Modeuniversum zu vertiefen, wäre ein solcher Museumsbesuch sicherlich nützlich gewesen. Der Autor erspürte seine Romane am eigenen Leib, und nichts überließ er dabei dem Zufall. Salons, Boulevards und Restaurants gehörten ebenfalls zu seinen beliebten Jagdrevieren, um dort den Zeitgeist einzufangen, der für seine Inspiration so wichtig war: wie etwa in dem Restaurant *Le Pré Catelan* im *Bois de Boulogne,* einem der von Odette gewählten Orte ländlicher Mondänität, oder dem *Lapérouse.* »An manchen Tagen blieb er [Swann] nicht zu Hause, sondern speiste zu Mittag in einem nahen Restaurant, dessen gute Küche er früher geschätzt hatte, in das er aber jetzt nur noch aufgrund einer jener gleichzeitig mystischen und albernen Überlegungen ging, die man ›romantisch‹ nennt, trug dieses Restaurant (das heute noch existiert) doch denselben Namen wie die Straße, in der Odette wohnte: Lapérouse.«

Ich bin den Spuren von Proust durch sein Paris gefolgt und habe dabei festgestellt, dass das *Lapérouse* noch immer auf dem Quai des Grands-Augustins 51 existiert. Das Gebäude, das in den vergangenen Jahrhunderten Treffpunkt für Intellektuelle und Schriftsteller, aber vor allem für große Verführerinnen war, die sich hier in speziellen Separees mit ihren vermögenden Begleitern vergnügten, hat die Zeit unbeschadet überdauert. Noch heute kann man diese Nebenräume für ein romantisches Diner zu astronomischen Preisen buchen, wie etwa das *Privé La Belle Otéro*, ein kleines, mit rotem Samt gepolstertes und von Spiegeln überladenes Boudoir mit einem Zweiertisch. Für die Kurtisanen jener Zeit gehörten diese Spiegel zur wesentlichen Grundausstattung eines Separees, die sie erbarmungslos zerkratzten, um vor Ort die Echtheit der Diamanten zu testen, die sie geschenkt bekamen. Es war wichtig, sofort zu überprüfen, ob es sich nicht um banale Glassteine handelte, denn eine *Grande Horizontale* konnte es sich selbstverständlich nicht leisten, ihre Zeit für billigen Ramsch zu vergeuden. Wir allerdings schon… Und dafür gibt es auch den perfekten Ort, wenn man auf der Suche nach Modeklunkern oder Vintage-Imitaten ist, die noch mehr glitzern als echter Schmuck: Er heißt *Hier – Aujourd'hui – Demain*, ein Name ganz im Geiste Prousts. Monsieur Michel führt diesen Laden bereits seit 35 Jahren und ist ein echter Fachmann für Antiquarisches, egal welchen Alters und welchen Stils. Hier findet man die gesamte Spannbreite, von Champagnerkelchen bis zu Sonnenbrillen aus den 1960er Jahren. Doch das eigentliche Juwel ist eine Kollektion von Ohrringen und Ketten aus einer Gold-Silber-Kupfer-Legierung, ein Patent, das Ludwig XVI. zwei Goldschmieden im Marais-Viertel ausstellte, die es *Pomponne* nannten, und welches es allen Frauen noch heute ermöglicht, sich mit Klasse zu behängen, ohne ein Vermögen auszugeben.

Das Geschäft liegt in der Rue de Bretagne 14, einer Straße voller interessanter Überraschungen, die man bei dieser Gelegenheit auch gleich noch mitnehmen kann: vom *Café Charlot* über die gut sortierte Buchhandlung *Comme un Roman* bis hin zum *Images & Portraits* für alle Liebhaber der alten Fotokunst. In diesem kleinen Laden an der Ecke zur Rue Charlot tritt der Besitzer Fabien Breuvart nicht nur als Sammler von Aufnahmen namenloser Urheber in Erscheinung, sondern auch als renommierter Fotograf, von dem man sich nach Voranmeldung porträtieren lassen kann. Zwischen den vielen, nicht immer optimal gelungenen Selfies könnte ein schönes, professionelles Foto mal eine interessante Abwechslung sein. Doch kehren wir wieder zu Proust und zum *Lapérouse* zurück: Im Restaurant selbst sind noch heute zerkratzte Spiegel zu sehen – ein etwas aufgesetzt wirkender Scherz –, wobei es sich vermutlich nicht um die Originalschrammen der Diamanten von La Belle Otéro handelt. Doch immerhin wird so ein gewisser nostalgischer *Touch* erzeugt. Mir ist diese fröhliche und temperamentvolle spanische Tänzerin zutiefst sympathisch, die für ihren außergewöhnlichen Appetit, ihr Lachen und ihre exotische, fast karnevaleske Garderobe bekannt war. Davon zeugen auch ihre ersten, in Postkartengröße angefertigten Fotos der Epoche, die die *Grandes Horizontales* zu Werbezwecken in eigener Sache nutzten – und damit zu Wegbereiterinnen einer Marketingstrategie wurden, die wirksamer war als die Facebook-Accounts der heutigen Promis. Gewiss, man fragt sich schon, worin genau nun diese Erotik bestehen soll, der die Männer scharenweise verfielen und die sie bis zum Selbstmord trieb. Doch das sind rhetorische Fragen, denn bekanntermaßen hat jede Epoche den Eros, den sie verdient, und für unsereins ist es nun eben mal der Hintern einer Kardashian, dessen bloße Vorstellung mich mit Nostalgie an die naiven Schwarzweißbilder jener großen Verführerinnen zurückdenken lässt. Wer dieses Thema weiter vertiefen möchte, sollte dies in der Rue Chabanais 1 tun, wo man in der kleinen Kunstgalerie *Au Bonheur du Jour* neben Retro-, Erotik- und Romantikfotos auch eindeutig gewagtere Aufnahmen erhält. Die Galerie bietet alles auf dem Gebiet der »Philosophie im Boudoir«, und zwischen den Büchern findet man auch den bebilderten Essay *Les Cocottes, Reines du Paris 1900* von Catherine Guigon über die Belle Époque und die Pariser Kurtisanen. Ein echtes Standardwerk auf diesem Gebiet.

CATTLEYA SPIELEN

Doch wie bereits erwähnt: Odette ist von ganz anderem Format. Die *dame en rose* aus der *Suche nach der verlorenen Zeit* umgibt eine geheimnisvolle, schwer greifbare Aura, nicht zu vergleichen mit dem aufrichtigen Großmut einer Belle Otéro und erst recht nicht mit dem Mythos von der Kurtisane mit dem goldenen Herzen, dem Verdi und Dumas so anhingen. Odette ist für den armen Swann eine stete *Souffrance au Coeur* und Spielball für die von unstillbarer Eifersucht zersetzten Stadt. Odettes Attribut ist nicht die von Marguerite Gautier so geliebte unschuldige Kamelie, sondern die geheimnisvolle Orchidee, auch Cattleya genannt, mit deren Blüten sie sich exotische Frisuren steckte, die sogar in die Literaturgeschichte eingegangen sind.

Cattleyas sind für die Romane von Proust elementar. In seinen Werken erläutert er uns, wie schwierig es ist, eine mit Blumen bedeckte Frau zu »besitzen«, ohne auch nur ein Blütenblatt dieser vollendeten Garderobe zu zerknicken: »Sie hielt einen Strauß Cattleyablüten in der Hand, und Swann sah durch ihr Spitzentuch hindurch, dass sie im Haar an einem Gesteck an Schwanenfedern die gleichen Blumen trug. Unter ihrem Abendmantel hatte sie ein fließendes schwarzes Samtkleid an, das […] den unteren Teil eines weißen Faillerocks zeigte und den Blicken auch den Einsatz, ebenfalls aus weißer Faille, an der Öffnung des Dekolletés darbot, in dem weitere Cattleyablüten befestigt waren.« Praktisch ein lebendiges Blumenbouquet, sodass die Liebenden, durch das ständige Zurechtrücken der Orchideen, einen neuen, sehr eleganten Begriff prägten: Anstatt zu sagen »Liebe machen«, verwendeten sie das eher zweideutige »Cattleya spielen«. Und diese rätselhafte Blume blieb der Beweis ihrer leidenschaftlichen Begegnungen.

> Cattleyas sind für die Romane von Proust elementar. In seinen Werken erläutert er uns, wie schwierig es ist, eine mit Blumen bedeckte Frau »zu besitzen«, ohne auch nur ein Blütenblatt dieser vollendeten Garderobe zu zerknicken.

Wer jetzt so richtig Lust bekommen hat, »mit Cattleyas zu spielen«, allerdings in einem bedeutend platonischeren Sinne, nämlich Blumen kaufen zu gehen, dem fehlt es in Paris sicherlich nicht an der entsprechenden Auswahl. Das Angebot an Blumenläden in der Stadt ist riesig, fast schon vergleichbar mit der Palette an Parfümerien und Bistrots. Doch vor allem gibt es den alten Pariser Blumenmarkt auf der Place Louis-Lépine, einem kleinen Platz, den man sich nicht entgehen lassen sollte. Ich bin hier sehr oft, selbst wenn ich gerade keine Cattleyas brauche, denn er ist ein angenehmer und poetischer Ort, fast wie ein kleiner Garten an der Seine, wo seit dem 19. Jahrhundert schmiedeeiserne Pavillons stehen. So kann man auch bei Regen durch eine endlose Pracht an Pflanzen, Blumen und Setzlingen spazieren gehen. Sonntags kommen dann auch noch wie durch ein Wunder Vögel und Papageien dazu (ich würde dennoch vom Kauf eines Pariser Federviehs abraten, besonders dann, wenn man mit einem Billigflieger unterwegs ist. Beim Handgepäck kennen die nämlich kein Erbarmen). Wer weiter auf Prousts Spuren wandeln will: Der einzige zulässige Blumenhändler auf der Suche nach der verlorenen Orchidee ist *Lachaume* in der Rue du Faubourg Saint-Honoré 103. Mag man den Erben des preisgekrönten Unternehmens, das Paris seit 1845 mit Blumen versorgt, Glauben schenken, kaufte Proust hier jeden Morgen seine Cattleya, um sie sich an das Revers seines Anzugs zu heften. Das von Jacques-Emile Blanche gemalte Porträt Prousts, das man im *Musée d'Orsay* bewundern kann, bestätigt dieses tägliche Ritual des Autors und zeigt ihn Zwanzigjährig als echten Dandy mit seiner obligatorischen Orchidee im Knopfloch. Ein Gemälde, das dem Schriftsteller besonders gut gefiel und das ihn bei seinen vielen Umzügen ständig begleitete.

Proust-Experten haben durch Studien und Forschungen herausgefunden, dass Laure Hayman, eine hochkarätige Kokotte und Geliebte von Prousts Großonkel sowie auch seines Vaters – also praktisch eine Freundin der Familie –, der Figur Odette Modell stand. Doch als Laure sich in der Beschreibung von Odette wiedererkannte, war sie nicht etwa glücklich darüber, in einen der bedeutendsten Romane des 20. Jahrhunderts Eingang gefunden zu haben, sondern fühlte sich zutiefst gedemütigt. Sie schrieb einen bitterbösen Brief an den armen Proust und bezichtigte ihn der »infamen« literarischen Verfremdung. Der bereits entkräftete und von seinen zahlreichen Gebrechen gezeichnete Proust machte sich dennoch die Mühe, ihr zu antworten, und wies alle Vorwürfe zurück, indem er minutiös seine guten Absichten darzulegen versuchte:

»[...] bin ich gezwungen, Ihnen zu antworten, um wieder einmal erfolglos, aber um der Ehre willen zu protestieren. Sie sind nicht nur nicht Odette de Crécy, Sie sind auch ihr genaues Gegenteil. [...] Ich bin sehr überrascht. Sie hatten stets einen Geschmack von solcher Sicherheit, solcher Kühnheit – wollte ich den Namen eines Möbelstücks, eines Stoffes wissen, würde ich mich vorzugsweise an Sie wenden, lieber als an irgendeinen Künstler. Hingegen habe ich nun – vielleicht sehr ungeschickt, aber doch nach besten Kräften – zu zeigen versucht, dass Odette in Einrichtungsfragen ebenso wenig Geschmack besaß wie in irgendeinem anderen Bereich, dass sie stets (außer in ihrer Garderobe) eine Mode, eine Generation im Rückstand war.«

DIE ZEIT DRÄNGT, CÉLESTE...

Wir wissen nicht, ob es Proust mit seinem Versuch der Ehrenrettung gelungen ist, die aufgebrachte Madame Hayman zu beschwichtigen. Doch es ist fast rührend zu sehen, wie eine derartige literarische Berühmtheit sich bemüht, das erhitzte Gemüt einer *Grande Horizontale* zu besänftigen, vor allem zu einem Zeitpunkt der besonderen Labilität, wo ihn schon der Hauch einer Auseinandersetzung aus dem Gleichgewicht brachte. Seine hingebungsvolle Haushälterin Célestine, die sich Tag und Nacht wie eine treue Ergebene um ihn kümmerte, hätte einiges darüber zu berichten gehabt. Célestine war nach dem Tod seiner Mutter die einzige Frau, der Proust es gestatte, in sein Heiligtum, das Schlafzimmer, vorzudringen. Hier verbrachte er gegen Ende seines Lebens fast seine gesamte Zeit, heimgesucht von permanenten Asthmaanfällen, die ihn dazu zwangen, sein Zimmer in eine Art türkisches Bad umzufunktionieren, mit korkähnlicher Wandverkleidung zur Dämpfung der Geräusche, die ihn zur Weißglut brachten.

Célestine ordnete jedes Blatt seiner Manuskripte, damit Proust die Korrekturen seiner Entwürfe in den berühmt gewordenen Notizbüchern festhalten konnte; wertvolle Reliquien, die die Zeit überdauerten und heute ehrfurchtsvoll in der Nationalbibliothek aufbewahrt werden. Die treue Célestine war es auch, die, selbst mitten in der Nacht, den Chauffeur zur Bar des *Hôtel Ritz* losschickte, um Himbeereis zu kaufen, das einzige, das Proust schmeckte, oder ein frisches Bier, mit dem Marcel seinen Brand löschen konnte; immer nur ins *Ritz*, einer der proustschen Orte schlechthin. Der Autor war Stammgast im Hotel an der Place Vendôme, wo er zu Zeiten, als er noch ein mondänes Leben führte, üblicherweise einen privaten Saal zu Empfängen für Freunde und Großbourgeoisie anmietete, deren Bild er in seiner *Suche nach der verlorenen Zeit* scharfsinnig nachzeichnet.

Proust war auf ständige Anregungen angewiesen, auf Details und private Geständnisse, wie die seiner langjährigen Freundin, Prinzessin Soutzo, oder des Maître Olivier Dabescat, einer seiner bewährten Informanten, der sich folgendermaßen an eine der üblichen nächtlichen Überraschungen erinnert: »Er kam gegen 22 Uhr, setzte sich, eingehüllt in seinen Otterfellmantel, in den leeren Speisesaal, bestellte Grillhühnchen, Kartoffeln, frisches Gemüse, und abschließend Salat und Vanilleeis. Danach ließ er sich in einem kleinen Salon eine große Kanne Kaffee servieren und trank sechzehn Mokkatassen eines exzellenten Kaffees.« (Laut

Balzac gehörte Proust zu den exzessivsten Koffeinkonsumenten, die die Literaturgeschichte je hervorgebracht hat.)

Diese ständigen Abstecher ins *Ritz* waren für Proust wesentlich, um sich über Neuigkeiten aus dem Pariser Leben auf dem Laufenden zu halten. Tägliche Recherchen dienten ihm dazu, mit neuen Pinselstrichen sein gigantisches literarisches Fresko zu vervollständigen, in das er seine letzten Energien steckte und das er liebevoll nicht Roman, sondern »Kathedrale« nannte. Erst als er schließlich das Wort *Ende* geschrieben hatte, war er bereit zu sterben. So beschreibt es zumindest seine Haushälterin in ihren Memoiren: »Liebe Céleste, die Zeit drängt«, hatte er oft gesagt, und war die Nacht über wach geblieben, aus Angst, sein Vorhaben nicht zu Ende bringen zu können. Der Tod ereilte Proust, als er von seiner Arbeit bereits regelrecht ausgezehrt war, wie die vom amerikanischen Fotografen Man Ray abgelichteten makabren Fotos des Autors auf dem Sterbebett zeigen. Er war unverzüglich an das Krankenbett in die Rue Hamelin gerufen worden, dem letzten Wohnsitz von Proust, wo er praktisch gegen seinen Willen hingezogen war, nachdem seine Tante die Wohnung auf dem Boulevard Haussmann verkauft hatte. Heute befindet sich an diesem Ort das *Hôtel Elysées,* ein modernes Drei-Sterne-Hotel, das an Heizung und Klimaanlage nicht spart. Quasi eine Ironie des Schicksals, wenn man sich vor Augen führt, welche Widrigkeiten Proust in seinem kalten und hellhörigen Zimmer auszustehen hatte. Seine kleine Mönchszelle mit Bett, Schreibtisch und einer Kommode, auf der eine grüne Lampe das nötige Licht für die mühsam beschriebenen Blätter spendete, wurde komplett ins *Musée Carnavalet* überführt. Allerdings ist das Zimmer bis auf weiteres nicht zu besichtigen, denn der Flügel des Museums, in dem es untergebracht ist, befindet sich im Umbau. Das Museum ist aber dennoch sehenswert, sowohl was das Gebäude selbst betrifft als auch hinsichtlich seiner Sammlung, die es zu bewundern lohnt. Anhand von Gemälden, Gebrauchsgegenständen, Fotos und sogar Ladenschildern zeichnet es die Geschichte der Stadt Paris und ihrer Bewohner von den Ursprüngen bis zum heutigen Tage nach.

Derweil gaben sich im *Ritz* nach dem Tode Prousts eine ganze Reihe an Berühmtheiten die Klinke in die Hand, angefangen von Scott und Zelda Fitzgerald über Hemingway in der Zeit nach dem Zweiten Weltkrieg bis hin zu Coco Chanel, die es in den 1950er Jahren zu ihrem Pariser Domizil gemacht hatte. Das Fünf-Sterne-Luxushotel wurde vor kurzem aufwendig renoviert und lädt jeden Nachmittag im *Salon Marcel Proust* zur Teestunde, wo eine überteuerte in Vanillemilch getauchte *Madeleine* serviert wird. Ich rate jedem, das Geld besser in eine bleibende Erinnerung zu investieren. An dieser Stelle muss ich ein Geständnis loswerden: Die besten *Madeleines* habe ich nicht in Paris gegessen, sondern in Rom, in der Konditorei *Le Levain* in Trastevere, einem Ort, der alles andere als typisch für Proust ist; bei den Backwaren kann dieser talentierte Konditor aus Salento mit jenen des *Ritz* allemal mithalten. Doch hartnäckige Proustianer dürfen die Konditorei *Angelina* in der Rue de Rivoli natürlich nicht verpassen, ein weiterer Stammplatz von Marcel, wo die Zeit in dem vom berühmten Belle-Époque-Architekten Edouard-Jean Niermans entworfenen Innendesign für immer verloren gegangen zu sein scheint.

Es mag sich ketzerisch anhören, aber *Madeleines* lassen mich kulinarisch gesehen absolut kalt, während *Meringues* für mich die pure Gaumenlust bedeuten. Vermutlich werde ich deswegen nie eine große Schriftstellerin sein, aber zum Trost dafür genehmige ich mir ein Stück der köstlichsten Torte von ganz Paris: Sie heißt *Le Merveilleux* und schmeckt noch wunderbarer, als ihr Name vermuten lässt. Zu finden ist sie in einer der zahlreichen Filialen der von Frédéric Vaucamps gegründeten Konditorei *Aux Merveil-*

leux de Fred, von denen es allein fünf in der Stadt gibt. Frédéric Vaucamps, ein wahrer Meister der Konditorkunst, hat ein altes belgisches Rezept ausgegraben und daraus ein kleines sinnliches Meisterwerk geschaffen. Das ganze Geheimnis, so Fred, steckt in der luftigen Konsistenz des Baisers, doch die Creme und die Schokoladenraspeln stehen dem geschmacklich in nichts nach und haben zudem auf der Stelle meine Erinnerungen an die »verlorene Zeit« wachgerüttelt. Übrigens zu einem relativ günstigen Preis, im Vergleich zum Honorar einer Therapiesitzung.

Meine Freundin Daniela hat mir diesen Tipp gegeben, und ich werde ihr ewig dankbar dafür sein.

PASSAGE

P WIE PASSAGE

»Passagen – sie strahlten ins Paris der Empirezeit als Feengrotten.«

Walter Benjamin, *Das Passagen-Werk*

In Paris regnet es oft, und das hat auch sein Gutes. So zumindest lehrt uns Audrey Hepburn im Film *Sabrina*, den die Romantiker unter uns sicher unzählige Male schon gesehen haben. In einer Szene gibt Sabrina, von Kopf bis Fuß in Givenchy eingekleidet, ihren ganz persönlichen Tipp, wie man sich am besten in der Stadt des Lichts vergnügt: »Wissen Sie, was Sie gleich am ersten Tag in Paris machen? Sie müssen sich Regen bestellen. Keinen Sprühregen, sondern einen mit dicken Tropfen. Dann suchen Sie sich ein bezauberndes Mädchen und fahren mit ihr im Taxi durch den *Bois de Boulogne*.«

Anfang des 19. Jahrhunderts gab es allerdings noch keine Taxis, und wenn es besonders stark regnete, verwandelten sich die Straßen in schlammige Flüsse. Vermutlich deswegen kamen damals die Passagen in Mode. Diese langen, von Glas und Eisen überdachten Galerien, in denen man ganze Viertel durchqueren konnte, ohne dem Chaos der Straßen ausgesetzt zu sein und vor allem ohne sich die Schuhe mit Schlamm zu beschmutzen, wurden von den Bürgern der Stadt mit Begeisterung aufgenommen. So erinnert sich Brazier in *Le Diable à Paris*: »Die Pariser waren schon immer leidenschaftliche Spaziergänger gewesen.« Und am allerliebsten lassen sie sich, geschützt vor schlechtem Wetter, von der Menschenmenge treiben, die allzu gern den öffentlichen Raum zu ihrem persönlichen Wohnzimmer macht.

> »Wissen Sie, was Sie gleich am ersten Tag in Paris machen? Sie müssen sich Regen bestellen.«

Doch hinter den innovativen Pariser Passagen verbirgt sich auch etwas, das noch verführerischer ist als das bloße, vom professionellen Flaneur so geschätzte Vergnügen, sich in der Menschenmenge zu verlieren. Die Galerien, die tagsüber aufgrund ihrer Verglasungen durch natürliches Licht erhellt wurden und nachts dank der erstaunlichen Erfindung der Gaslampen, wurden sofort von den Händlern in Beschlag genommen. Sie witterten das wirtschaftliche Potenzial, das in diesem neuartigen »Stadtbummel« der Pariser steckte, und eröffneten zahllose Läden, die vor Luxuswaren nur so überquollen. Ihre Wände waren mit prunkvollem Dekor ausgeschmückt und von einer unglaublichen Anzahl an Spiegeln behängt, aus denen der glitzernde Pomp zurückstrahlte: »Paris ist die Spiegelstadt. […] Die Frauen sehen sich hier mehr als anderswo, daraus ist die bestimmte Schönheit der Pariserinnen entsprungen. Ehe ein Mann sie anblickt, sehen sie sich schon zehnmal gespiegelt.«

Die Passagen – moderne, verborgene Schatzkammern – gerieten schnell zu einer Bühne der Eitelkeiten und einer weltweit einzigartigen Konsummeile. Paris verwandelte sich in »das ungeheuerliche Wunder«, von dem Balzacs Romane erzählen. Die neuen Galerien der Verlockung ziehen eine immer größere Menschenmasse an und wetteifern untereinander um die neuesten Attraktionen; in ihrem Inneren mehrten sich Konditoreien,

Spielwarenläden, Buchhandlungen, Theater, Lesesäle, Parfümerien und die renommiertesten Modeboutiquen. Begehrte Objekte, die den Stellenwert eines Statussymbols erlangten, wurden zum Warenfetisch erhoben, wodurch diese Epoche der Umbrüche in den Passagen ihren idealen Nährboden fand. Schon Heinrich Heine hatte bemerkt, dass Waren in Paris den Stellenwert von Kultobjekten einnahmen, die die Menschen zu einer fast religiösen Hingabe veranlassten. Der deutsche Dichter hatte Paris zeitlebens geliebt, und während einer seiner endlosen Streifzüge durch die Stadt war er ausgerechnet in der *Passage des Panoramas* zufällig seiner späteren Frau Mathilde begegnet – sicherlich zuerst als Spiegelbild in einem der vielen Cafés.

> Benjamin hatte in den neuartigen
> Jahrmärkten der Wunder
> die Illusion des Glücks der aufkommenden
> Industriegesellschaft erkannt.

Der Profit in all seinen Facetten bildet die Seele dieser modernen Galerien, wie Walter Benjamin in seinem Essay *Das Passagen-Werk* klar soziologisch analysiert. Ein Werk über die Anfänge des Kapitalismus, an dem er jahrelang mit Leidenschaft gearbeitet hatte. Unvollendet übergab er es schließlich seinem Freund Georges Bataille, als er vor den in Frankreich einmarschierenden Deutschen floh, um einer Verhaftung zu entgehen. Im letzten Moment wurde ihm die Überfahrt in die USA verweigert, und so wählte der Philosoph als letzten, tragischen Ausweg den Suizid, um nicht im KZ zu enden. Uns bleibt sein wichtiges gleichermaßen poetisches wie politisches Werk, das aus Fragmenten, Notizen und Gedanken besteht und uns mithilfe der Beobachtung einer Stadt des 19. Jahrhunderts unsere eigene Zukunft aufzeigt. Benjamin hatte in den neuartigen Jahrmärkten der Wunder die Illusion des Glücks der aufkommenden Industriegesellschaft erkannt, doch bereits begriffen, dass diese betörenden Sirenen niemals ihre Versprechungen halten würden.

PASSAGE DES PANORAMAS

Die »Panoramen«, die der Galerie mit Zugang zum Boulevard Montmartre ihren Namen gaben, sind eine verblüffende Erfindung der Epoche. Bei diesem Vorläufer des Kinos, auch »Machine en rama« oder »cosmorama« genannt, wurden riesige perspektivische Panoramabilder gezeigt, die mit einer solchen Präzision gemalt waren, dass sie eine perfekte Illusion der Wirklichkeit erzeugten. Nach dem Durchqueren eines dunklen Ganges kamen die Zuschauer in einen großen runden Saal, der wirkungsvoll ausgeleuchtet war und wo man ein so realistisches Paris betrachten konnte, dass es einem den Atem verschlug, denn das damalige Publikum kannte das Wunder eines Breitwandbildschirms noch nicht. Der Erfolg dieser Rundbilder übertraf alle Erwartungen, und um der Nachfrage des Publikums zu entsprechen, wurde das Angebot der Rundbilder durch weitere Städte erweitert. Selbst Intellektuelle und Literaten wie François-René de Chateaubriand waren entzückt von dieser Zauberei: »Nie wurde ein Reisender auf eine härtere Probe gestellt; wer hätte gedacht, dass es gelingen sollte, Jerusalem und Athen nach Paris zu bringen ...« Das Panorama, das sich dem heutigen Besucher in dieser Passage bietet, ist nichts weiter als der Anblick einer Vielzahl von Läden, die es mit der legendären Geschichte der »Panoramen« nicht aufnehmen können. Ein schleichender Verfall hat sich nach und nach in allen Pariser Passagen breitgemacht, und von den ursprünglich hundertfünfzig luxuriösen Galerien rund um die großen Boulevards im Paris des 19. Jahrhunderts sind gerade mal zwanzig übrig. Doch im Zuge einer generellen Aufwertung und Restaurierung der alten Passagen erlangen die noch bestehenden Strukturen heute wieder an Ansehen. Manche haben zwar ihren antiken Charme verloren, doch ihr Besuch bleibt dennoch ein beeindruckendes Erlebnis, so als entdecke man ein vergilbtes, aber wertvolles altes Buch bei einem unbekannten Antiquar. Ich persönlich finde ja, dass ein Ort erst durch eine gewisse Patina und seine Abnutzungsspuren an Reiz gewinnt, denn sie halten ihn lebendig und verhindern, dass er zu einem bloßen Museumsstück verkommt; ähnlich dem Gesicht einer schönen Frau, das durch ein Lifting seine natürliche Ausstrahlung verliert.

Die »verzauberten Grotten« von damals wird man vergeblich suchen, aber durch ihren Verfall haben die Passagen nun einen neuen, andersartigen Reiz erhalten. Etwas Ungewöhnliches, Romanhaftes, was Dichter wie Louis Aragon auch weiterhin inspirierte, wenn er etwa in seinem *Pariser Bauer* das Sterben der *Passage de l'Opéra,* eines unvergesslichen »sinnlichen Labyrinths«, zelebriert. Der argentinische Schriftsteller Julio Cortázar, ein begeisterter, weltweiter Passagengänger (»Passagen und Galerien waren insgeheim schon immer meine Heimat«), offenbart dem Leser dagegen in seiner Erzählung *Der andere Himmel,* die Galerien in Buenos Aires würden über verborgene, unterirdische Gänge verfügen, die direkt zu den französischen Passagen des 19. Jahrhunderts führen. Doch selbst nach ausgiebiger Suche habe ich sie leider nicht finden können. Wer weiß, vielleicht ist ja einer meiner Leser erfolgreicher.

Eine geheime Tür zu den Gängen könnte sich durchaus in der *Passage des Panoramas* befinden, die zwischen neuen, nichtssagenden Geschäften (wie etwa einem Restaurant in Form eines englischen Zugs) Fragmente alter Schönheit bewahrt hat und kuriose Lokale beherbergt. Das Ganze ergibt zwar einen etwas skurrilen Mix, ist aber dennoch nicht ohne Charme. Die historische Druckerei Stern ist ein schlüssiges Beispiel dieses Aufeinandertreffens von Zeit und Raum, das vermutlich bei den Dogmatikern nicht unbedingt auf positives Echo stoßen wird, für mich aber absolut zum Geist der alten Passagen passt.

> »Passagen und Galerien waren insgeheim
> schon immer meine Heimat.«

Seit 1834 zählte die Druckerei Stern zu den exklusivsten Pariser Adressen für den Druck von Visiten- und eleganten Einladungskarten, doch als sie 2008 in die Rue du Faubourg Saint-Honoré 131 umzog, hinterließ sie ein schwarzes Loch und wundervolle Ladenschilder, die sofort zu historischem Kulturgut deklariert wurden. Nach sieben langen Jahren bürokratischen Tauziehens waren es ausgerechnet zwei italienische Chefköche, die als Geschäftsführer des *Gran Caffé Quadri* in Venedig bekannten Alajmo-Brüder, die auf ein Comeback des historischen Ortes setzten. Mit der Restaurierung der verlassenen Räumlichkeiten wurde Philippe Starck betraut (oder einer seiner vielen Doppelgänger), der sie zu einem Restaurant von düster raffiniertem Ambiente umgestaltete, wo klassische Holztäfelung und Ledersessel mit dem kuriosen Charme ausgestopfter und mit Diamantencolliers behängter Luchse einhergehen. Hat man erst einmal den ersten Schock dieses etwas übertriebenen schick-schaurigen Interieurs überwunden, überzeugt die Küche auf Anhieb, angefangen vom Frühstück mit Croissant und Brioche aus Olivenöl bis zur Stockfischcreme mit gebratener Polenta zum Abendessen. Ganz zu schweigen von dem frisch zubereiteten *Giamaica*-Espresso aus einer Faema-Maschine von 1961, bei dem man am liebsten die italienische Nationalhymne anstimmen würde. Wer nicht unbedingt auf italienische (Sterne-)Küche steht, findet nicht weit vom *Stern* entfernt ein japanisches Lokal, das nur ein einziges Gericht serviert: Gyoza. Hier in der *Gyoza Bar* erhält man diese wunderbaren japanischen Teigtaschen mit unterschiedlicher Füllung: Schweinefleisch, Ingwer, Lauchextrakt und einem Schuss Yuzukosho. (Keine Ahnung, was genau das ist, aber um ehrlich zu sein, geschmacklich wenig aufregend.)

Beim Weiterschlendern durch die Galerie stößt man auf touristische Lokale, Händler für Florentiner Mosaiken, alte Bistrots mit entzückend verzierten Steinböden, dafür aber Speisekarten, die nichts mit ihrer ehrwürdigen Geschichte zu tun haben. Außerdem eine Reihe an Geschäften mit einer nostalgischen Patina für begeisterte Sammler alter Postkarten oder Briefmarken.

In einem kleinen Seitengang stößt man auf den ehemaligen Künstlereingang zum *Théâtre des Variétés*, das hier 1807 eröffnete. Zur Missbilligung der Schauspieler, die extra aus dem Pariser Zentrum hierherkommen mussten, in die damals noch als entlegene Peripherie geltende Gegend. Und das alles nur wegen eines königlichen Dekrets, das dem ernsthaften und dramatischen *Théâtre-Français* den Vorrang geben wollte. Doch bereits die ersten Vorführungen im *Théâtre des Variétés* bescherten den Schauspielern des *Vaudeville* einen – wie Chroniken der Zeit berichten – solch »pyramidalen« Erfolg, dass aus dem einst verschmähten Standort schon bald eine der wichtigsten Pariser Spielstätten für die »leichte« Unterhaltung wurde. Den nach griechischem Vorbild von ionischen Säulen umrahmten Haupteingang vom Boulevard Montmartre durchschritten zahlreiche gekrönte Häupter Europas, angezogen vom Erfolg der Operette *La Belle Hélène* des Komponisten Jacques Offenbach, dessen Musik für die Besucher der Pariser Passagen und die unbekümmerte, nach Unterhaltung süchtige Gesellschaft zur Hymne wurde. »*Lasst uns tanzen, lieben, trinken, singen!*«, lädt der Chor im dritten Akt der *Belle Hélène* das Publikum in unmissverständlichen Worten ein, was dem Komponisten den Titel des »kleinen Mozarts der Champs-Élysées« einbrachte. Nicht ganz unbeteiligt an dem Erfolg der Operette war auch die Darstellerin der Titelfigur, Hortense Schneider, Schauspielerin und Muse Offenbachs, eine absolute Diva, die nicht nur durch ihre Bühnenauftritte, sondern auch aufgrund ihres kapriziösen Gehabes in die Theatergeschichte einging. Die Operettendiva war berühmt für ihre exorbitanten Gagen, ihre an Diamanten und Hermelinen reiche Garderobe, ihr überraschendes Verschwinden am Vorabend einer Premiere und ihre extravaganten Wünsche; besonders liebte sie es, die Kostümbildner erbarmungslos zu quälen, indem sie von ihnen die unmöglichsten Farbtöne für ihre Bühnenkostüme verlangte. Doch vor allem war Hortense berühmt für ihre unendlich lange Liste an Liebhabern, stets sorgfältig aus dem Kreis von Herrschern und adeligen Milliardären ausgewählt. So notiert beispielsweise Prosper Mérimée am 6. Juni 1867: »Die Beine von Mlle Schneider scheinen bei Prinz Wladimir einen bleibenden Eindruck hinterlassen zu haben.« Doch auch Kaiser Franz Joseph, Großfürst Konstantin, die Könige von Bayern und Portugal, der Prinz von Wales, der Graf von Flandern und der Vizekönig von Ägypten sollen in ihrer Garderobe ein und aus gegangen sein; und Wilhelm von Preußen ist angeblich sogar mit den acht Pekinesen der Diva Gassi gegangen, um wenigstens eine Spur ihrer Aufmerksamkeit zu erhaschen. Eine so illustre Zusammenstellung, dass sich eine ihrer Rivalinnen zu folgendem Ausspruch hinreißen ließ: »Diese Frau ist eine regelrechte *Passage des Princes*!« – eine Metapher, die den Erfolg der Pariser Passagen einwandfrei auf den Punkt bringt. Mit dem Untergang des zweiten Kaiserreichs geriet jedoch auch die »Offenbachiade«, wie Daudet es nannte, aus der Mode. Die Geschichte warf ihre dunklen Schatten voraus, und die Leichtigkeit dieser Musik, die es vermocht hatte, Unbeschwertheit und eine anspruchslose Form der Lebensfreude zu wecken, wurde nun verdammt oder bitterböse parodiert. Wie etwa von Émile Zola, der in seinem Roman *Nana* – einem, wie wir bereits wissen, elementaren Sittengemälde jener Zeit, das Prunk und Verderben illustriert – aus der »Belle Hélène« eine »Blonde Vénus« macht.

»Lasst uns tanzen, lieben, trinken, singen!«

Doch die politischen Veränderungen zeitigten keinerlei negative Wirkung auf den Erfolg des *Théâtre des Variétés*, dem es weiterhin gelang, den Zeitgeist einzufangen, und das daher gut besucht blieb. Die Liste prominenter Namen, die über die Jahre hier aufgetreten sind, ist beachtlich. Als Beispiel seien hier nur zwei Bühnenstücke genannt: *Die Kameliendame* von 1889, mit Sarah Bernhardt in der Hauptrolle, und 1993, gute hundert Jahre später, *Dinner für Spinner* mit Jacques Villeret und Claude Brasseur, unter der künstlerischen Leitung von Jean-Paul Belmondo; eine zugegebenermaßen etwas unorthodoxe Zusammenstellung, aber im *Théâtre des Variétés* ist alles erlaubt.

PASSAGE JOUFFROY UND PASSAGE VERDEAU

Genau gegenüber der *Passage des Panoramas*, auf der anderen Straßenseite des Boulevard Montmartre, trifft man auf ein weiteres Labyrinth, das aus der *Passage Jouffroy* und der *Passage Verdeau* besteht. Beide entstanden zwischen 1845 und 1847 und bilden ein komplexes Netz an Galerien, in dem es sich wunderbar im Verborgenen umherstreifen lässt. Nur knapp zwanzig Jahre zuvor war dieser Boulevard Schauplatz der wohl spektakulärsten »Freiluftinszenierung« des *Wilhelm Tell* von Gioacchino Rossini, der seit langem schon in diesem Viertel wohnte.

Unter Leitung des Dirigenten stimmte das gesamte Orchester, gefolgt von den Sängern, die Ouvertüre der Oper auf dem Gehsteig vor Rossinis Wohnung an, um dem Komponisten nach seinem überwältigenden Erfolg an der *Académie Royale de Musique* die gebührende Ehre zu erweisen. Die Polizei musste eingreifen, um die jubelnde Menschenmasse in Schach zu halten, und Rossini, der versuchte, sich einen Weg durch die begeisterte Menge zu bahnen, wäre beinahe von den Gendarmen, die ihn für einen Gewalttäter hielten, verhaftet worden. Jahre später gab es noch einmal einen unbeschreiblichen Volksauflauf vor dem Zugang zur *Passage Jouffroy,* dieses Mal anlässlich der Eröffnung des *Musée Grévin,* des ersten Wachsfigurenkabinetts von Paris, das sich seit 1882 noch immer an derselben Stelle befindet. Wer auf so etwas steht (mich persönlich deprimiert das ja eher), kann die Ausstellung mit all seinen inzwischen mumifizierten Statuen noch immer dort anschauen. Dank dieses Novums und der gewohnten Aneinanderreihung von Luxusgeschäften wurde die *Passage Jouffroy* schon bald zur beliebtesten der Stadt. Alfred Delvau, ein treuer Flanierfreund des Dichters Charles Baudelaire, beschreibt die Passage in seinem Werk *Les Plaisirs de Paris* folgendermaßen: »Man muss sich ernsthaft und mit aller Entschiedenheit einen Weg durch die Menge boxen, durch den Strom von Menschen, die kommen und gehen, wie ein Heringsschwarm, der Richtung Meer treibt.«

Heutzutage hat sich der Menschenstrom etwas gelegt, doch das Eintauchen in die Menge ist und bleibt ein besonderes Vergnügen, insbesondere für einen Forschungsreisenden auf der ständigen Suche nach Kuriositäten. Die *Passage Jouffroy*, die direkt in die *Passage Verdeau* übergeht, wartet mit zahlreichen Überraschungen auf, wie etwa dem Geschäft für Spazierstöcke, von dem wir bereits berichtet haben, oder dem *Hôtel Chopin*, einem kleinen Juwel vergangener Zeiten, genau in der Mitte der Galerie, eingefasst und umgeben von Fachbuchhandlungen für Film, Kunst oder Fotografie. Natürlich fehlt es auch nicht an Antiquitätenläden, und für einen kurzen kulinarischen Zwischenstopp lädt ein Teehaus mit leckerem Kleingebäck ein. Doch mein persönliches Highlight ist ein ganz besonders bezaubernder Spielzeugladen, ein Fachgeschäft auf dem Gebiet der Inneneinrichtung für Puppenhäuser: Wer sich für alles interessiert, was mit Miniaturen zu tun hat, wird hier vor Begeisterung aus dem Häuschen geraten. Wer sich hingegen lieber nach Vorbild einer *Belle Hortense* mit Schmuck behängt oder vorhat, seine Wohnung im Stil des Versailler Schlosses einzurichten, der ist in der Boutique *La Maison du Roy* genau richtig. Doch aufgepasst: Hier verliert man gern mal die Kontrolle und ersteht in einem Moment der königlichen Euphorie leichtsinnig Berge an irgendwelchen Kronen und Umhängen, mit denen man riskiert, auf dem Schafott zu landen.

Es ist »ein ungeheurer Genuss, Aufenthalt zu nehmen in der Vielzahl, in dem Wogenden, in der Bewegung, in dem Flüchtigen und Unendlichen.«

Heute wie früher liegt aber das eigentlich Reizvolle für den urbanen Entdecker, der in uns allen steckt, nicht im Kommerziellen, sondern im ziellosen Herumstreunen durch kleine unbekannte

UNS BLEIBT IMMER PARIS

Labyrinthe. Diese Streifzüge können in uns ein ähnliches kindliches Entzücken hervorrufen wie früher der Moment, in dem man plötzlich eine Überraschung geschenkt bekam.

Darin besteht die Philosophie und der eigentliche Genuss der Passagen. Insbesondere in der heutigen Zeit, in der uns Terroristen dazu nötigen wollen, uns in unsere vier Wände zu verkriechen, und schon beim geringsten Kontakt mit »dem Fremden« Ängste entstehen, müssen wir dem etwas entgegensetzen und uns Eigenschaften wie Neugier und Weltoffenheit zurückerobern. Vielleicht helfen uns dabei die Worte Baudelaires, der gerade durch das Verlassen seiner häuslichen Enge Inspiration erlangte und es liebte, sich in die unbekannte Menschenmenge zu stürzen: »Für den vollendeten Flaneur […] ist es ein ungeheurer Genuss, Aufenthalt zu nehmen in der Vielzahl, in dem Wogenden, in der Bewegung, in dem Flüchtigen und Unendlichen. Draußen zu sein und sich doch überall zu Hause zu fühlen.«

PALAIS ROYALE

> *»Es mag schön oder hässlich Wetter sein, meine*
> *Gewohnheit bleibt auf jeden Fall, um fünf Uhr abends*
> *im Palais Royal spazierenzugehen.«*
>
> Denis Diderot, *Rameaus Neffe*

Der Prototyp der Passagen um den *Palais Royal* entstand 1786, befördert durch den unternehmerischen Geist des Herzogs von Orléans, der ein Cousin des Königs war. Die Suche nach neuen Einnahmequellen, um seinen mehr als unbekümmerten Lebensstil aufrechtzuerhalten, hatte ihn auf die Idee gebracht, die Gärten seines erlauchten Domizils für die größten Bauspekulanten seiner Zeit frei zu geben. Bis dahin war ein Adeliger noch nie als Unternehmer aufgetreten oder hatte den Besitz seines Standes dazu verwendet, um Geld zu machen. Daher, so erzählt man sich, soll König Ludwig XVI. für die Idee seines Cousins auch nur Worte des Spottes übriggehabt haben: »Nun gut, mein Cousin, Ihr habt also beschlossen, Geschäftsmann zu werden! Dann können wir uns wohl nur noch sonntags sehen!«

> Bis dahin war ein Adeliger noch nie
> als Unternehmer aufgetreten oder hatte
> den Besitz seines Standes dazu verwendet,
> um Geld zu machen.

Doch nachdem die *Galeries de Bois* gebaut und sich der Einzelhandel am *Palais Royal* angesiedelt hatte, machte sich niemand mehr über ihn, der inzwischen Geld wie Heu scheffelte, lustig. Trotz seiner bürgerlichen Gesinnung und seiner eindeutig antimonarchistischen Einstellung endete der arme Herzog, der sich nach der Revolution sogar in Philippe Égalité umbenannte, um dem Volk näher zu sein, dennoch auf dem Schafott.

Das Urteil fiel genau ins Jahr 1793, doch sein Hinscheiden setzte dem regen Handel, den er initiiert hatte, kein Ende. Im Gegenteil: Die Revolution, für die er mit dem Leben bezahlte, hatte ihre ersten Anfänge ausgerechnet in den neuen Cafés genommen, die nun auf der Anlage seines *Palais Royal* wie Pilze aus dem Boden schossen und zu einem regen Treffpunkt für Bürger und Intellektuelle wurden. Hier, zwischen den vierkantig geschnittenen Linden, die heute unschuldigen Müttern mit Kinderwägen Schatten spenden, begann der Protestmarsch der Frauen von Paris gegen die Königin von Versailles. Die Geschichte ist allgemein bekannt, Marie Antoinette verpasste die historische Gelegenheit, ihren Mund zu halten, und sprach jenen unglücklichen Satz aus: »Wenn sie kein Brot haben, dann sollen sie doch Kuchen essen!« Ein Ausspruch, der ihr sicherlich nicht dazu verhalf, ihre bereits auf ein historisches Tief gesunkenen Popularitätswerte zu steigern. Es ranken sich zahlreiche Legenden um die Galerien des *Palais Royal*, doch eine Überlieferung scheint tatsächlich verbürgt: Die Revolutionärin Charlotte Corday habe, so heißt es, hier in einem der Geschäfte das Messer gekauft, mit dem sie Jean-Paul Marat anschließend in seiner Badewanne mit den Worten »Ich töte einen Menschen, um 100 000 zu retten« erstach. Ein beliebter revolutionärer Satz, der sich, wie von mir schon des Öfteren betont, noch nie bewahrheitet hat und sich in der Tat auch damals nicht bewahrheitete.

Es waren aber weder diese neuen, von Literaten und Politikern frequentierten Lokale noch die vielen schönen Frauen mit ihrer speziell angefertigten Garderobe, um sich in den glitzernden Spiegeln der Cafés zu sonnen, welche allein die Massen ins *Palais Royal* trieben. Natürlich gab es auch andere Geschäftszweige, die unter den »Kunden« dieser der Öffentlichkeit zugänglichen Salons zu florieren begannen, wie etwa das Glücksspiel, der Schwarzmarkt und vor allem die unterschiedlichsten Formen der Prostitution. Allein in den *Galeries de Bois* des *Palais Royal* zählte man gegen Ende des 18. Jahrhunderts mehr als 2000 Prostituierte, für jeden Geldbeutel und jegliche erotischen Vorlieben. Reisende, die nach Paris kamen, konnten es kaum erwarten, in diesen aufregenden Sündenpfuhl der Passagen einzutauchen, ein Vergnügen, das man damals auch »*faire le palais*« nannte. Man muss nur die Beschreibung in Balzacs Roman *Verlorene Illusionen* lesen, um eine Vorstellung von den Menschenmassen zu bekommen: »[…] daher traf sich abends in den hölzernen Galerien eine so beträchtliche Menge, dass man wie bei einer Prozession oder beim Maskenball im Schritt gehen musste. Es störte niemand und ermöglichte die Prüfung.« Doch damit kein falscher Eindruck entsteht: Heute findet sich unter den perfekt symmetrischen Arkaden des Palais nicht mal mehr der Schatten einer Prostituierten, die, je nach Grad ihrer Professionalität, *Biber*, *Halbbiber* oder *Schwalbe* genannt wurden, sondern nur noch untadelige japanische Touristinnen, die sich lediglich auf Gruppenselfies verstehen.

Der Geschäftssinn des Herzogs von Orléans lebt indes in den neuen Luxusboutiquen wie denen von Stella McCartney und Rick Owens oder dem edlen Vintage-Laden von Didier Ludot weiter, für den ich ja bereits Werbung gemacht habe. Doch das weitaus Exklusivste, was das Viertel zu bieten hat, ist der Parfümtempel von Serge Lutens: Mehr als eine Parfümerie ist es eher eine Oase der Gerüche, wo im Halbdunkel eines an das Grab von Dracula erinnernden Raumes das alte Ritual der Suche nach der perfekten Essenz zelebriert wird. Neben renommierten Designern überleben hier und da noch kleine kuriose Geschäfte wie die *Vilac Gallery*, eine Spielwarenhandlung ausschließlich für Spielsachen aus Holz und umweltverträglichen Materialien, also solchen, die die Kinder von heute ungesehen in die Ecke donnern, wenn man sie ihnen schenkt. Gleich gegenüber trotzt ein entzückender Laden für Glockenspiele mit seinen hinreißenden Spieluhren in allen Formen und Größen der Zeit. Außerdem gibt es da noch das *Maison Bacqueville*, seit über 200 Jahren Dreh- und Angelpunkt für alle, die das Bedürfnis verspüren, sich eine Medaille an die Brust zu heften. Hier findet man alles, was es an Ehrenzeichen gibt, ob antik oder modern, zu privatem oder militärischem Gebrauch. Doch Vorsicht: Wer vorhat, sich einen schönen Nationalorden der Ehrenlegion zuzulegen, um damit herumzustolzieren, wird im Geschäft darauf hingewiesen, ihn besser nur Freunden und Angehörigen zu zeigen, denn in Frankreich verbietet ein strenges Gesetz, sich in der Öffentlichkeit mit einem Orden zu brüsten, den man nicht tatsächlich verliehen bekommen hat.

> Denis Diderot kam jeden Tag zum Palais, um zu entspannen und seine Gedanken zu ordnen.

Doch jenseits seiner Geschäfte und Kuriositäten besteht die eigentliche Pracht des *Palais Royal* bis heute in seinen Gärten: Sie sind ein verborgener Zufluchtsort, eine grüne Oase der Ruhe, wo man nach dem touristischen Marathon wieder zu sich kommen kann. Ausgestreckt auf einer der von der Stadtverwaltung zur Verfügung gestellten Liegen ist es schwer vorstellbar, dass noch vor 200 Jahren, kurz nach dem Sturm auf die Bastille, der aufgebrachte Mob unter diesen Arkaden triumphierend mit dem auf einer Pike aufgespießten Kopf des Generalintendanten des französischen Heeres Foullon aufmarschierte. Der etwas friedlichere Denis Diderot, einer der Väter der *Encyclopédie*, kam jeden Tag zum Palais, um zu entspannen und seine Gedanken zu ordnen, während er den Schachspielern zusah oder, noch lieber, den »Lebemädchen« beim Umgarnen ihrer Klienten. Es ist kein Zufall, dass auf einem dieser müßigen Spaziergänge dem Philosophen seine wohl berühmteste Metapher einfiel: »Meine Gedanken sind meine Dirnen.«

Dieser kleine Park im Herzen von Paris wäre nicht derselbe ohne seine vielen Geister der Vergangenheit. Davon weiß auch Eugenio Scalfari zu berichten, der in seinem Buch *Per l'alto mare aperto*, genau dort, am *Palais Royal*, Diderot höchstpersönlich getroffen haben will. Vorstellbar ist das ohne weiteres, wir können ihn regelrecht sehen, wie er dem Philosophen Anregungen für neue Einträge in seine *Encyclopédie* gibt. Was mich betrifft, so glaube ich fest daran, Honoré de Balzac begegnet zu sein, als er beschwingt das Restaurant *Grand Véfour* betrat. Zumindest kam es mir so vor, allerdings war es an dem Tag auch besonders heiß.

Kulturhistoriker gehen davon aus, dass genau hier, in den neu entstandenen Galerien, die unter der Pariser Bevölkerung immer mehr an Popularität gewannen, während der Jahre der Revolution das moderne Restaurant im heutigen Sinne entstanden ist. Einige Wissenschaftler wagen die kühne These, die findige Idee sei ursprünglich durch die großen Köche der Adelshäuser aufgekommen, die durch die systematische Verhaftung und Hinrichtung ihrer Arbeitgeber nun ohne Anstellung auf der Straße standen. Sie sahen sich also gezwungen, öffentliche Küchen einzurichten, wo sie den Kunden des neu entstandenen Bürgertums ihre kulinarischen Leckereien anboten, die vorher ausschließlich einer privaten Elite vorbehalten waren. Unter den Arkaden des *Palais Royal* siedelten sich die Lokale für die gehobene Klasse an, wie etwa das *Grand Véfour* (das einstige *Café de Chartres*), das Ende des 18. Jahrhunderts seine Pforten öffnete und zur großen Überraschung noch heute mit all seinen Spiegeln und in seiner ganzen Pracht dort steht. Um dieses Restaurant ranken sich Geschichten von legendären Trüffeln und gefüllten Tauben, die nicht weniger von Bedeutung waren als die politischen und literarischen Themen, die man an seinen Tischen diskutierte. Bisher habe ich die schicksalhafte Schwelle des Restaurants noch nicht überschritten, aber durch die Vorhänge habe ich schon einmal einen Blick ins Innere auf seine prunkvolle Einrichtung, die blitzsauberen Tischtücher und das Porzellan erhascht. Genau in eben jenem Moment schien mir, als würde ich plötzlich Honoré de Balzac erblicken, wie er zufrieden sein reichhaltiges Mittagsmahl zu sich nahm, das er sich nur dann gönnte, wenn er zuvor von seinem Verleger einen Scheck für eine seiner schweißtreibenden Arbeiten erhalten hatte.

Chroniken überliefern den mehr als üppigen Appetit des großen Schriftstellers, der allein als Vorspeise über hundert Austern verputzte, die er mit drei Flaschen Weißwein begoss. Doch wenn der Autor der *Menschlichen Komödie* im Schaffensrausch war, verordnete er sich eine eiserne Diät und einen strikten Tagesablauf, ohne den er sein Arbeitspensum von knapp zwanzig Stunden am Stück nicht durchgehalten hätte. Wenn man bedenkt, dass er dabei auch noch Weltliteratur schuf! Er streifte sich ein schlichtes Hemd über und setzte sich an seinen Schreibtisch, wo, um nicht wieder aufstehen zu müssen, neben einer großen Kanne Kaffee bereits Tinte, Papier und Feder bereitlagen. Balzac bereitete sich sein Lieblingsgetränk selbst zu, wobei er drei unterschiedliche Sorten miteinander mischte, die er in drei unterschiedlichen Läden an drei verschiedenen Stellen in Paris erstand. Kaffee war für ihn das unerlässliche Aufputschmittel, das ihm die nötige Energie gab, seinen Arbeitsmarathon durchzustehen. Ein zwangsläufiger Kraftakt, um seine zahlreichen Aufträge zu erfüllen, die er notgedrungen annehmen musste zur Bewältigung seiner enormen Schulden.

Der Mann, der die tiefsten Abgründe der menschlichen Seele und deren »verlorene Illusionen« begriffen hatte, war ein unbelehrbarer Träumer, der sich immer wieder und mit derselben Naivität seiner Romanfiguren in trügerische Abenteuer und aussichtslose Liebschaften stürzte. Er hätte zu gern ein mondänes Leben geführt an der Seite seiner *Etrangère*, jener Frau, um die er ein Leben lang buhlte, und dennoch war er trotz seines Erfolgs dazu verdammt, Tag und Nacht zu arbeiten, immer allein, in der kleinen Wohnung in Passy, wo er sich vor seinen Gläubigern versteckte.

Diese Wohnung in der Rue Raynouard 47, im 16. Arrondissement, ist das bescheidenste seiner vielen Domizile und das einzige, das heute noch existiert. Welch Ironie des Schicksals! Heute ist die Wohnung zu einem Museum umgebaut, und als Verehrer des großen Romanautors ist es wirklich bewegend, sich in den wenigen Zimmern umzusehen, in denen noch immer der Originalschreibtisch und -stuhl stehen und vor allem seine geliebte Kaffeekanne; ein kleines Universum, das die größte »menschliche Komödie« der Literatur des 19. Jahrhunderts hervorgebracht hat. Wer anschließend irgendwelchen Nervensägen entfliehen möchte, die schon während des ganzen Parisaufenthaltes nicht lockerlassen, für den ist nun der ideale Zeitpunkt gekommen, um sie loszuwerden: Die Wohnung verfügt über einen strategischen Hinterausgang, den Balzac oft benutzte, um unliebsame Gläubiger abzuschütteln.

> Der Mann, der die tiefsten Abgründe der menschlichen Seele und deren »verlorene Illusionen« begriffen hatte, war ein unbelehrbarer Träumer, der sich immer wieder in trügerische Abenteuer und aussichtslose Liebschaften stürzte.

Könnte die luxuriöse Ausstattung im Restaurant *Grand Véfour* sprechen, würde sie uns auch über andere denkwürdige Empfänge zu berichten wissen. Wie etwa über das 1830 von Victor Hugo spendierte Galadiner anlässlich der Premiere von *Hernani*, einer für die damalige Zeit skandalösen Oper, die den größten Literaturstreit des 19. Jahrhunderts auslöste. Dieser regelrecht bis aufs Blut ausgefochtene Kampf zwischen den neuen Romantikern und den Verfechtern des klassischen französischen Theaters hätte fast mit einer Schlägerei in den Zuschauerrängen des *Théâtre-Français* geendet – doch das Porzellan des Restaurants blieb zum Glück verschont. Ein Abendessen im *Grand Véfour* ist immer ein unvergessliches Erlebnis, und das galt auch für Dumas d. Ä., einen weiteren kultivierten Feinschmecker und Experten auf dem Gebiet verschiedenster kulinarischer Köstlichkeiten. Sein Wissen ging sogar so weit, dass er ein berühmtes Nachschlagewerk, *Das große Wörterbuch der Kochkunst*, verfasste: ein gigantischer Schmöker mit Rezepten, der die heutigen Köche noch immer vor Neid erblassen lässt, eingeschlossen die Jury von MasterChef. So erinnert sich Dumas an das legendäre Restaurant in seinem Roman *Die Mohikaner von Paris*:

»Nach Paris, also … und wo gedenkt ihr zu soupieren?«
»Bei *Véfour*!«
»Bei *Véfour*? … Wohl denn!«, rief das junge Fräulein aus und klatschte vor Freude in die Hände. »Seit einer ganzen Weile schon höre ich von *Véfour* sprechen: man sagt es sei recht kurios!«

Auch ich wäre bereit, vor Freude in die Hände zu klatschen, bleibe aber vorläufig noch draußen stehen und spähe durch die mit schweren roten Samtvorhängen abgeschirmten Fensterscheiben ins Innere. Ich wage es nicht, mich in Schale geworfen an einen dieser Tische zu setzen, teils wegen des andachtsvollen Ortes, der etwas Respekt einflößt, teils aus Angst vor der Rechnung, die, wie ich aus informierten Kreisen weiß, saftig werden kann. Andererseits: Erinnerung hat ihren Preis, und zudem ist der derzeitige Küchenchef der Zwei-Sterne-Koch Guy Martin, der sich als Kenner sowohl der japanischen als auch der klassischen französischen Küche auf wunderbare Weise darauf versteht, beide miteinander zu verschmelzen. Ich wünsche ihm ebenso viel Ruhm wie dem großen Pariser Koch Carême, dem ersten überhaupt, dem man den Titel »Chef« verliehen hatte und den Balzac mit folgender Grabinschrift ehrte: »Carême: einem, der zu Lebzeiten für sein Genie brannte wie das Feuer des Herdes.«

DIE BÜRGERIN DES PALAIS

> *»Adieu Königin des Viertels, adieu Zauberin.*
> *Du hast uns dazu gebracht, dein Gesetz,*
> *deinen Atem, dein Credo zu lieben.*
> *An deinem Fenster pocht noch ein Vorhang.*
> *Die Augustnacht ist noch erfüllt von Liebkosungen.*
> *Claudine lebt weiter, oh Tochter von Sido.«*
>
> Louis Aragon, *Madame Colette*

Irgendwann werde ich gewiss den Mut finden, das Restaurant zu betreten, nicht zuletzt um zu überprüfen, ob die Speisekarten tatsächlich noch immer die von Jean Cocteau bemalten Originale sind. Der Dichter war häufiger Gast im Restaurant und hatte es praktischerweise zu seinem »Stammlokal« gemacht, wohnte er doch nur ein paar Schritte entfernt in einem Mezzanin des *Palais Royal*. Regelmäßig kam er in Begleitung seiner Freundin, der Schriftstellerin Colette, der Grande Dame der Pariser Kulturszene und ebenso wie Cocteau eine »Bürgerin des *Palais Royal*«, wie sich die glücklichen Bewohner über den Arkaden des ruhmreichen Palastes nannten. Nachdem Colette jahrelang in einer ungesunden Zwischengeschosswohnung gehaust hatte, was ihr eine chronische Bronchitis einbrachte, war es ihr endlich gelungen, in eine Wohnung mit Blick ins Grüne umzuziehen, in der sie bis zu ihrem Tod wohnen blieb. »Jeden Morgen gingen wir ein wenig Luft schnappen – ich, die Katze und die Bulldogge.«

So beschreibt die Schriftstellerin das, was sie inzwischen als ihren Pariser Garten betrachtete, ein Stück Landschaft mitten im Zentrum von Paris: »Ich stelle mir gern vor, dass im *Palais Royal* ein Zauber alles bewahrt, was gefährdet ist und trotzdem fortdauert, was verwittert und trotzdem standhält.« Der Fotograf Robert Doisneau hat sie in einem Porträt vor dem Fenster ihrer Wohnung mit Sicht auf das *Palais Royal* verewigt. Eine berühmte Aufnahme, die den Blick Colettes auf dieses für ihre tägliche Arbeit so wichtige Panorama festhält. Die Schriftstellerin, die Cocteau liebevoll »Tintenquelle« nannte, schrieb im Schatten des Palais eine Fülle wunderbarer Bücher, wie etwa *Diese Freuden*, einen wegweisenden Text über jede Art von Beziehung zwischen den Geschlechtern.

> »Ich stelle mir gern vor, dass im *Palais Royal*
> ein Zauber alles bewahrt, was gefährdet ist
> und trotzdem fortdauert, was verwittert und
> trotzdem standhält.«

Colette arbeitete oft liegend im Bett, das sie zärtlich »das Floß« nannte: im Alter hatte sie es direkt an das Fenster geschoben und ausgestattet wie ein Erste-Hilfe-Rettungsboot, befüllt mit Büchern, Katzen, Stiften, Papier und der unerlässlichen Lampe mit dem bläulichen Licht. Als sie starb, wurde ihr eine religiöse Bestattung verwehrt, da ihr Leben aus Sicht der klerikalen Würdenträger dafür zu »skandalträchtig« gewesen war. Stattdessen erhielt sie ein feierliches Staatsbegräbnis, das erste überhaupt für eine Frau in Frankreich. Mehr als 10 000 Trauergäste strömten zum

Palais Royal, um Colette die letzte Ehre zu erweisen, die zwischen den Linden ihres geliebten Gartens, direkt unter ihrer legendären Wohnung aufgebahrt auf einem Katafalk lag. Einige wollen sie dabei beobachtet haben, wie sie aus ihrem Fenster, eine Katze auf dem Arm, herunterspähte: Den obligatorischen Kajalstrich unter den ironisch blickenden Augen, die roten Haare wie elektrisiert vom Kopf abstehend, stellte sie vielleicht zum letzten Mal einen Teller mit gezuckertem Wasser für die Bienen aufs Fensterbrett, die jeden Sommer zu ihr zurückkehrten. »Die Stadtbiene hat […] mich verlassen, ohne sich Zeit zu nehmen, ein wenig Zuckerwasser zu schlürfen, das ich ihr in einem Löffel ohne Stil bereit gemacht habe, den ich wie eine kleine Badewanne in die Erde eines Blumentopfes eingrabe. Sie kam von weither und sie ging weit fort…«

Genauso wie Colette selbst.

PASSAGE CHOISEUL UND GALERIE VIVIENNE

*»Aber es ist jammerschade, dass man […] die
Stätten niederreißt, […] deren Geister die moralische
Atmosphäre einer Stadt erst schaffen.«*

Jean Cocteau

Jede einzelne der noch bestehenden Pariser Passagen in all ihren Details und mit ihren zahllosen Geheimnissen zu beschreiben würde mehr als ein ganzes Buch füllen, denn jede birgt ihr eigenes Rätsel, das es zu erforschen gilt. Ein gutes Beispiel hierfür ist eine der ältesten Pariser Passagen, die winzige *Passage de l'Ancre*, zwischen der Rue de Turbigo und der Rue Saint-Mar-

tin, eine Art blühender Hinterhof, eingezwängt zwischen zwei
Gebäuden. Dort kann man im *Pep's* nach wie vor seinen Re-
genschirm zur Reparatur bringen oder einen neuen kaufen. Ein
Handwerk durchaus von Belang (wie Audrey Hepburn sagen
würde). Nicht verpassen sollte man ebenfalls die *Passage du
Grand-Cerf*, die sich zur populären Rue Saint-Denis hin öffnet.
Ende der 1980er Jahre wurde sie runderneuert und beherbergt
heute eine ganze Reihe entzückender überwiegend kunsthand-
werklicher Läden.

Eine ganz andere Stimmung findet man hingegen in der dämm-
rigen *Passage Choiseul* vor, welche die Rue des Petits-Champs mit
der Rue Saint-Augustin verbindet. Selbst wenn hier der quirlige
Offenbach mit der Gründung des *Théâtre des Bouffes-Parisiens*
seine Kariere begann, bevor er anschließend ans *Théâtre des Variétés* ging, ist die Architektur der Galerie von einer fast schon me-
taphysischen Schlichtheit, die geradezu beklemmend wirkt. Einen
gewissen Einfluss mag dabei auf mich wohl auch einer der illustren Besucher der Passage gehabt haben, der Schriftsteller Louis
Ferdinand Auguste Destouches, bekannt unter seinem Künstlernamen Céline. Seine Eltern besaßen hier in der Passage, in der
Nummer 67, noch bis Anfang des 20. Jahrhunderts einen Laden
für Nippes, Spitzen und anderen Krimskrams. Céline wuchs also
quasi in der Passage auf, ein zweifelsohne ungesunder Ort und
unpassend für ein kleines Kind. »Unsere letzte Bude […], war mit
Eisenstäben vergittert, wegen der Diebe und der Katzen. Das war
mein Zimmer … « Ich bin mir nicht sicher, ob diese Anfänge den
Schriftsteller in seiner Bitterkeit und seinem Pessimismus beein-
flusst haben, doch aus der Beschreibung der *Passage de Choiseul*,
die er uns in *Tod auf Kredit*, einem seiner bekanntesten späteren
Romane liefert, ist die Beklemmung herauszuspüren. »Die Passage war allerdings eine unglaublich verpestete Ecke. Man ver-

reckte drin, langsam, aber sicher, zwischen dem Urin der kleinen Köter, dem Kot, dem Schleim, dem ausströmenden Gas.« Heute sieht es hier etwas anders aus, umfassende Restaurierungsarbeiten sind im Gang, und Schleim gibt es auch nicht mehr. Doch die Atmosphäre von früher ist noch immer spürbar, und der Geist von Céline hat nicht die Absicht, sich vertreiben zu lassen. Noch ein Grund mehr, die Passage zu besuchen.

Wer nach dieser »Reise ans Ende der Nacht« Lust verspürt, neue Lebensfreude zu tanken, muss nicht weit gehen: Die *Galerie Vivienne* ist rasch zu erreichen und stellt mit ihrem Mosaikfußboden und den langen Lüstern, die von der Glasfront der Überdachung hinabhängen, meine absolute Lieblingspassage dar. Über diese lichtdurchflutete und elegante Galerie sage ich nur so viel: Man muss sie gesehen haben! Doch vorher sollte man sich vielleicht noch im *Bistrot Vivienne* stärken, das sich, von der Rue des Petits-Champs kommend, gleich am Eingang der Passage befindet. Ein wichtiger Ort, den ich immer dann aufsuche, wenn ich meine Traurigkeit verscheuchen und in den Kern von Paris vordringen will, das, um mit den Worten Victor Hugos zu sprechen, mehr nur als eine Stadt, eine Medizin zum Erhalt der Seele ist. Außerdem sollte man unbedingt bis in die tiefsten Windungen der Galerie vordringen, denn dort erwartet einen die faszinierende Buchhandlung *Petit-Siroux*, die schon seit 1826 in diesen Räumlichkeiten untergebracht ist. Neben dem eigentlichen Verkaufsraum verfügt sie über einen kleinen Lesesaal, der an die historischen, für die Passagen typischen *Cabinets de Lecture* erinnert. Sie waren die Vorläufer der heutigen Bibliotheken, wo die Kunden sich zur Lektüre verschiedenster Publikationen oder der neuesten Zeitungsnachrichten aufhalten konnten. Der heutige Geschäftsführer der *Petit-Siroux* ist ein Nachfahre des Gründers und einer der kompetentesten und sympathischsten Buchhändler von ganz Paris. Seine wertvolle Hilfe beim Lavieren durch den Schlund der Großstadt war für mich unerlässlich, und bei dieser Gelegenheit möchte ich mich bei ihm dafür ganz herzlich bedanken. In Anlehnung an den Titel dieses Buches wünsche ich mir persönlich, »uns bliebe immer die *Galerie Vivienne*« erhalten. Von daher kann ich den Kummer von Colette, als sie das erste Mal aus ihrem geliebten *Palais Royal* ausziehen musste, gut nachvollziehen: »Dabei erwog ich, was mir alles verlorengehen würde: zum Beispiel die Galérie Vivienne und ihre beiden verschwiegenen Gässchen dazwischen, die Venedig würdig waren …«

QUAIS

Q WIE QUAIS

»Und die Seine ist wie ein Mensch,
manchmal eilt sie, manchmal geht sie rasch,
sie legt einen Schritt zu, wenn der Abend dämmert,
im Frühling bleibt sie oft still liegen
und blickt euch an wie ein Spiegel [...]«

Jacques Prévert, *La Seine a rencontré Paris*

»[...] konnte ich mich niemals am Fluss einsam
fühlen.«

Ernest Hemingway, *Paris – ein Fest fürs Leben*

Der *Square Raoul-Nordling* ist ein kleiner, kaum bekannter Platz im Herzen des 11. Arrondissements, gleich bei der Rue de Charonne, die sich im Gegensatz zu diesem in den letzten Jahren zu einer lebendigen Straße mit vielen Bistrots und interessanten Geschäften gewandelt hat und daher vor allem bei dem jungen Pariser Publikum beliebt ist. Ich kenne den kleinen Platz, weil ich schon mehrmals durch das Viertel geschlendert bin, um die Wartezeit auf einen freien Tisch im Bistrot *Clamato*, in dem man nicht vorreservieren kann, zu überbrücken. Doch der Fisch dort ist so erstklassig, dass es sich lohnt, auf einen freien Platz zu warten. Das *Clamato* in der Rue de Charonne wird vom selben Chefkoch geführt wie das nur einige Meter entfernte, erst kürzlich eröffnete *Septime*, ein einfaches Restaurant mit guter Küche. Allerdings habe ich dort noch nie gegessen, denn es ist immer voll. Hier kann man zwar reservieren, aber mindestens drei Wochen im Vorhinein, und ich habe es bisher noch nicht geschafft, so weit vorauszuplanen, selbst für weitaus wichtigere Dinge in meinem Leben.

Während ich so zwischen den Bäumen des kleinen Parks am *Square Raoul-Nordling* herumschlenderte und den Jungen zusah, wie sie beim Ballspiel das eiserne Gitter vor der Kirche als Tor malträtierten, habe ich mich immer wieder gefragt, wer wohl dieser Raoul Nordling gewesen sein mochte. Und so fand ich heraus, dass es keine einzige der Seinebrücken mehr gäbe, die bis heute den Fluss bezwingen, wenn nicht besagter schwedische Herr Nordling gewesen wäre, der unter der deutschen Besatzung Generalkonsul in Paris war. Am 9. August 1944, als Hitler langsam anfing zu begreifen, dass er sich von seinem irren Traum einer Weltherrschaft verabschieden musste, führte er das legendäre Telefongespräch mit General Dietrich von Choltitz, dem Befehlshaber der deutschen Truppen in Paris, und gab ihm folgenden, endgültigen Befehl: »Paris darf nicht oder nur als Trümmerfeld in die Hand des Feindes fallen.« Wie ein Besessener begann er anschließend, das *Hôtel Meurice*, die damalige Kommandantur von Groß-Paris, mit Telefonaten zu bombardieren, um sicherzustellen, dass sein wahnwitziger Plan auch in die Tat umgesetzt würde, wobei er immer wieder dieselbe Frage stellte: »Brennt Paris?« Tatsächlich waren bereits entsprechende Maßnahmen getroffen und die Brücken der Stadt sowie Notre-Dame und der Eiffelturm vermint. Doch der endgültige Befehl zur Sprengung, mit der die Vergangenheit und die Schönheit der Stadt des Lichts unwiederbringlich ausgelöscht worden wären, blieb aus. Wer den Film *Brennt Paris?* von René Clément aus dem

Jahre 1966 gesehen hat – in erstklassiger Besetzung mit Orson Welles in der Rolle des schwedischen Konsuls –, der kennt die Geschichte. Raoul Nordling, der zum deutschen General eine vertrauensvolle Beziehung aufgebaut hatte, benötigte eine ganze Nacht, um ihn zu überzeugen, sich dem wahnsinnigen Diktat des Führers zu widersetzen. Dank seiner diplomatischen Fähigkeiten und einer außergewöhnlichen Menschenkenntnis gelingt ihm dieses Unterfangen wie durch ein Wunder, und er wird zum Helden der Franzosen.

Von Choltitz hingegen kam mit dem Leben davon. Jahre später kehrte er noch einmal inkognito nach Paris zurück und erklärte dem Barkeeper des *Meurice*, er hätte niemals die Zerstörung seines geliebten Paris zugelassen. Wie auch immer… Der Platz ist jedenfalls dem schwedischen Generalkonsul gewidmet und nicht ihm. Und wir kommen heute dank Monsieur Nordling (bei dessen Namen ich immer das Gesicht von Orson Welles vor mir habe) noch immer in den Genuss der romantischsten Orte von Paris. Welches Liebespaar ist nicht schon mindestens einmal der Verlockung erlegen, sich auf einer der 37 Brücken zu küssen? Entlang der Seine verliebt man sich, oder man trennt sich für immer. Aber nicht ohne die Schönheit eines im Wasser spiegelnden Abschieds. Nicht umsonst zählt das Ufer des poetischen Flusses seit 1991 zum UNESCO-Weltkulturerbe. Allerdings ist dieses Thema etwas heikel, und man läuft Gefahr, gängige touristische Klischees aufzufahren. Doch wer könnte dem Charme der *Bateaux-mouches* mit so klingenden Namen wie »Catherine Deneuve« oder »Yves Montand« widerstehen? Oder beim Anblick der berühmten *Bouquinistes*, jener Buchhandlungen unter freiem Himmel, die es seit über 300 Jahren schon am Seineufer gibt, nicht schwach werden? (Selbst wenn sie heute immer öfter Magneten für den Kühlschrank verkaufen, bleiben sie doch, wie wir bereits wissen, eine unantastbare Institution der Stadt.) Ganz zu schweigen von den Brücken, allen voran der *Pont-Neuf*, Schauplatz des gefeierten Films *Die Liebenden von Pont-Neuf* von Leos Carax, eines der ergreifendsten, aber auch kostspieligsten Projekte der französischen Filmgeschichte. Was nur wenige wissen: Nach einem Monat Dreharbeiten im Zentrum von Paris wurde das komplette Set aufgrund einer Reihe unglücklicher Begleitumstände in ein Studio im Süden von Paris verfrachtet, wo der Regisseur eine ganze Brücke originalgetreu nachbauen lassen musste, um seine Arbeit fertigstellen zu können. Doch der Film schenkt uns dennoch einige der schönsten Aufnahmen des Pariser Flusses, wie etwa die Nachtsequenz, in der Juliette Binoche im Widerschein des von Jubel begleiteten Feuerwerks auf der Seine Wasserski fährt.

URLAUB JENSEITS DES MASSENTOURISMUS

»Und fröstelnd zieht im rosigen Gewand
Der Morgen langsam her vom Seinestrand.«

Charles Baudelaire, *Morgengrauen*

Von Prévert bis Baudelaire – niemand konnte sich der Poesie des Flusses entziehen. Selbst den griesgrämigen Kommissar Maigret überkommt beim Anblick der Seine von seinem Bürofenster im Justizpalast am *Quais des Orfèvres* ein Anflug von Melancholie: »Er blickte gedankenverloren auf die Seine, die jenseits der Bäume floss, auf die vorüberfahrenden Kähne und die hellen Flecken der Kleider der Frauen auf der *Pont Saint-Michel*.«

Mal Hand aufs Herz: So überlegen, wie wir uns auch fühlen

mögen und großspurig einem Massentourismus trotzen, bei dem man im Gänsemarsch dem richtungsweisenden Wimpel hinterhertrottet, sind wir dennoch diesem majestätischen Fluss mit Haut und Haar ausgeliefert. Die Seine und ihre historischen Ufer, die Léon-Paul Fargue in *Der Wanderer durch Paris* als poetische Meisterwerke bezeichnet, bilden die Essenz von Paris, und es wäre zwecklos und abträglich, sie bei einem Aufenthalt nicht genügend zu würdigen. Besser also man lässt sich widerstandslos von den tentakelartigen Windungen des Kitsches mitreißen und arbeitet brav alles ab, was das Protokoll verlangt. Zuallererst, wie es sich gehört, eine Tour durch Paris vom Wasser aus: Nun gut, es muss nicht gleich eines dieser großen Ausflugsboote sein, bei denen man die Sehenswürdigkeiten durchs Mikrofon erklärt bekommt, doch mit einer der regulären *Batobus* sollte man unbedingt mal mitgefahren sein. Mit der Tageskarte für öffentliche Verkehrsmittel kann man die Seine rauf- und runterfahren ohne Ende. Die Haltestellen an den wichtigsten städtischen Sehenswürdigkeiten sind optimal für einen kurzen Zwischenstopp, oder alternativ dazu kann man auch einfach sitzen bleiben und es sich im Sommer auf der Terrasse und im Winter im geheizten Innenraum gut gehen lassen. Ich zumindest mache das so. Es gibt zahlreiche Möglichkeiten, eine Schiffstour auf der Seine zu unternehmen, und auch weitaus luxuriösere, aber ich liebe es, mit diesem einfachen Wasserbus zu fahren, es regt die Gedanken an und bereitet eine kindliche Freude, die jede schlechte Laune vertreibt. Guillaume Apollinaire, der Experte schlechthin für Wehmut, hat das natürlich in schönere Worte gefasst als ich, und Dichtern sollte man grundsätzlich glauben:

»*Unterm Pont Mirabeau fließt die Seine.*
Was Liebe hieß,
muss ich es in ihr wiedersehn?
Muss immer der Schmerz vor der Freude stehn?«

Endlich befreit von den eigenen Ansprüchen nach einem Urlaub jenseits der Touristenmassen, ist nun genau der richtige Zeitpunkt gekommen, bedenkenlos einen Platz auf einem der schwimmenden Restaurants zu reservieren, auf denen man bei Austern und Champagner sanft über das Wasser getragen wird. Wer nicht seefest ist, sollte besser auf eine der vielen *Péniches* ausweichen, die fest an der Mole verankert sind. Das Ufer der Seine ist von diesen ursprünglichen Frachtkähnen gesäumt, und es gibt ausreichend Auswahl für jeden Geschmack und Geldbeutel. Von den zentraleren Booten angefangen, wie etwa dem am Quai Montebello vor Anker liegenden *La Nouvelle Seine*, mit Blick direkt auf die Kathedrale Notre-Dame, bis hin zu den etwas kultigeren Kähnen mit Musik, Essen und gängigen Trends, alles in der passenden Dosis: so zum Beispiel das *Batofar*, am Fuße der *Bibliothèque François Mitterrand*, in einer Gegend voller Lokale und regem Nachtleben. Oder man probiert einfach eines der Bistrots »auf Zeit« aus, die derzeit so hoch im Kurs stehen. Restaurants oder Bars, die nur während der Sommersaison existieren und dann verschwinden, wie etwa *Les Maquereaux*, der Newcomer am Quai de l'Hôtel de Ville, mit bretonischen Austern und geräuchertem Thunfisch von der *Île d'Yeu* als besonderen Spezialitäten. Dazu ein Glas der besten französischen Weißweine und gratis den Sonnenuntergang über der *Île Saint-Louis* oben drauf. Aber Vorsicht: Einmal habe ich stundenlang vergeblich auf den Sonnenuntergang gewartet und mich währenddessen dermaßen betrunken, dass ich am Ende meinen letzten Groschen hergeben

musste. In mitteleuropäischen Sommern können die Sonnenun-
tergänge einem zeitweise übel mitspielen. Teilweise muss man bis
zehn Uhr abends oder noch länger warten, und wenn man bereits
um sechs Uhr mit einem Aperitif beginnt, könnte das unter Umständen verheerende alkoholische Konsequenzen haben.

Doch die Pariser Sommer warten auch noch mit anderen
Überraschungen auf. Wer Mitte Juli in die Stadt kommt, wird
vom psychedelischen Glitzern weißen Sandes, mit dem die Seineufer im Zentrum zentnerweise zugeschüttet werden, elektrisiert.
Palmen und Liegestühle verwandeln das Ganze in eine tropische
Insellandschaft, die im extremen Kontrast zu der Skyline einer
Großstadt steht; denn es kommt für gewöhnlich eher selten vor,
dass man am Horizont einer karibischen Insel den Eiffelturm
sieht, es sei denn, man hat etwas zu viel Cuba Libre erwischt.
Diese Halluzination heißt »*Paris Plages*« und ist eine Initiative,
die in der Presse wie üblich von Anfang an kontrovers diskutiert
wurde, doch nach vierzehnjährigem Bestehen nunmehr zu einer
nicht wegzudenkenden Attraktion und einem festen Bestandteil
der sommerlichen Tradition geworden ist. Jeden Sommer können die während der Ferien zu Hause gebliebenen Einwohner zusammen mit den Touristen ungestört die Sonne an der Seine genießen und die nackten Füße in den heißen Sand graben, dort wo
im Winter sonst eine verkehrsreiche Straße verläuft.

Unter dem Pflaster liegt der Strand!

»Unter dem Pflaster liegt der Strand«, lautete einer der Slogans
während der Revolte im Mai '68; vermutlich hatten die Studenten
dabei etwas anderes im Kopf, aber wie man weiß, geht die Revolution manchmal buchstäblich auf halbem Weg verloren. An diesem saisonalen Strandabschnitt kann man nach Herzenslust ein

Sonnenbad nehmen, allerdings sollte man es tunlichst unterlassen, vor lauter Übermut zum Baden in den Fluss zu springen. Im Moment ist das Wasser der Seine noch immer absolutes Sperrgebiet. Doch der Bürgermeister hat versprochen, bis zum Jahr 2024 werde man in der Seine schwimmen können. Derweil muss man sich eben mit Luftbefeuchtern oder dergleichen begnügen oder alternativ für einen Tanz- oder Tai-Chi-Kurs anmelden, besser noch: es sich mit einem guten Buch unter dem Sonnenschirm bequem machen, während die Kinder darum wetteifern, wer die schönste Sandburg baut … Und das alles, nicht zu vergessen, im Schatten von Notre-Dame. Wer jedoch die Gegend um die Kanäle lieber mag, kann dort mit einem noch breiteren Freizeitangebot rechnen. Die Pariser Stadtverwaltung richtet ähnliche Sandstrände nämlich auch an den Ufern des *Bassin de la Villette* ein, doch hier, auf dem ruhigen Wasser des Beckens, sind zudem auch unterschiedliche Wassersportaktivitäten erlaubt. Für alle Traditionsbewussten gibt es das gute alte Turnier im *Pétanque* bzw. Bocciaspiel, das in Frankreich fast genauso beliebt ist wie die Tour de France.

EIN STRAND IN MONTPARNASSE

»Würde man in mich hineinsehen, fände man Strände.«

Agnès Varda

Vor einigen Jahren tauchte in Paris plötzlich noch ein weiterer Strand auf, allerdings nicht an der Seine, sondern in Montparnasse, genauer gesagt in der Rue Daguerre. Ein Name, den man sofort mit der Erfindung der Fotografie und des Films assoziiert, und genau dieser Geist umweht die Gebäude der Straße. In der Hausnummer 86 wohnt seit jeher die unkonventionelle Regisseurin und Schlüsselfigur der französischen *Nouvelle Vague* Agnès Varda, eine geistreiche und intelligente Frau, die sich immer wieder aufs Neue in avantgardistische Abenteuer stürzt.

Agnès Varda nahm die Idee der *Paris Plages* im Kleinen quasi vorweg und ließ für den Dreh eines originellen, autobiographischen Dokumentarfilms einen mit Sand beladenen LKW in ihre Straße transportieren. Der Film *Die Strände von Agnès* ist ein Geschenk, das sie sich 2008 zu ihrem 80. Geburtstag selbst machte. Um das Porträt ihres an faszinierenden Ereignissen und Begegnungen reichen Lebens zu entwerfen, wählte sie den Strand als Protagonisten: vom Strand ihrer Kindheit bis zu jenem imaginierten Kunststrand, den sie in einer Ecke ihres Viertels anlegte, und verlegte damit für einige Tage ihr Zuhause an die Meeresküste. »Könnte man in die Menschen hineinblicken, fände man Landschaften. Würde man in mich hineinsehen, wären es Strände«, gesteht Agnès unbedarft. Mithilfe von Freunden und Mitarbeitern, die sie bereitwillig bei dieser verspielten Retrospektive unterstützten, wurde ihr Büro kurzerhand ins Freie auf einen goldschimmernden Sandstreifen geräumt und uns damit der Anblick des Meeres im 14. Arrondissement geschenkt. Wer heute durch die Rue Daguerre geht, findet keine Küstenlandschaft mehr vor, doch schon von Weitem erkennt man, in welchem Haus Agnès Varda wohnt: Für gewöhnlich ist die Fassade in einem leuchtenden Rosa gestrichen, und die Eingangstür erkennt man an ihren pastellfarbenen Streifen. Aber vielleicht ist es inzwischen auch ein anderer Farbton, der hängt ganz von Agnès' Kreativität und Stimmung beim Anstreichen ab. Ihre Filme leben, ähnlich wie die ihres großen Freundeskreises, von einer unbekümmerten und unangepassten Originalität, durchzogen von einem Hauch Ironie. Ein Beispiel dafür ist die Szene in *Die Strände von Agnès*, in der die Regisseurin ihrem Freund Chris Marker, der im Film wie ein riesiger, einem Comic entsprungener Kater dargestellt wird, in wenigen Worten zu erklären versucht, was man unter *Nouvelle Vague* eigentlich genau versteht. Die Entstehung der bedeutendsten Bewegung der französischen Filmgeschichte wird darin auf nichts als die schlichte Notwendigkeit zurückgeführt, dass der Produzent de Beauregard kostengünstige Filme herstellen musste ... Wir sprechen hier von Filmen wie *Außer Atem* von Godard, *Mittwoch zwischen 5 und 7* von Varda oder unkonventionellen Musicalfilmen wie *Die Regenschirme von Cherbourg* ihres Lebensgefährten Jacques Demy. Absolute Meisterwerke einer Reihe von Regisseuren, die innerhalb weniger Jahre die Ästhetik des Films revolutionierten.

Agnès Varda war nie eine Frau des Wortes, weder in ihren Filmen noch im Privaten. Und in einer der schönsten Einstellungen ihres Dokumentarfilms sieht man sie am Steuer eines kleinen Segelbootes, ähnlich einer Nussschale, die Seine aufwärts gegen den Strom fahren und unerschrocken vom Meer aus ihre Wohnung im 14. Arrondissement erreichen. So zumindest will sie uns weismachen, und wir als leidenschaftliche Zuschauer lassen uns auf ihren Traum ein.

Zwischen den Stränden ihrer Erinnerungen erscheint auch das Motiv der letzten Überfahrt an das andere Ufer, die Jacques Demy bereits angetreten hat. Agnès Varda hat ihn auf seiner endgültigen Reise auf den Friedhof von Montparnasse begleitet und dabei, wie ich mich erinnere, an seine anwesenden Freunde wertvolle Fotogramme mit Ausschnitten aus der Abschiedsszene von *Die Regenschirme von Cherbourg* verteilt. Für eingefleischte Bewohner des 14. Arrondissements wie Agnès Varda ist der Friedhof von Montparnasse auch ein Stadtteilpark, ein Garten, in dem man fröhlich zwischen den Gräbern von Serge Gainsbourg und Charles Baudelaire herumschlendert. Für Agnès Varda bleiben die regelmäßigen Spaziergänge mit ihren Kindern dort unvergesslich, bei denen sie die düsteren Verse Rilkes von den weißen Chrysanthemen wie einen Kinderreim deklamierte. Die Pariser Friedhöfe haben nichts Trauriges an sich, im Gegenteil: Sie sind oft Orte der Inspiration und der Schönheit, die das Leben der Stadtbewohner widerspiegeln. Und Montparnasse bezeugt auch mit seinen Gräbern den kulturellen *Esprit* der Rive gauche; hier liegen Simone de Beauvoir und Jean-Paul Sartre begraben, Man Ray, Beckett, Ionesco und Brâncuşi, vereint in einem nicht enden wollenden Symposium hitziger Kulturdebatten, die sie bereits zu Lebzeiten angeregt führten. Jetzt mit dem Zuwachs durch Wolinski ist die Atmosphäre noch stärker aufgeladen.

> Zwei rivalisierende Ufer, die sich bisweilen
> wie zwei feindliche politische Lager
> gegenüberstanden, um sich zum Duell in
> Modernität und Avantgarde herauszufordern.

Die beiden Ufer der Seine lieferten sich seit jeher einen Wettstreit der Ideen und Kreativität. Auch die beiden Ausrichtungen der *Nouvelle Vague* wurden »Rive droite« und »Rive gauche« genannt, und in den Jahrhunderten des künstlerischen Lebens der Stadt haben Schriftsteller, Intellektuelle und Dichter ihr Fähnchen einmal nach hier, einmal nach dort gedreht, dem Wind ihrer Inspiration entsprechend. Zwei rivalisierende Ufer, die sich bisweilen wie zwei feindliche politische Lager gegenüberstanden, um sich zum Duell in Modernität und Avantgarde herauszufordern, konkurrieren heute traurigerweise nur noch beim Angebot der Restaurants und Modegeschäfte. Doch in dieser Stadt ist niemals das letzte Wort gesprochen.

FILMBEGEISTERTE FLANEURE

Seit jeher widmete sich vor allem der Film Paris mit seinem trennenden und einenden Fluss. Man kann wohl sagen, dass alle Regisseure seit den Brüdern Lumière die Stadt hingerissen mit dem verklärten Blick eines Verliebten betrachten. Um sich daher nicht im Meer der Bilder zu verlieren, gibt es für filmbegeisterte Flaneure die äußerst nützliche App *Cinemacity*. Anstatt auf Pokémon-Jagd durch die Straßen zu irren, können wir uns endlich auf Entdeckungstour nach den Drehorten berühmter Filme machen, in denen die Stadt selbst die Hauptrolle übernimmt. Einfach das Smartphone auf seine Umgebung richten, und schon findet man heraus, ob an dieser Stelle eine bekannte Filmszene gedreht wurde. Oder man wählt den Namen eines Regisseurs und erhält die entsprechende Information, wo genau in der Stadt er seine Aufnahmen machte. *Cinemacity* bietet auch die Option *Balades*, thematische Spaziergänge, die mehrere Filmtitel unter einem Motto zusammenfassen und die entsprechenden Originalszenen praktischerweise zum Vergleich gleich mitliefern. Eine wunderbare Reise durch Zeit und Raum. Problemlos lässt sich zwischen *Aristocats* – mit seiner an Notre-Dame vorbeiführenden nächtlichen Verfolgungsjagd im Beiwagen – und der Dramatik des flüchtigen Liebespaares in *Außer Atem* hin und her switchen. Jean-Luc Godards Film ist beispielhaft für seine innovative Aufnahme- und Schnitttechnik, mit der er das Kino revolutionierte und alle nachfolgenden Regisseure inspirierte. Nicht ganz unbedeutend für den Erfolg des Filmes war auch die Besetzung

273

mit *König* Belmondo, wie Quentin Tarantino, ein großer Fan des Films, ihn nannte: »Zu Beginn von *Außer Atem* sieht man einen jungen Schauspieler vor einem Filmplakat stehen und von einer Karriere als Humphrey Bogart träumen. Die letzten zwanzig Jahre haben wir davon geträumt, eines Tages so berühmt zu werden wie Jean-Paul Belmondo… Der Name Belmondo steht nicht nur für einen Filmstar oder eine Person. Es ist ein Wort gleichbedeutend mit Vitalität, Charisma, Lebensmut.« Damit spricht er mir absolut aus der Seele. Das Gespann Jean Seberg/Jean-Paul Belmondo steigt zur Ikone der Moderne auf und wird zum Sinnbild erotischer Ausstrahlung, die sich für immer in unser emotionales Gedächtnis eingräbt (zumindest in meines und in das von Quentin). Mal ehrlich: Wer kann es mit dem Sex-Appeal eines Jean-Paul Belmondo aufnehmen, der sich lasziv mit dem Daumen über die Lippen fährt und dabei den Blick eines ausgewachsenen Schurken aufsetzt? Wer der hoffnungslosen Liebe dieser beiden Getriebenen nachspüren möchte, muss wieder zur Seine zurück, genauer gesagt an den Quai Saint-Michel 15, in ein Hotel mit Blick zur *Île de la Cité*, das sich heute *Hôtel Les Rives de Notre-Dame* nennt. Hier im Zimmer 12 lebten die beiden ihre kurze Liebe aus – wie mir der Portier des Hotels versicherte, der zu Marketingzwecken informierter ist als ein Kritiker der *Cahiers du Cinema*. Um den Vorgang der Affektübertragung zu Ehren Godards abzuschließen, sollte man sich dann noch jemanden zum Küssen in die Rue Xavier-Privas an der Ecke zum Quai Saint-Michel mitnehmen. Dort nämlich küssten sich die beiden Protagonisten zum letzten Mal (eine Szene, die im Film nicht vorkommt, aber von der es ein legendäres Standbild gibt), und nachdem man weiß, wie der Film ausgeht, ist es ein Kuss mit entsprechendem Gänsehauteffekt. Ein Belmondo-Double zu finden wird sicherlich nicht ganz einfach werden, aber eine zweite Jean

Seberg gibt es ja nun mal ebenso wenig. Zum Glück bleibt da immer noch die wunderbare Seine, die alles wieder aufwiegt.

DIE SCHWANENINSEL
UND DIE MAGIE DER NACHT

Der Pariser Fluss wurde über die Jahre hinweg Zeuge einer solchen Vielzahl filmischer Liebesszenen, dass man unmöglich alle Schauplätze ablaufen kann. Doch als Italienerin mit entsprechendem filmischem Nationalstolz kann ich nicht anders, als einen skandalträchtigen Film zu würdigen, der in die Annalen der Stadt einging. Um die Schlüsselszene der Begegnung zwischen dem betreffenden Liebespaar erneut aufleben zu lassen, müssen wir uns zu einem weniger bekannten Abschnitt der Seine begeben, zwischen der *Pont de Bir-Hakeim* und der *Pont de Grenelle*. Hier liegt die Schwaneninsel, die *Île aux Cygnes*, eine kleine 890 Meter lange und nur elf Meter breite, künstliche Insel, praktisch eine von Bäumen eingerahmte Allee, ideal zum ungestörten Flanieren. Nicht zu verwechseln mit der heute nicht mehr vorhandenen *Île des Cygnes*, die zu Beginn des 18. Jahrhunderts vom Sonnenkönig speziell für seine wertvolle Schwanenzucht angelegt wurde. Er war von diesen Tieren derart besessen, dass er sich eine komplette Familie aus Dänemark besorgen ließ.

Um ganz andere Obsessionen geht es dagegen in Bernardo Bertoluccis Film *Der letzte Tango in Paris*. Genau hier, auf der *Pont de Bir-Hakeim*, von der aus ein Steg zur kleinen Schwaneninsel führt, begegnen sich Marlon Brando und Maria Schneider zum ersten Mal. Die Szene ist ebenso unvergesslich wie die Brücke, die von da an zum beliebten Filmset wird oder, besser gesagt, zur Lieblingskulisse frisch Vermählter für das obligatorische

275

Hochzeitsbild im Familienalbum. Man sollte diese Paare besser vorwarnen, dass sich zwischen den Brückenpfeilern im Stile Eiffels Geister der Vergangenheit versteckt halten, die ihrer zukünftigen Ehe gefährlich werden könnten. Der Film, der zensiert und sogar von den eigenen Darstellern verteufelt wurde (allen voran Maria Schneider, die später eingestand, sich nie wieder von dieser brutalen Erfahrung erholt zu haben), stellt die düsterste und barbarischste Seite der Sexualität eines Mannes in seiner ganzen Dekadenz zur Schau. Heute, nach mehr als vierzig Jahren, bleibt der Film unverändert ein kontroverses Manifest der Gewalt, von enormer Sprengkraft gegen den Mythos der heilen Familie.

Bernardo Bertolucci gesteht in einem Interview für die Sendung *CinéTV Mémoires* des rühmenswerten Fernsehkanals Arte, er habe darin, wie zuvor bereits in anderen Filmen, zum wiederholten Mal die Figur des Vaters getötet. Worauf sein Vater, der Dichter Attilio Bertolucci, bei anderer Gelegenheit mit einer großen Portion Humor reagierte: »Mehrmals hast du mich jetzt schon umgebracht und bist noch nicht einmal zu einer Gefängnisstrafe verurteilt worden!« In demselben Interview gesteht Bertolucci seine Liebe zu Paris, einer Stadt, die quasi dazu geboren sei, filmisch festgehalten zu werden. Dasselbe muss sich wohl auch Roman Polanski während der Dreharbeiten zu *Frantic* gedacht haben; die Kamerabewegung verfolgt Harrison Ford bei der temporeichen Jagd auf der Suche nach seiner verschwundenen Frau bis auf die *Île des Cygnes*, diesmal allerdings von der anderen Brücke aus, die zur Insel führt, der *Pont de Grenelle*. In der Einstellung der spannungsreichen Szene ist auch die Freiheitsstatue zu sehen; wir sprechen hier von einer perfekten Kopie in verkleinertem Format, einem nur elf Meter hohen Denkmal, das die in den USA lebenden Bürger Frankreichs 1889 anlässlich des 100-jährigen Jubiläums der Französischen Revolution der

Stadt Paris schenkten. Ein Freiheitssymbol in Miniatur, das leider perfekt zu unserem Zeitgeist passt. Um sich von diesen bitteren gesellschaftspolitischen Gedanken abzulenken, schlage ich vor, es zur Entspannung mit einem Selfie im Stil eines Trompe-l'oeil zu versuchen. Besagte Statue bietet sich perfekt dazu an, aus der Froschperspektive eine täuschend echte Aufnahme des New Yorker Vorbildes zu schießen und damit die Freunde zu Hause, die einen in Paris wähnen, in die Irre zu führen. Ein Dutzend Likes sind garantiert. Schwäne wird man allerdings nur schwer finden, auch wenn an einem verborgenen Ort des Flusses angeblich noch immer die Nachfahren der Schwanenzucht des Sonnenkönigs leben. Und tatsächlich habe ich in einer sternenreichen Nacht schon mal einen einzelnen Schwan gesehen, wie er ruhig auf der Seine an mir vorbeischwamm, als wäre er gerade einem Gedicht von Baudelaire entstiegen. Dabei war ich nicht mal auf der *Île aux Cygnes*, sondern auf der zentral gelegenen *Île de la Cité*. Wer mir nicht glaubt, kann sich gern an meinen Freund Fabio wenden, der dabei war; und keiner von uns hatte auch nur einen Tropfen Alkohol getrunken. Zu der magischen Stimmung hat allerdings gewiss auch die Nähe zur *Pont de la Tournelle* beigetragen, auf der alles möglich ist, besonders des Nachts, denn genau hier tanzte Woody Allen in seinem Musicalfilm *Alle sagen: I love you* mit Goldie Hawn in einer der romantischsten und akrobatischsten Szenen der Filmgeschichte. Das könnte wiederum auch an Sainte-Geneviève, die Schutzpatronin der Stadt Paris, liegen, die mit ihrer charismatischen und besänftigenden Präsenz die Szenerie auf einer nahen Säule thronend überwacht; wenn sie schon als junge Frau die Hunnen vom Vormarsch auf Paris abhalten konnte, dann kann sie gewiss auch dafür sorgen, dass wir auf den Gehsteigen entlang der Seine tanzend herumwirbeln!

Zudem ist die Nacht ideal, um in der Magie dieses geheimnisvollen, verführerischen Flusses zu schwelgen: »Ich liebe leidenschaftlich die Nacht. Ich liebe sie, wie man seine Heimat liebt oder die eigene Geliebte, mit einer instinktiven, tiefen, unbezwinglichen Liebe.« So Maupassant in seiner wunderbaren Erzählung *Die Nacht*. Doch Vorsicht vor dem Untertitel: *Alptraum*. In einen solchen gerät nämlich der Protagonist des Buches nach einem poetischen Spaziergang durch die verwaisten Straßen der Stadt. Die Dunkelheit wird zunehmend undurchdringlicher, das Wasser der Seine so eisig und starr, dass der Mann schließlich überzeugt davon ist, es würde nie wieder Tag werden, und als Opfer dieser Wahnvorstellung beschließt er, sein Ende am Ufer der Seine abzuwarten. Ein ideales Buch für einen Parisaufenthalt, zumindest wenn man nicht allzu empfänglich oder anfällig für jedwede Paranoia ist.

Rosa Bonheur
SUR SEINE

DÉCLARATION DES DROIT
FEMME ET DE LA CITOY

'A décréter par l'Assemblée natie
ses dernières séances ou dans
la prochaine législature.

PRÉAMBULE

Les mères, les filles, les sœurs
sentantes de la nation demandent
tituées en assemblée nationale. Co
que l'ignorance, l'oubli ou le m
droits de la femme, sont les seules
des malheurs publics et de la corrup
gouvernements, ont résolu d'expo
use déclaration solennelle, les droi
rels, inaliénables et sacrés de la
afin que cette déclaration, cons
présente à tous les membres du corps
leur rappelle sans cesse leurs droits
devoirs, afin que les actes du pouve
femmes, et ceux du pouvoir des h
pouvant être à chaque
le but de toute institut
plus respectés, afin
principes simples et incontest
des citoyennes, fondée
toujours au maintien de la c
bonnes mœurs, et au bo

En conséquence, le sexe
comur en chacune
maternelles, rec

ROSA BONHEUR

R WIE ROSA BONHEUR

»Die Frau ist die Zukunft des Menschen.«

Louis Aragon, *Le fou d'Elsa*

Das erste Mal, als ich den Namen »Rosa Bonheur« hörte, dachte ich, es handele sich um eine Schokoladenmarke oder, da ich mich gerade in Paris befand, um ein Label für Dessous oder Sexspielzeug. Ganz nebenbei bemerkt findet man in Paris, über die ganze Stadt verteilt, Erotikshops mit einer breiten Produktpalette, die Abwechslung in das Sexleben von Paaren oder Singles bringen soll. Wenn man über den *Boulevard de Clichy* durch Pigalle schlendert, fallen einem die wunderbarsten Auslagen von Fachgeschäften ins Auge, die für Produkte mit absoluter Wirkung werben. Von einfachen Phalli in diversesten Formen und Größen bis hin zu den neuesten elektronischen Geräten mit 100-prozentiger Orgasmusgarantie, ausgestattet mit USB-Anschluss. Teilweise hinterlassen sie, eingepackt in Zellophan und überzogen von einer Staubschicht, eher einen tristen Eindruck. Aber zumindest leisten sie ihren Beitrag, um den Mythos von Paris als einer unzüchtigen und ausschweifenden Stadt aufrechtzuerhalten. Und auch sie haben schließlich Anspruch auf einen Platz in der Geschichte.

Jedenfalls lag ich völlig falsch: *Rosa Bonheur* hat absolut nichts mit Süßigkeiten oder Pornoshops zu tun. Es ist der Name eines kleinen Restaurants auf der höchsten Erhebung des *Parc des*

Buttes-Chaumont, einer Art rustikaler Dorfschänke mit Tischen im Gastgarten, wo man einen Ökosnack zu sich nehmen und sich zum gemeinsamen Singen dem Chor *Les Chorales Rosa Bonheur* anschließen kann. Jeder kann bei den wöchentlichen Treffen mitmachen, doch anstatt die *Hymne an die Freude* von Beethoven anzustimmen, stehen hier Songs von *Queen* bis hin zu alten Liedern aus der Vorkriegszeit auf dem Programm. Beim Singen stehen hier vor allem das gemeinsame Erlebnis und die Freude im Vordergrund, was auch dem Geist des Lokals entspricht, das seit seiner Gründung der Tradition Pariser Tavernen, der sogenannten *Guinguettes*, treu geblieben ist.

Inzwischen wurde ein zweiter Ableger an der Seine, beim *Port des Invalides*, eröffnet. Auch hier, im *Rosa Bonheur sur Seine*, folgt man dem gelebten Leitspruch: »Trinken, essen, singen«. Allerdings nicht unbedingt in der genannten Reihenfolge.

Mich packte die Neugierde, und ich dachte, Rosa Bonheur sei der Name der Gründerin dieses Unternehmens, das sich der *Joie de vivre* verschrieben hat – doch auch dieses Mal lag ich völlig daneben. Stattdessen stieß ich auf eine wunderbare Geschichte. Man muss den Gründern des Vereins *Les Amis de Rosa Bonheur* wirklich größte Anerkennung dafür zollen, dass sie mit ihrer Namenspatronin eine besondere Frau würdigen und bekannt machen wollen, die vielleicht andernfalls in Vergessenheit geraten wäre. So das Schicksal vieler Frauen, die Wertvolles in der Geschichte geleistet haben, aber in den offiziellen Büchern meist nicht erwähnt werden.

Marie Rosalie Bonheur, genannt Rosa Bonheur, wurde am 16. März 1822 in Bordeaux geboren und hatte, für damalige Zeiten, das große Glück, einen Vater zu haben, der den Ideen des Saint-Simonismus anhing. Dies war der Grund, warum er sich gegenüber den neuen Erziehungsidealen sehr offen zeigte, wonach Frauen nicht mehr nur als Wesen galten, die sich mit Stickereien die Zeit vertrieben, während sie auf die passende Partie zum Heiraten warteten: »Den Prinzipien, denen mein Vater anhing, verdanke ich den großen und außerordentlichen Stolz gegenüber meinem eigenen Geschlecht, für dessen Unabhängigkeit ich mich einsetzen werde, solange ich lebe.«

So wächst Rosa mit der Freiheit auf, sich bilden zu dürfen und ihren Leidenschaften nachzueifern, zu denen das Zeichnen und Tiere gehören. Als die Familie nach Paris zieht, arbeitet die junge Rosa weiterhin an ihrem künstlerischen Talent, doch schon bald ist sie es überdrüssig, ständig in den *Louvre* zu gehen und sich an den Großen der klassischen Malerei zu messen. Sie, die sich als die »bubenhafteste von allen Buben« bezeichnete, liebt es, im Freien zu malen, im Beisein ihrer geliebten Pferde, die zusammen mit Kühen, Ochsen, Hunden und Füchsen zu ihren Lieblingsmotiven werden.

»Ich empfand ein unwiderstehliches Gefallen an Ställen, mehr als jeder Höfling an den königlichen oder kaiserlichen Vorzimmern. Welch herrliches Gefühl, wenn diese wundervollen Kühe mit ihrer Zunge über meinen Kopf leckten, während sie gemolken wurden.«

Mit vierzehn Jahren lernt sie in der Schule die Liebe ihres Lebens kennen, Nathalie Micas, ein Mädchen, mit der sie über fünfzig Jahre lang, jedweder Konvention zum Trotz, eine Liebesbeziehung verbinden wird. Rosa ist zielstrebig und kämpferisch und beginnt erste Erfolge zu erzielen. Mit erst neunzehn Jahren werden ihre Werke zusammen mit den Arbeiten der bedeutendsten Maler jener Zeit im *Salon* ausgestellt. Von da an wird sie von der renommierten Institution für ihre Gemälde mit Preisen überhäuft und erhält schließlich, mit 26 Jahren, die goldene Medaille für eine Bilderserie, unter der sich auch das großformatige Ge-

mälde *Bœufs et Taureaux, race du Cantal* befindet, ein programmatisches Manifest ihrer Liebe zur Natur. In der Jury jenes Jahres befinden sich Größen wie Corot, Ingres und Delacroix, die an
Worten des Lobes für die junge Künstlerin nicht sparen. Sogar
Théophile Gautier bemerkt begeistert: »Was für eine Wahrheit,
welche perfekte Beobachtungsgabe!«

Rosa hat sich unerschrocken eine schwierige Branche ausge-
sucht: Sie will nicht nur eine erfolgreiche Malerin werden, sondern
obendrein auch auf die traditionell für Frauen übliche Motivik wie
Blumenbouquets oder liebliche Familienszenen verzichten. Die
Gemälde, die sie ausstellt, sind riesig und wuchtig, stellen bis ins
kleinste Detail realitätsnah Tiere bei der Arbeit oder in der freien,
unberührten Natur dar. Doch die Betrachter sind nicht nur von
der Präzision ihres Pinselstrichs fasziniert, es ist auch der Blick der
Tiere, in dem sich etwas Magisches verbirgt, als sei es der Künstlerin gelungen, mit dem Pinsel deren Seele einzufangen.

FRAU IST MAN NICHT DURCH GEBURT, MAN WIRD ES

»Ich gelobe hoch und heilig, – und das ist der erste
Funke Mut und Ehrgeiz meines Lebens! – dass ich die
Frauen aus ihrer verruchten Stellung befreien werde,
durch meine Taten und meine Schriften. Gott wird mir
beistehen, auf dass auch die Sklaverei der Frauen ein
Spartacus haben wird … So soll es sein, oder ich will bei
den Bestrebungen sterben.«

George Sand in einem Brief an Frédéric Girerd, 1837

Schon bald wird ihre Ausstrahlungskraft von bedeutenden Kritikern wahrgenommen, die sich anerkennend äußern, doch auch von Neidern, die nicht glauben wollen, dass eine junge Frau über ein solches Talent verfügen kann: »Eine Frau, die mit einer solchen Stärke malt, kann nur ein Monster sein.« Rosa gewöhnte sich bald an solche sexistischen und böswilligen Kommentare, die sie ihr ganzes Leben begleiten sollten, doch wenn es um die Einschränkung ihrer Bewegungsfreiheit ging, war sie kategorisch. Für eine Frau im 19. Jahrhundert war es nicht einfach, sich auf der Suche nach kreativer Inspiration allein in der Stadt zu bewegen. Erschwerend kam außerdem hinzu, dass Rosas Lieblingsorte in Paris die Schlachthöfe waren. Dort fand sie ihre idealen Modelle zum Porträtieren, und obendrein bot sich ihr die Möglichkeit, ihre Studien in Anatomie und Knochenkunde zu vertiefen, was ihre Kunst weiter perfektionierte.

> »Ich empfand ein unwiderstehliches
> Gefallen an Ställen, mehr als jeder Höfling
> an den königlichen oder kaiserlichen
> Vorzimmern.«

Sicherlich kein Ort für eine feine Dame, doch die Malerin hatte klare Vorstellungen und kommentierte unmissverständlich: »Was für eine Schererei als Frau in seinem Tun eingeschränkt zu sein.« Um mehr Bewegungsfreiheit zu haben und Belästigungen zu vermeiden, begann Rosa Männerkleidung zu tragen. Kein leichtes Unterfangen, denn im Paris jener Zeit galt ein Gesetz, das Frauen ausdrücklich verbot, sich in der Öffentlichkeit in Männerbekleidung zu zeigen: »Jedwede Frau, die sich wie ein Mann zu kleiden wünscht, ist gehalten, sich bei der Polizeipräfektur zu melden und eine Bewilligung zu beantragen, die nur aufgrund eines Zertifikats eines Beamten der Gesundheitsdienste ausgestellt werden kann.«

Doch Rosa lässt nicht locker: »Ich trage Hosen und finde dieses Kleidungsstück absolut natürlich. Der Schöpfer hat uns allen zwei Beine geschenkt, und ich verstehe nicht, warum eine Frau sich nicht auf bequemere und praktischere Weise fortbewegen sollte.«

> »Ich trage Hosen und finde dieses Kleidungsstück absolut natürlich. Der Schöpfer hat uns allen zwei Beine geschenkt, und ich verstehe nicht, warum eine Frau sich nicht auf bequemere und praktischere Weise fortbewegen sollte.«

Die berühmte und gefeierte Schriftstellerin George Sand, bei der wir sofort an ihren maskulinen Stil denken, musste sich die Blöße geben und um eine entsprechende Erlaubnis anfragen, wenngleich sie weniger die Schlachthöfe als vielmehr die Pariser Salons aufsuchte. George und Rosa waren Zeitgenossinnen und – jede für ihren Bereich – Vorreiterinnen, die mit ihren Talenten die französische Kunst und Literatur beeinflussten, aber vor allem durch ihren freien und unkonventionellen Lebensstil mit der Zeit zu wahrhaften Ikonen der weiblichen Emanzipation wurden. Selbst wenn sie sich aus der Ferne gegenseitig bewunderten, so waren sich die beiden Frauen doch niemals wirklich begegnet, nicht mal beim Schlangestehen vor der Pariser Präfektur, um die entspre chende Erlaubnis zu erbitten, sich so zu geben, wie sie waren. Ein pikantes Detail nebenbei: Diese Verordnung, die es Frauen verbot, »sich als Mann zu kleiden«, wurde in Frankreich erst 2013 aufgehoben, ganz einfach aus dem Grund, weil man sie zwischen den Tausenden von Erlassen und Dekreten schlichtweg vergessen hatte. Kaum zu glauben, dass ein Land, das sich die Meinungsfreiheit auf die Fahnen geschrieben hat, in seiner Geschichte so blamable Ausrutscher leisten kann, wie zuletzt das absurde Verbot von Burkinis am Strand.

1848 beginnt Rosa Bonheur die Früchte ihrer harten Arbeit zu ernten; nachdem ihr im *Salon* die goldene Medaille verliehen worden war, gibt der französische Staat bei ihr sein erstes offizielles Werk in Auftrag, was ihr nicht nur den Stolz ihrer Familie einbringt, sondern auch die ersten größeren Einnahmen. Sie verwendet das Geld, um ihre Eltern zu unterstützen, sich ihre erste eigene Stute – Margot – zu kaufen und ein finanziell völlig unabhängiges Leben zu führen, wie sie es sich schon von klein auf gewünscht hatte: »Ich möchte viel Geld verdienen, denn das ist der einzige Weg, alles tun zu können, was man will.«

Ein Versprechen, das sie sich selbst am Todestag ihrer Mutter gegeben hatte, die der Armut und den Entbehrungen nicht gewachsen war. Der größte Antrieb in ihrem Bestreben, »die Frauen wieder aufzurichten«, wie Rosa Bonheur stets wiederholte, scheint dabei das traurige Schicksal ihrer Mutter gewesen zu sein, die mit vier Kindern und ohne Unterstützung ihres Mannes zurechtkommen musste, nachdem dieser in ein Kloster eingetreten war, um sich für die revolutionären Ideen der Saint-Simonisten einzusetzen und die Welt zu retten. Ein recht typischer Widerspruch großer Männer, die oft hohen Idealen nacheifern und dabei die Leiden ihres unmittelbaren Umfelds völlig ausblenden. Das Wahlrecht für Frauen stand damals noch in weiter Ferne, ebenso wie all die grundlegenden Rechte, für die Olympe de Gouges sich bereits zur Zeit der Französischen Revolution in ihrer *Erklärung der Rechte der Frau und Bürgerin* von 1791 starkgemacht hatte, damit jedoch auf wenig Gehör gestoßen war. Eine Schrift, die ihrer Zeit so weit voraus war, dass ihre Autorin mit dem Leben dafür büßen musste und von jenen Kameraden zum Tode verurteilt wurde, mit denen sie kurz zuvor noch gemeinsam gekämpft hatte und auf die Barrikaden gegangen war. Die Begründung für das Urteil zum Tod durch die Guillotine lässt keinen Zweifel am patriarchalischen Selbstverständnis der Freunde Robespierres: »Olympe de Gouges wollte sich als Staatsmann aufspielen [...]. Das Gesetz spricht sie schuldig der Anstachelung und der Missachtung der Tugenden, die ihrem Geschlecht gebühren.« Doch Olympe ahnte bereits, dass es so kommen würde, denn in einer ihrer ersten Erklärungen vor der Generalversammlung bestach sie durch ihre messerscharfe Logik: »Die Frau hat das Recht, das Schafott zu besteigen. Gleichermaßen muss ihr das Recht zugestanden werden, eine Rednertribüne zu besteigen.«

Mitte des 19. Jahrhunderts, als Rosa in Männerkleidung durch Paris streifte, hatte sich für die Frauen trotz der Kämpfe und Forderungen der zweiten Revolution im Juli 1830 nichts Wesentliches geändert. Weder die mutige Beteiligung der Frauen an den Aufständen noch das enorme Gemälde von Eugène Delacroix, das heute im *Louvre* hängt und auf dem die Freiheit als barbusige Anführerin der Barrikadenkämpfe dargestellt wird, die stolz eine französische Flagge schwingt, hatten dafür genügt. Die Wege, die die Gesellschaft »normalen« Frauen vorgab, waren nach wie vor dieselben: Ehe, Kloster oder Prostitution. Neue Wege zu beschreiten erforderte noch immer Mut, für den man womöglich einen hohen Preis bezahlte und Gefahr lief, im Gefängnis oder hinter den gefürchteten Mauern einer psychiatrischen Anstalt zu landen.

Aus diesem Grund ist die Tatsache, dass Rosa 1865 das große Kreuz der Ehrenlegion verliehen wird, umso bedeutsamer. Die

Malerin ist die erste Frau in Frankreich überhaupt, die solch eine hohe Auszeichnung erhält. Zudem wird sie ihr auch noch von Kaiserin Eugenia, der Frau von Napoleon III. und großen Verehrerin von Rosas Kunst, persönlich überreicht. Als sie der Malerin mit feierlicher Geste den Orden anheftet, erklärt sie: »Der ist für Sie. Ich bin stolz, die Patin der ersten Künstlerin zu sein, die eine solch hohe Auszeichnung erhält.«

> Die Wege, die die Gesellschaft »normalen«
> Frauen vorgab, waren nach wie vor
> dieselben: Ehe, Kloster oder Prostitution.

Die Kaiserin hatte gut zwölf Jahre gebraucht, um ihre revolutionäre Entscheidung durchzudrücken. Das Komitee der Ehrenlegion erachtete Rosa Bonheur eigentlich als eine zu skandalträchtige Person, um sie in den Kreis der Prämierten aufzunehmen. Aber letztendlich hatte sich die Kaiserin durchgesetzt und Genugtuung erhalten.

George Bizet, brüderlicher Freund der Malerin, komponierte nicht nur eine Ode ihr zu Ehren, sondern kommentierte auch noch belustigt: »Unsere Rosa war nie eitel, sie hat nie Blumen oder Schleifen verwendet. Doch jetzt wollte die Kaiserin ausgerechnet, dass sie sich mit zwei besonders auffälligen Exemplaren davon schmückt.«

Rosa Bonheur wird zu einem regelrechten Star, und nicht nur in Frankreich: Ihre Tierporträts werden für Ausstellungen auf der ganzen Welt angefordert. Finanziell hat sie nun ausgesorgt, und so kann sie sich ein kleines Schloss mit einem drei Hektar großen Park in Thomery, in der Nähe von Fontainebleau, kaufen, das sie gemeinsam mit ihrer langjährigen Lebensgefährtin Nathalie bezieht. Doch die zwei Freundinnen bleiben nicht lange allein, denn Rosa kann sich nun ihren Kindheitstraum erfüllen und in ihrer persönlichen Arche all ihre geliebten Tiere versammeln: Pferde, Kühe, Mufflons, Hunde, aber auch Bären und Wildtiere, wodurch sie stets sarkastische Bemerkungen ihrer Widersacher erntet. Doch das schert sie wenig. Nun kann sie malen, ohne sich von zu Hause fortbewegen zu müssen, aber sie hat auch genug anderes zu tun: auf die Jagd gehen, Zigarren rauchen und mit der Säuglingsflasche die Jungen der Löwin Fatma aufziehen, die auf ihrem Hof geboren wurden.

1889 erhält sie auf ihrem Gut in Thomery spektakulären Besuch: Buffalo Bill ist in Frankreich für seine Show *The Wild West Exhibition*. Für Rosa ist er ein Mythos, ein Symbol, der das freie und unabhängige Amerika verkörpert, aber vor allem ein erstklassiger Reiter sowie leidenschaftlicher Tier- und Naturfreund wie sie. Die beiden freunden sich sofort an, Rosa schenkt ihm ein Pferd aus ihrem Rennstall, das sie in Apache umtauft, und malt ein romantisches Porträt von Buffalo im Sattel seines weißen Rosses. Man erzählt sich, dass der Held des Wilden Westens, als ein Feuer in seinem Haus wütete, den herbeieilenden Feuerwehrleuten als Erstes zurief: »Rettet mir mein Bonheur!« Offensichtlich ist dies tatsächlich auch gelungen, denn heute hängt das Gemälde im *Buffalo Bill Historical Center of the West* in Cody/Wyoming. Allerdings muss man gar nicht so weit reisen, um andere Arbeiten der Künstlerin zu bestaunen.

Ebenfalls in den USA, allerdings in dem besser zugänglichen *Metropolitan Museum of Art* in New York, hängt das Bild, das man wohl als ihr Meisterwerk bezeichnen kann: *Der Pferdemarkt* aus dem Jahr 1853. Auf diesem großformatigen Ölgemälde, einer zweieinhalb Meter hohen und fünf Meter breiten Leinwand, hat die Künstlerin in jedem Detail ihre ganze Leidenschaft für die Tierdarstellung ausgelebt, und es zeugt von einer Liebe zu diesen Geschöpfen, die ihren Alltag sicherlich mehr prägte als ihr Umgang mit Menschen. Das Gemälde war ursprünglich für ihre Heimatstadt gedacht, doch aufgrund einer Reihe an Missverständnissen wurde es letztendlich doch nicht von der Gemeinde Bordeaux erworben, nicht einmal zu dem von Rosa Bonheur angebotenen Spottpreis. Bei einer Ausstellung in London erzielte es einen enormen Publikumserfolg, und sogar Königin Victoria fand lobende Worte. Schließlich erwarb es der nordamerikanische Eisenbahnmilliardär Cornelius Vanderbilt zu einer schwindelerregenden Summe und schenkte es großzügig dem New Yorker *Metropolitan Museum of Art*, das es seither nicht mehr aus den Händen gibt. Nur ein einziges Mal ließ sich das Museum bisher breitschlagen und gab dem sentimentalen Ansuchen der Einwohner Bordeaux' nach, die das Gemälde, vermutlich aus Reue, es nicht erworben zu haben, als Leihgabe für eine Retrospektive über das Werk ihrer berühmten Mitbürgerin erbeten hatten. Vermutlich ist der Transport sogar im *Guinnessbuch der Rekorde* vermerkt, doch nach diesem kleinen Ausflug kehrte *Der Pferdemarkt* wieder an seinen Ehrenplatz nach New York zurück. Auch wer in Paris und Umgebung nach Arbeiten von Rosa Bonheur sucht, wird nicht enttäuscht werden: In zahlreichen Museen der *Île-de-France* hängen Bilder von ihr. Allen voran *Ackerbau in Nevers*, das berühmte vom französischen Staat erworbene Ölgemälde, das den Beginn des triumphalen Ruhms der erst 26-jährigen Malerin markierte. Es hängt im guten alten *Musée d'Orsay* in Paris und ist bei einem Format von zwei Meter sechzig auf ein Meter dreiundvierzig nur unschwer zu übersehen. Mehr als ein Gemälde wirkt es eher wie das Standbild aus einer Filmszene. Die Ackerschollen, die in altbewährter Manier seit Generationen schon von zwei Ochsengespannen bepflügt werden, sind nicht nur eine Hymne an das ländliche Leben, sondern, wie Rosa Bonheur selbst kommentiert: »Es sind auch die Furchen, aus denen das Brot kommt, das die gesamte Menschheit ernährt.« Ein Thema, das heute wieder von einer solchen Brisanz ist, dass das Bild auch als ideales Werbeplakat für das vom Begründer der *Slow-Food*-Bewegung Carlo Petrini ins Leben gerufene Netzwerk *Terra Madre* stehen könnte.

> Die Ackerschollen, die in altbewährter
> Manier seit Generationen schon von zwei
> Ochsengespannen bepflügt werden,
> sind nicht nur eine Hymne an das ländliche
> Leben, sondern, wie Rosa Bonheur
> selbst kommentiert:
> »Es sind auch die Furchen,
> aus denen das Brot kommt,
> das die gesamte Menschheit ernährt.«

Wer hingegen einen Besuch im Schloss Versailles einplant, kann dort ein von Edouard Louis Dubufe geschaffenes Porträt Rosas finden: ein originelles Gemälde, in dem das Selbstverständnis der dargestellten Künstlerin, wie sie sich, den Pinsel in der Hand, liebevoll auf einen Ochsen stützt, perfekt eingefangen wird. Der Inbegriff von Bonheur …

Leider ist das romantische Château de By, wo man bis vor einigen Jahren noch das Atelier und die Wohnräume der Malerin bestaunen konnte, inzwischen geschlossen und steht zum Verkauf Ich wünsche mir von Herzen, dass die Organisation *Les Amis de Rosa Bonheur*, die Gemeinde von Thomery und der französische Staat sich für den Erhalt einsetzen. Ein etwas älterer Dokumentarfilm auf YouTube zeigt faszinierende Innenaufnahmen des Studios von Rosa, ausstaffiert mit ausgestopften Tierköpfen und Hirschgeweihen und natürlich Dutzenden Zeichnungen, Gemälden und Skizzen der Künstlerin. Unvorstellbar, dass ein Kulturerbe solchen Ausmaßes für immer verloren gehen könnte, nachdem Rosa für dessen Erhalt nach ihrem Tod gegen jede Konvention hatte ankämpfen müssen.

DAS TESTAMENT: LETZTES GLANZSTÜCK

»Ich, Rosalie-Marie genannt Rosa Bonheur, Kunstmalerin, geistig und körperlich bei voller Gesundheit, erkläre hiermit aus freien Stücken meinen letzten Willen; schuldenfrei, frei über meinen eigenen Willen und über das durch meine Arbeit erworbene Vermögen zu bestimmen [...]. Ich ernenne Mademoiselle Anna Elizabeth Klumpke, meine Gefährtin, Freundin und Malerkollegin, als Alleinerbin sämtlicher Hinterlassenschaften, die ich bei meinem Tode besitze, und setze sie hiermit als meine Universalerbin ein...«

So beginnt das Testament von Rosa Bonheur, ein Dokument, das zu damaligen Zeiten für einen Skandal sorgte und in dem noch heute, nach 120 Jahren, die Kühnheit und Entschlossenheit frappiert, mit welcher die Künstlerin nicht nur im Leben, sondern auch nach ihrem Tod ihre eigenen Prinzipien in völliger Freiheit durchzusetzen vermochte.

Rosa, die nach dem Tod ihrer geliebten Nathalie Micas allein zurückgeblieben war, begegnete der jungen amerikanischen Malerin Anna Klumpke, mit der sie eine tiefe Freundschaft verband und die ihre letzten Lebensjahre mit einer heiteren Sorglosigkeit erfüllte. Mehr als eine Gefährtin ist Anna vielmehr wie eine Tochter für Rosa, eine geistige Erbin, der sie die Aufgabe überträgt, für den Erhalt und die Verbreitung ihres Nachlasses zu sorgen, wenn sie einmal nicht mehr sein wird. Um die Rechte der »Freundin und Malerkollegin« zu gewährleisten, verfasste Rosa dieses Testament, das sich auch heute noch – wo wir aktuell über das Erbschaftsrecht bei nicht ehelichen Partnerschaften diskutieren – wie ein revolutionäres Manifest liest: »Ich denke, dass ich nun das Recht habe, für mich allein zu leben und nach Gutdünken über mein Vermögen zu bestimmen, da ich kinderlos bin und keine Gefühlsbeziehungen zum starken Geschlecht hege, abgesehen von einer aufrichtigen und wahren Freundschaft zu einigen, die ich geschätzt habe.« Sie übergeht damit jede legitime oder familiäre Verbindung und macht Klumpke zu ihrer Alleinerbin.

Um die Rechte der »Freundin und Malerkollegin« zu gewährleisten, verfasste Rosa dieses Testament, das sich auch heute noch wie ein revolutionäres Manifest liest.

In einem klärenden Brief verteidigt Rosa Bonheur ihre Entscheidung, das Testament zugunsten der Frau verfasst zu haben, mit der sie Pinsel, Palette, Freud und Leid sowie die Tierliebe und die Zeit der Spaziergänge im Park geteilt hatte. Rosa hatte befürchtet, ihre Familie würde ihrer Gefährtin nach ihrem Ableben das Leben schwer machen: »Ich wollte nicht, dass Anna Klumpke befürchten musste, vor die Tür gesetzt zu werden, ohne ihr das Recht zu sichern, ihre persönlichen Dinge oder den Gewinn, der ihr durch Investitionen in mein Eigentum zustünde, einfordern zu können. Als unverheiratete, alleinstehende Frauen haben wir hingegen beide das Recht, uns den Luxus eines gewissen Komforts zu gönnen, den wir uns dank unseres verdienten Geldes leisten können.«

Ein Text, den man heute eins zu eins so übernehmen und in

vielen problematischen Beziehungen verwenden könnte. Rosa hatte ihn in kluger Voraussicht, eine Eigenschaft, die sie sich über Jahre des Kampfes und der Widerstände zu eigen gemacht hatte, bis in alle Einzelheiten genau überdacht. »Ich erkläre hiermit allen, die mich für reich halten, dass ich nicht über ausreichend Vermögen verfüge, um meine Familie auszuzahlen, für die ich vor und nach dem Tod meines Vaters mein Bestes gegeben habe, und sehe es daher als mein Recht an, in meinem Testament Mademoiselle Anna Elizabeth Klumpke zu begünstigen [...], eine Künstlerin wie ich, die ihren Lebensunterhalt redlich verdient wie ich, mit der mich der Wunsch verbindet, weiterhin in Frieden arbeiten und ihre künstlerische Karriere vorantreiben zu können, und die mich mit Loyalität bis zum letzten Tag meiner Reise auf dieser Erde begleiten wird. Ich hoffe, dass meine Entscheidung auf Verständnis und Zustimmung seitens meiner Familie und meiner wahren Freunde stoßen wird.«

Natürlich konnten nicht alle diesen Schritt nachvollziehen, besonders ihre Familie (die Rosa ihr Leben lang unterstützt hatte) fühlte sich wie vor den Kopf gestoßen. Doch die großherzige Anna Klumpke legte jeden möglichen finanziellen Streit bei. Glücklicherweise waren die Gemälde von Rosa hochdotiert, und der »Alleinerbin« gelang es mit viel Umsicht, die Familienmitglieder zufriedenzustellen und auch noch das Schloss, das Atelier und das Vermächtnis von Rosa zu verwalten, die weiterhin mit Ausstellungen, Preisen, Initiativen und einer zärtlichen Biographie gefeiert wurde.

Klumpke gelang es voll und ganz, den letzten Willen Rosas bis ins Kleinste zu befolgen. So wurde die Malerin wunschgemäß auf dem Friedhof von *Père Lachaise* beigesetzt, neben ihrer lebenslangen Gefährtin Nathalie Micas und deren Mutter. Als Anna Klumpke 1942 starb, wurde auch sie in das Grab dieser wegbereitenden Patchworkfamilie überführt, und auf dem Grabstein steht eingraviert auf einem bronzenen Band ein Satz, der nicht passender gewählt sein könnte: »*Freundschaft ist ein göttliches Gefühl.*«

SERGE GAINSBOURG

S WIE SERGE GAINSBOURG

»Ich bin eine Persönlichkeit, also ein Mythos. Ich habe meinen eigenen Look, ich bin ein Wegbereiter des Neo-Dandysmus. Und mein Dreitagebart verlangt intensivste Pflege.«

Serge Gainsbourg, *Pensées, provocs et autres volutes*

Es liegt ganz allein an Paris, dass meine sentimentalen Spaziergänge in alphabetische Unordnung geraten sind. Viel zu viele Eindrücke prasseln hier auf einen nieder, zu viele Menschen sind in dieser Stadt gegenwärtig, um sich streng an die schematische Gliederung eines Wörterbuches zu halten. Der Nordwind, der an manchen Herbstabenden besonders stark weht und sich von seiner lästigen Seite zeigt, erwischt mich jedes Mal unvorbereitet und wirbelt meine Gedanken, aber vor allem meine Buchstaben durcheinander. Serge Gainsbourg ist nun bei S einsortiert, aber sein Ehrenplatz könnte genauso gut bei D wie Dandy sein, in einer Reihe mit Gentlemen wie Oscar Wilde, die die Fahne dieses exklusiven Clubs in Paris hochgehalten haben. Der schamlose und verfemte Chansonnier muss in einem Atemzug mit Baron Montesquieu oder Barbey d'Aurevilly – und natürlich auch mit Charles Baudelaire genannt werden, der aufgrund des genannten Windes mit einem seiner wunderbaren Gedichte unter dem Buchstaben T gelandet ist.

Ich muss gestehen, dass ich eine Schwäche für Gainsbourg

habe (oder auch Gainsbarre, wie er sich in der rebellischen Version seines Alter Ego nannte). Deshalb konnte ich auch nicht anders, als diesem Provokateur mit Herz ein gesamtes Kapitel zu widmen. Außerdem ist es inzwischen offensichtlich, dass mein Wörterbuch total widersprüchlich ist und nichts weiter als einem sentimentalen Alphabet folgt.

> Der Nordwind, der an manchen
> Herbstabenden besonders stark weht und
> sich von seiner lästigen Seite zeigt, erwischt
> mich jedes Mal unvorbereitet und wirbelt
> meine Gedanken, aber vor allem meine
> Buchstaben durcheinander.

Serge Gainsbourg war alles andere als ein gutaussehender Mann. Das war ihm vollkommen bewusst, und als passionierter Leser Baudelaires hatte er sich den Leitsatz des Dichters »Das Schöne ist immer bizarr« zu eigen gemacht. Vermutlich ist es ihm daher gelungen, über die Zeit eine starke Persönlichkeit zu entwickeln und sich vom hässlichen Entlein in einen faszinierenden Schwan mit glimmender Gitane im Mund zu verwandeln. Eigentlich wäre er gern Maler geworden, doch beim Improvisieren am Klavier zeigte er ein größeres Talent als auf der Leinwand. Am liebsten saß er am Klavier des Vaters, im Wohnzimmer seiner Familie, wo er auch dann noch gern komponierte, als er bereits ein erfolgreicher Musiker war.

Seine ersten öffentlichen Auftritte hatte er im *Cabaret Madame Arthur* als Klavierbegleiter für die Lieder der Travestiekünstler, die auch heute noch die Hauptattraktion dieses Nachtclubs im Herzen von Pigalle sind. Er befindet sich in der Rue des Martyrs 75a, einem legendären, schmalen Gässchen, das zur *Butte*

Montmartre hinaufführt und das es sich wirklich lohnt, von unten bis oben abzuklappern – Seitenstraßen inbegriffen –, denn es ist eine wahre Schatztruhe.

An dieser Stelle kann ich nicht anders, als kurz abzuschweifen, denn wo wir gerade bei der Rue des Martyrs sind, muss ich unbedingt erwähnen, dass ich mich bei der Hausnummer 9 im *La Chambre aux Confitures* regelmäßig mit einem Vorrat an Marmeladen eindecke. Sie schmecken einfach köstlich, und bevor man sie kauft, darf man sie alle durchprobieren. Eine Schocktherapie bei Unterzucker, den jeder passionierte Spaziergänger kennt. Das Brot zur Marmelade sollte man sich auf alle Fälle in einer nicht weit entfernten Querstraße bei *Le Grenier à Pain* in der Rue des Abbesses 38 kaufen. Eine Bäckerei, die bereits zum zweiten Mal die begehrte Auszeichnung »Bestes Baguette von Paris« für sich ergattern konnte, eine Art Oscar, durch den der Sieger das Privileg erhält, ein Jahr lang der Exklusivlieferant von Back- und Konditoreiwaren für den Präsidenten der Republik zu sein. Und wenn man sich die Wampe des ehemaligen Präsidenten Hollande so ansieht, dann ist das der beste Beweis dafür, dass die Produkte von bester Qualität sein müssen. Außerdem sollte man unbedingt einen Zwischenstopp in der Bar *La Fourmi* einlegen, in derselben Straße auf Höhe der Hausnummer 74, wo sich Nachtschwärmer zum Vorglühen treffen, um anschließend in das rauschende Nachtleben des Szeneviertels einzutauchen. Im Ambiente des *La Fourmi* fühlt man sich absolut wohl, trotz seiner Einrichtung im Shabby-Chic-Look, einem Trend, der bereits mehr als ein Lokal auf der Welt ruiniert hat.

Gleich um die Ecke folgt, wie wir dank La Fontaine wissen, auf die Ameise die Grille, *La Cigale*, ein weiterer namhafter Club, mit abwechslungsreichem und interessantem Programm. In diesem Fall trägt die Einrichtung mal wieder unverkennbar die

Handschrift des omnipräsenten Philippe Starck, bei dem man sich immer wundert, woher er die ganze Zeit nimmt, um all die Lokale zu entwerfen, die unter seinem Namen entstehen (sicherlich gehört er zu den Menschen, die nur zwei Stunden pro Nacht schlafen, oder er hat viele bereitwillige Assistenten).

Noch ein kleines Stück weiter stoßen wir auf den Boulevard de Clichy und kehren damit wieder zur eigentlichen Geschichte von Serge Gainsbourg zurück. Auf Höhe der Hausnummer 64 der für ihre Sexshops berühmten Straße entdecken wir das *Les Trois Baudets*, ein heute vermutlich eher unbekanntes Lokal. Genau hier wurde das Publikum Ende der 1950er Jahre Zeuge der beginnenden Karriere von Serge Gainsbourg, der als Chansonnier seine ersten eigenen Kompositionen auf die Bühne brachte. *Ce mortel ennui* und *Le Poinçonneur des Lilas* lassen bereits den sinnlichen und provokanten Charakter seiner Poetik erkennen, doch noch sind wir weit entfernt vom Tonfall des »verfemten« Künstlers, zu dem er im Laufe der Jahre finden sollte.

>»Ce mortel ennui qui me vient
>quand je suis avec toi.«

Gainsbourg war noch schüchtern und unsicher in seinem Auftreten. Einer, der ihm Mut machte und Selbstvertrauen schenkte, war Monsieur Jacques Canetti, mit der findigste Talentscout der französischen Musikszene. Leidenschaftlicher Gastronom und Besitzer des *Les Trois Baudets,* gelang es ihm in jenen Jahren, den heruntergekommenen Tanzsaal in Pigalle in eine Bühne zu verwandeln, die jedem aufstrebenden jungen Musiktalent die Möglichkeit bot, sich auszuprobieren. Dank des Gespürs dieses Provokateurs konnten sich große Sänger wie Georges Brassens und Jacques Brel hier die Hörner abstoßen, indem sie in diesem kleinen Club auftraten, der bis heute in den gleichen Räumen untergebracht ist. Monsieur Canetti lebt nicht mehr, aber *Les Trois Baudets* führt sein experimentelles Werk, das ihn berühmt gemacht hat, weiter. Mal reinschauen lohnt sich, vielleicht ist ja, ohne dass man es weiß, ein neuer Serge Gainsbourg oder ein neuer Serge Reggiani darunter, oder man stößt auf ein paar versteckte Perlen.

ERLEUCHTUNG

Das Schlüsselerlebnis für den Beginn von Serges Karriere, und für ihn gleichsam eine Erleuchtung, ist ein Konzertabend des französischen Dichters und Musikers Boris Vian, der ebenfalls zu den Künstlern zählt, die sich unter der schützenden Hand von Canetti auf der Bühne ausprobieren können. Vian verfügt über ein höchst originelles und unkonventionelles Repertoire. Lieder wie *J'suis snob* oder *Je bois* sind für Gainsbourg eine echte Offenbarung und befeuern ihn: »Vian verfügte über eine unglaubliche Bühnenpräsenz, die aber auch etwas Leidendes an sich hatte. Er wirkte angespannt, düster, sarkastisch. Als ich ihn spielen hörte, dachte ich: ›So was in der Kleinkunstszene könnte ich auch machen.‹« Dank Boris Vian, mit dem sich Serge anfreundet, entdeckt er die Ironie und Provokation für sich und, was noch wichtiger ist, findet endlich den Mut, sich authentisch zu geben. So wird aus ihm der zynische und poetische Chansonnier, als den wir ihn heute kennen. An Vian bewundert er vor allem seine subversive und rebellische Seite, wie sie etwa in *Le déserteur* zu Tage tritt, einem Song, der zu einer antimilitaristischen Hymne hochstilisiert wurde und Vian Todesdrohungen von Seiten der Veteranen der französischen Kolonialkriege einbrachte. Viele Jahre

später wird es Serge Gainsbourg sein, der für seine wenig ehr-
furchtsgebietende Version der Nationalhymne *Aux Armes et
caetera* („Zu den Waffen usw.«) angegriffen wird, bei der er die
Marseillaise mit einem psychedelischen Reggae-Beat unterlegt,
was vor allem Politiker und altgediente Generäle seiner Heimat
in Rage bringt. Serges lapidarer Kommentar zu den Kritiken: »Zu
behaupten, das sei Musik, die Zähneknirschen verursacht, ist absurd. Höchstens vielleicht Gebissknirschen.«

In den 1960er Jahren tut sich Gainsbourg auch als Autor für
andere Sänger hervor. Zu dieser Zeit lernt er Juliette Gréco kennen und schreibt für sie einen Song – *La Javanaise* –, der ihr
wie auf den Leib geschnitten ist und in dem er eine innige und
kurze Liebe mit der Dauer eines Tanzes vergleicht. Das Stück
wird zu einem der Weltklassiker des Künstlers. Ich weiß, ich
bin auf dem besten Wege, mir wegen Überziehung der Redezeit
eine Rüge einzuhandeln. Doch jedes Mal wenn ich seine Lieder
höre, gerate ich in Ekstase und tauche ein in jene ferne und ver-
rauchte Welt eines vergangenen Paris, das nur noch auf Postkarten existiert. Und das Schöne daran ist: Ich schäme mich nicht
dafür.

> Jedes Mal wenn ich seine Lieder höre,
> gerate ich in Ekstase und tauche ein in jene
> ferne und verrauchte Welt eines
> vergangenen Paris.

Juliette Gréco, Muse großer Dichter wie Sartre und Prévert, verliebt sich sofort in den jungen talentierten Serge, den sie unwiderstehlich findet. »Ich hatte einen unheimlichen Spaß mit
ihm. Er war intelligent, unberechenbar, aufregend. Ein absolutes
Genie.«

Mit dem Erfolg ist auch die unumstößliche Philosophie des neuen Gainsbourg festgelegt, der damit beginnt, das Publikum mit Aphorismen und provokanten Äußerungen unter Beschuss zu nehmen, die fast genauso legendär werden wie seine Songs: »Ich rauche, trinke, habe Sex. Ein gleichschenkliges Dreieck.« Die perfekte Selbstvermarktung. Er verstand es bravourös, sein Image zu pflegen. »Natürlich profitiere ich von den Medien. Ich brauche das gleichschenklige Dreieck Presse–Radio–Fernsehen.« So sah also seine existenzielle Geometrie aus, die sein ganzes Leben bestimmen sollte.

An diesem Punkt müssen wir nun noch einmal die Seine überqueren in Richtung *Hôtel Esmeralda*, das sich gegenüber von Notre-Dame befindet und nach der Hauptfigur des Romans *Der Glöckner von Notre-Dame* von Victor Hugo benannt ist. Aber eigentlich hätte es schon längst in *Hôtel Jane Birkin* umbenannt werden müssen, denn genau hier nahm die größte Liebesgeschichte im Leben von Serge Gainsbourg ihren Anfang … Doch alles der Reihe nach. Der Chansonnier, der sich inzwischen auch noch in eine Karriere als Filmschauspieler gestürzt hatte, spielte gerade in *Slogan*, einem Film von Pierre Grimblat, wo er am Set auf die blutjunge Jane Birkin traf. Serge kannte sie nicht einmal, denn ihre Rolle sollte ursprünglich mit dem Modell Marisa Berenson besetzt werden und nicht mit dieser völlig unbekannten Göre, die offensichtlich kein Wort Französisch sprach, danach zu urteilen, wie sie seinen Namen zu Serge *Bourguignon* verhunzte, als wäre er ein schnödes Fleischgericht.

Die englische Schauspielerin ist damals gerade mal zweiundzwanzig und von atemberaubender Schönheit, doch Gainsbourg behandelt sie wie Luft, beschimpft sie als unreifes Püppchen, und auch sie findet ihn unausstehlich. »Ich fand ihn grässlich, und er bezeichnete mich in einem Interview als *Boudin*, also praktisch als den letzten Dreck.« Serge hat zudem genug andere Sachen im Kopf. Erst vor kurzem hat er ein Duett mit Brigitte Bardot eingespielt, die Ballade von *Bonnie and Clyde*, zusammen mit einer videoclipähnlichen Filmsequenz, in der sie als romantische Banditen auftreten, die ein Hauch von Verwegenheit umweht. Unbeeindruckt von seiner Hakennase und den Segelohren erliegt die französische Ikone im Handumdrehen dem Charme des talentierten hässlichen Entleins und lässt ihren Mann, den Milliardär Gunter Sachs, einfach abblitzen. Ein Aufschrei geht durch die Klatschpresse, und ab dem Moment setzt sich sein Kultimage als Schürzenjäger ein für alle Mal durch. Die Bardot bittet ihn, »den größten Liebessong aller Zeiten« für sie zu schreiben, und Serge, inspiriert von ihr, als dem Sexsymbol schlechthin, liefert den größten Skandal seiner Karriere: *Je t'aime… moi non plus*. Doch der Song in der explosiven Version dieses ungleichen Künstlerpaars bleibt in der Schublade der Plattenfirma. Brigitte Bardot fürchtet um ihren Ruf, aber vor allem hat sie Angst vor der Reaktion ihres Ehemannes, zu dem sie in einem letzten Versöhnungsversuch zwischenzeitlich wieder zurückgekehrt ist. Die Genialität des Stücks liegt, abgesehen von seiner stark erotischen Aufladung, vor allem in der Zurückweisung der Geliebten, dem »*moi non plus*«, ausgerechnet auf dem Höhepunkt eines überwältigenden Orgasmus. Es heißt, die Idee zu diesem Song sei Gainsbourg beim Lesen eines Interviews mit Salvador Dalí über Picasso gekommen: »*Picasso est espagnol, moi aussi. Picasso est un génie, moi aussi. Picasso est communiste, moi non plus.*« (»Picasso ist Spanier, ich auch. Picasso ist ein Genie, ich auch. Picasso ist Kommunist, ich nicht mehr.«)

Ich überlasse es dem Leser, jedwede Überlegung zur absurden Verbindung zwischen Sex und Ideologie weiterzuspinnen, und kehre zu meinem Ausgangspunkt, dem *Hôtel Esmeralda* zurück,

in dem Jane Birkin während der Dreharbeiten zu *Slogan* untergebracht war. Es zeichnete sich bereits ab, dass das Projekt in einem
einzigen Desaster enden würde, denn selbst während der Liebesszenen hatten die Hauptdarsteller nur feindselige Blicke füreinander. Doch dann lädt Serge widerwillig, aber auf Drängen
des ernsthaft um sein Filmprojekt besorgten Regisseurs Jane zum
Abendessen ins *Chez Maxim's* ein. Und als er sie die Treppen des
Hotels hinabsteigen sieht, ist er zum zweiten Mal wie vom Blitz
getroffen: »Als ich sie im Hotel abholen kam und sie mit ihrem
kurzen Minirock einer Zehnjährigen die Treppen hinabsteigen
sah, sagte ich mir: ›Was soll das? Will die mich provozieren?‹ Und
dann konnte ich nicht mehr anders, irgendetwas hatte mich neugierig gemacht.« Es versteht sich von selbst, dass das Kapitel B. B.
mit diesem Abend endgültig abgehakt war und die gesamte Film-
crew selig schlafen konnte, allen voran der Regisseur, der seinen
Film, von Euphorie gepackt, im Eiltempo abdrehte. Das Skandal-
paar des französischen Films war geboren.

Nur zur Information: Das *Hôtel Esmeralda* verfügt auch heute
noch über ein Treppenhaus mit zahlreichen Originalholzstufen,
die jedoch, laut der Kommentare auf TripAdvisor, zum Hoch-
schleppen der Koffer bis in den letzten Stock recht unpraktisch
sind. Die Gäste verfügen ganz offensichtlich über keinerlei Sinn
für Romantik, wie man an den Einträgen erkennen kann: »Die
Lage ist optimal, Notre-Dame gleich um die Ecke, aber dennoch würde ich davon abraten. Die Wände sind mit einer dicken
Schicht Tapete beklebt. Am Boden ein fleckiger Teppich. Die
Heizung funktionierte nicht, und das Zimmer war kalt wie ein
Kühlschrank ...« Doch bekanntermaßen schießen die Kommentare im Internet schnell mal über das Ziel hinaus; Jane Birkin und
Serge Gainsbourg jedenfalls hatten an dem Hotel nichts auszu-
setzen.

Der großen Liebe stand nun nichts mehr im Weg, und Jane Birkin fand ihren Gainsbourg plötzlich alles andere als abstoßend: »... Er war sarkastisch, aber versteckte dahinter eine extreme Schüchternheit. Genau in diese Gegensätze habe ich mich verliebt...« Serge wiederum bleibt nichts anderes übrig, als der neuen Lebensgefährtin seinen Skandalsong zu schenken.

Wir heranwachsenden Mädchen
lauschten in religiöser Andacht
den verbotenen Klängen.

Je t'aime wird wieder aus der Schublade hervorgekramt, und die mit der geradezu unschuldigen Sinnlichkeit einer Jane Birkin gestöhnte Neufassung des Songs gerät nur noch anzüglicher. Ein internationaler Skandal ist vorprogrammiert. Der weltweite Erfolg lässt sich sicherlich auch zum Teil auf die kompromisslose Zensur zurückführen, die den Song, selbst im freizügigen Frankreich, mit einem Verbot für Minderjährige unter 21 belegte. Ich ging damals in die Mittelschule und erinnere mich noch, wie ich zusammen mit gleichaltrigen Mädchen heimlich Radio Montecarlo hörte, den einzigen Kanal, der sich über das Sendeverbot des angeklagten Duetts hinwegsetzte. Der italienische Sender Rai hatte, wie man sich denken kann, nicht nur verboten, den Song zu spielen, sondern auch noch der armen Lelio Luttazzi, Moderator der *Hit Parade*, untersagt, den Titel zu nennen, obwohl er auf Platz eins der Charts stand. Wir heranwachsenden Mädchen lauschten in religiöser Andacht den verbotenen Klängen und versuchten, den Sinn der (ziemlich eindeutigen) Wörter zu verstehen, in ständiger Angst, gleich verhaftet zu werden oder noch Schlimmeres. Der damalige Papst, der gefürchtete Paul VI., hatte sogar den Song mit einer Exkommunikation belegt, und wir waren uns nicht sicher, ob das auch für diejenigen galt, die den Song bloß hörten.

Jane Birkin ist für die Legende Serge Gainsbourg die ideale Ergänzung. Gemeinsam schenkt das Paar dem Publikum den für das Showbusiness perfekten Mix aus Provokation und Romantik. Für den Künstler, der es verstand, verfemte Dichter mit Jazz und die *Nouvelle Vague* mit Pop zu kombinieren, beginnt nun definitiv eine neue Ära, und er kann sich seinen Personalausweis noch einmal neu ausstellen lassen:

>»Nachname: Gainsbourg. Vorname: Serge. Beruf: Kleinkrimineller, Fälscher, Glücksspieler, vernichtender Mensch, trübsinnig, durch und durch Pessimist, stolz. Unverwüstlich, linkisch, süchtig und gewalttätig. Wichtigster Gegenstand: die Frau als Sexualobjekt. Lieblingsbeschäftigung: meinem Bart beim Wachsen zuhören.«

Die Bildreportagen über die beiden sind perfekt inszeniert. Serge hat sich inzwischen ein postmodernes Dandy-Outfit zugelegt: Jeans mit auf Figur geschnittener Jacke, am liebsten blauer Nadelstreifenanzug; weißes, bis zur Brust aufgeknöpftes Hemd und als exzentrische Note, nicht wie sein Meister Charles Baudelaire, zartrosafarbene Handschuhe, sondern spezielle Schuhe, ausnahmslos weiß, aus weichem Leder, die er immer ohne Socken trägt! Sie mögen vielleicht aussehen wie die OP-Clogs eines Anästhesisten, doch tatsächlich handelt es sich um ein Exklusivmodell von *Repetto*, einem renommierten französischen Hersteller für Luxus- und Tanzartikel.

Wer den »Gainsbourg-Style« kopieren möchte, zumindest was die Schuhe betrifft, muss nur in eines der vielen Pariser Geschäfte der Firma gehen. Obwohl ich nie etwas kaufe, bin ich dort regelmäßig Gast, um mir die im Katalog in allen Regenbogenfarben angepriesenen Ballerinas einmal in echt anzusehen.

Jane hingegen benötigt angesichts ihrer Schönheit lediglich ein einziges Accessoire: einen Rotkäppchen-Strohkorb, den sie auch zur Abendgarderobe trägt. Ein geflochtener Bauernkorb, den sie ständig bei sich hat, zumindest so lange, bis das namhafte Modehaus Hermès eine nach ihr benannte Tasche – das begehrte Modell »Birkin« – entwirft. Heute ist es fast unmöglich geworden, eine Originaltasche zu erhalten, es sei denn, man ist Königin von Katar; nicht nur aufgrund der Wartelisten mit Wartezeiten von bis zu zwei Jahren, sondern vor allem aufgrund des Preises, der sich, angefangen von 6000 Euro, auf bis zu 300 000 Euro für Birkin-Bags aus Krokodilleder mit Diamantbesatz beläuft. Auch gebrauchte Birkin-Modelle erzielen hohe Erlöse und verlieren nicht an Wert. Im Gegenteil, einige Modelle erleben mit der Zeit eine derartige Wertsteigerung, dass der ein oder andere Girokontobesitzer besser daran getan hätte, in Birkin-Bags zu investieren als in Aktien der *Banca Popolare dell'Etruria.* Wer das Vertrauen in die herkömmliche Börse verloren hat, kann es also noch mal mit der *Börse*, sprich »Tasche« von Jane versuchen. Allerdings sollte man darauf achten, nicht auf die vielfach nachempfundenen und gefälschten Klassiker reinzufallen, die auf dem Modemarkt kursieren. Ein sicheres Geschäft für eine derartige Anschaffung in Paris ist das *Les Trois Marches de Catherine B.* in der Rue Guisarde 1 in Saint-Germain oder das *Lorette & Jasmin* in der Rue François Millet 6 in Passy, wo man sich eine Tasche auch mieten kann. Um ungestraft mit einer echten Birkin-Bag am Arm durch Paris zu spazieren, genügt schon die bescheidene Summe von 100 Euro für drei Tage. Allerdings muss man als Pfand einen Ausweis, seine Kontodaten, Fingerabdrücke etc. hinterlegen. Alternativ kann man sie sich auch direkt mit einem Sicherheitsschloss am Arm befestigen lassen.

DAS LIEBESNEST IN DER RUE DE VERNEUIL

Wie ein Teufelskreis führt uns auch diese Geschichte wieder zurück zum *Hôtel*, in der Rue des Beaux-Arts, in dem Oscar Wilde die letzten Tage seines Lebens verbrachte. Jane und Serge lebten für mehr als ein Jahr in dieser historischen Unterkunft, solange ihre neue Wohnung, die sie sich wenige Schritte von hier entfernt in der Rue de Verneuil 5 gekauft hatten, renoviert wurde: Liebesnest und vor allem luxuriöser Rückzugsort, der bis zu seinem Tode der feste Standort des Komponisten bleiben sollte. Gleich in der Nähe, in der Rue de Lille 33, befindet sich das Restaurant *Bistrot de Paris,* das für die Familie Gainsbourg praktisch zum zweiten Wohnzimmer wird. Ich muss zugeben, dass ich der Versuchung nicht widerstehen konnte, einmal an Serges Tisch zu essen. Für alle, die es genau wissen wollen: Er steht direkt gegenüber der Bar, zumindest wurde es mir so von den Kellnern signalisiert, vielleicht aber auch nur, um die lästigen Fans zufriedenzustellen. Saint-Germain ist nun das bevorzugte Viertel von Serge, und schon bald wird das kleine *Hôtel particulier,* in dem er wohnt, ebenso in die Geschichte eingehen wie sein Besitzer. Eine einzige Farbe dominiert seine Wohnung: »Ich liebe die Nacht. In der Dunkelheit kann ich besser klare Gedanken fassen«, erläutert Gainsbarre. Neben den schwarz gestrichenen Wänden und dem ebenfalls in Trauer gekleideten Sofa ist die Wohnung vollgestopft mit Hunderten von Gegenständen, die der Künstler in echter Dandy-Manier auf seinen Streifzügen durch die zahlreichen Antiquitätenläden und Kunstgalerien des Viertels zwanghaft zusammensammelt. »Ich stopfe mein *Hôtel particulier* mit schönen, nutzlosen Dingen voll, um meine Einsamkeit zu ertragen und mir ein wenig Luxus zu gönnen.« Und natürlich fehlt es auch nicht an Spiegeln, von denen einer, ein besonders großer, als Kopfteil des Bettes dient. Denn, wie schon sein großes Vorbild Charles Baudelaire mit Überzeugung unterstrich: »Der Dandy muss sein ganzes Streben darauf richten, ohne Unterbrechung erhaben zu sein; er muss leben und schlafen vor einem Spiegel.«

> »Ich stopfe mein *Hôtel particulier* mit
> schönen, nutzlosen Dingen voll, um meine
> Einsamkeit zu ertragen.«

Gainsbourg-Verehrer warten bereits seit Jahren darauf, dass sein ehemaliges Wohnhaus in ein Museum umgestaltet wird. Doch trotz einer zunächst vielversprechenden Ankündigung konnten sich die Erben bisher nicht dazu durchringen. Laut gut informierter Quellen sind die Räume nach dem Tod von Serge im ursprünglichen Zustand erhalten geblieben. Sogar die Kippen in den diversen Aschenbechern hat man nicht gewagt anzutasten.

Das wahre Mausoleum von Gainsbarre befindet sich heute nämlich nicht auf dem Friedhof von Montparnasse, wo er begraben liegt, sondern dort, in der Rue de Verneuil, wo seit 25 Jahren Künstler, Sprayer und einfache Fans aus der ganzen Welt hinpilgern, um an der das Grundstück umgrenzenden Mauer ein Zeichen zu setzen. Mit der Zeit ist so aus der Mauer ein echtes Kunstwerk unter freiem Himmel entstanden, ein *work in progress*, zu dem jeden Tag neue Sätze, Zeichnungen und Gedichte hinzukommen. Als ich das letzte Mal dort war, habe ich eine junge

Frau beobachtet, wie sie mit einer Spraydose folgenden pinkfarbenen Satz schrieb: »Ohne Liebe macht das Leben keinen Sinn.« Wie könnte man dem widersprechen. Serge wäre sicherlich ihrer Meinung gewesen.

LES
FLEURS DU MAL
POÉSIES
PAR CHARLES BAUDELAIRE

RECUEIL
DES LETTRES
DE
MADAME LA MARQUISE
DE SÉVIGNÉ

JE TE DONNE CES VERS

T WIE JE TE DONNE CES VERS (DIR DIESES LIED)

>*Ob schlafend in deinen morgendlichen Laken*
Schwer, obskur, verkühlt, oder aufgeplustert
In deinen abendlichen golden beränderten Segeln
Ich liebe dich, oh infame Hauptstadt!«

Charles Baudelaire, *Der Pariser Spleen*

Unter den Geistern der Vergangenheit, die einen während eines Parisaufenthaltes begleiten, wird sicherlich Charles Baudelaire der unermüdlichste und zähste von allen sein. Den Autor der *Blumen des Bösen* verband ein irrationales Verhältnis zur Stadt, eine Hassliebe, die er in all seinen Werken immer wieder aufs Neue beschreiben musste und uns Lesern damit Bilder von unfassbarer Schönheit hinterließ.

Baudelaire war ein unruhiger Geist, der auf der Suche nach Inspiration nie an seinem Schreibtisch sitzen blieb, sondern stattdessen wie besessen durch die Straßen von Paris eilte, um in das Meer der unbekannten Gesichter einzutauchen. Allein durch den Prozess des Umherstreifens, im Sichverlieren, stieß er auf Verse, eingezwängt in Mauerritzen oder im Pflaster unter seinen Füßen: »Über Worte strauchelnd und Steine, wie Trunkne es tun, und Verse stammelnd, die träumend schon lang in mir ruhn.« In seinem schmalen Bändchen *Der Pariser Spleen* vermittelt er uns eine einmalige Sicht auf die Stadt, deren Faszination er ebenso spürte wie die Abgründe des neuen Fortschritts, der die Welt zu unbekannten, aber auch ungewissen Horizonten trieb.

Das Paris des Dichters ist eine Stadt der großen urbanen Revolutionen unter maßgeblicher Führung des Präfekten Georges-Eugène Haussmann. Von Napoleon III. mit außergewöhnlichen Befugnissen ausgestattet, sorgte er unter seinen Zeitgenossen in mehr als einem Fall für Entrüstung. Baudelaire wird in seinem Gedicht *Der Schwan* zum universellen Sprachrohr dieser Missstimmung: »Vom einstigen Paris nur noch ein karges Vermächtnis. (Wie schnell stirbt eine Stadt! Kaum Liebe stirbt so schnell). […] Paris verändert sich. In mir will sich nichts ändern. Der Trübsinn nagt an mir.« Ganze mittelalterliche Viertel werden abgerissen, um Platz zu schaffen für die breiten Boulevards, die wir heute kennen. Neue Geschäfte, Parks und breite Bürgersteige entstehen, doch ein Großteil der ärmeren Bevölkerung wird an den Stadtrand zwangsumgesiedelt. In Baudelaires Werken sind es oft die von der Gesellschaft Übergangenen, die die Rolle der Protagonisten einnehmen.

>»Paris verändert sich,
>in mir will sich nichts ändern.
>Der Trübsinn nagt an mir.«

Eine neue Ära beginnt, in der zwar die Fortbewegung erleichtert, das Errichten von Barrikaden wie bei der jüngsten Revolution von 1848 allerdings erschwert wird. Der Dichter hatte dabei selbst an vorderster Front mitgekämpft, sich ins Gedränge gestürzt, nachdem er zusammen mit seinen Kameraden ein Waffenlager ausgeraubt hatte. Ein Zeitzeuge berichtet, wie er an der Kreuzung zur Rue de Buci (heute eine sehr touristische Straße mit zahlreichen Lokalen und Geschäften im Herzen von Saint-Germain) Baudelaire entdeckte, »bewaffnet mit einer Doppelflinte und einem gelben Patronengurt«, der die Menge mit dem Kampfruf »Erschießen wir den General Aupick!« anfeuerte.

Doch Baudelaires Wesen entspricht nicht wirklich dem eines kämpfenden Partisanen, wie er sich selbst in seinem Tagebuch *Mein entblößtes Herz* nüchtern eingesteht.

> »Mein Begeisterungstaumel 1848.
> Welcher Art war dieser Taumel?
> Rachegelüste. *Natürliches* Vergnügen an der
> Zertrümmerung.
> Literarische Begeisterung. Erinnerungen an
> Gelesenes.«

Anlass zur Vergeltung gab in diesem Fall nicht nur der Vorwurf des Amtsmissbrauchs, sondern auch eine persönlich erduldete Kränkung durch den verhassten Stiefvater, eben jenen General Aupick, der seine Mutter in zweiter Ehe geheiratet hatte und Baudelaire mit einer kärglichen monatlichen Pension kurzhielt, die ihn zu einem entwürdigenden Leben voller Entbehrungen zwang. Der junge Charles wäre ihm gern während jener Tage von Angesicht zu Angesicht entgegengetreten, um ihn ein für alle Mal zu beseitigen, in der Hoffnung, damit die verlorene Liebe seiner Mutter zurückzugewinnen – und vielleicht auch eine angemessenere finanzielle Unterstützung. Die ärmliche Existenz, zu der er gezwungen war, erlaubte ihm nicht den Lebensstil, den er sich eigentlich wünschte, als Faulenzer und *Bohémien*, wie sein strenger Stiefvater es bezeichnen würde, doch für den Dichter notwendig, um »zu Himmel oder Hölle [zu] fahren! Nur Neues zeig uns, Tod, im fremden Grund!« Mit diesem tollkühnen Vers endet die letzte Strophe der *Blumen des Bösen*, eine seinerzeit als obszön geltende Gedichtsammlung, die mehrmals zensiert wurde. Sie trug dem Autor sogar einen Strafprozess seitens jener Spießbürger ein, die er in einem seiner Feuilletonartikel über die neuen und, ebenso wie er, unverstandenen französischen Maler folgendermaßen beschrieb: »Ihr seid die Mehrheit [...], sitzt in der Regierung der Stadt [...], doch ihr solltet dennoch ein Gefühl für Schönheit haben.« Ein Satz, der auch eineinhalb Jahrhunderte später leider nicht an Aktualität verloren hat ... Man beschuldigte ihn, Verse zu dichten, die zur »Erregung der Sinne« anstiften, oder noch schlimmer, die menschlichen Themen in einem »vulgären und beleidigenden« Realismus darzustellen. Es waren dieselben Anschuldigungen, mit denen sich auch Flaubert wegen seiner *Madame Bovary* oder der Maler Courbet konfrontiert sahen. Alle wurden bezichtigt, die Realität zu wahrheitsgemäß darzustellen, ohne auf die verwässernde Brille der Moralisten zurückzugreifen. Auch diesbezüglich scheint sich seither nicht viel getan zu haben ...

Man beschuldigte ihn, Verse zu dichten,
die zur »Erregung der Sinne« anstiften.

Doch Baudelaire musste diese Herausforderung nicht allein bestehen: Prominente Unterstützung fand er bei Freunden, Schriftstellern und Künstlern, die sein außergewöhnliches Talent erkannten, und mit denen Baudelaire Exzesse, Ideale, Experimente und Pariser Streifzüge verbanden. Oft traf man sich in dem neu entstandenen Viertel *Nouvelle Athènes* unweit von Pigalle, einer Gegend, in der zu jener Zeit Intellektuelle und Lebemänner unterschiedlicher Couleur verkehrten. Die Brüder Goncourt, die in ihren Schilderungen – wie wir schon von anderer Stelle wissen –

kein Detail der Epoche ausgelassen haben (heute würde man sie vermutlich zu den absoluten Weltmeistern im Posten auf *Facebook* krönen), beschrieben dieses privilegierte Ambiente folgendermaßen: »Vergnügtes Städtchen reicher Studien, glücklicher Kunst, des Erfolgs, deren schmale, ansteigende Gehwege nur mit dekorierten Künstlern gesäumt sind.« Noch heute ist die Gegend in der Tat faszinierend, und ein Rundgang ist absolut lohnenswert: vor allem die Rue Frochot und die angrenzenden Seitenstraßen mit ihren kleinen Stadtpalais aus dem 19. Jahrhundert, alle in einem ganz individuellen Architekturstil. Nicht verpassen sollte man die Jugendstil-Glasfront des Gebäudes der Hausnummer 2: ein überdimensioniertes, buntes Paneel, auf dem der Berg Fuji abgebildet ist, wie er von Monsterwellen überspült wird, in Analogie zu den Drucken des damals angesagten japanischen Künstlers Hokusai.

APOLLONIE UND JEANNE

In der Rue Frochot 4 traf sich regelmäßig sonntagabends die Gruppe um Baudelaire. Heute befindet sich an dieser Stelle ein kleines Drei-Sterne-Boutique-Hotel, das *Hôtel Opéra Frochot*, ein perfekter Ausgangspunkt für die Erkundung von Montmartre und dem 9. Arrondissement. Zu Zeiten Baudelaires unterhielt hier allerdings Apollonie Sabatier ihren renommierten *Salon*, eine schöne und freizügige Frau, der es mit großem Geschick gelungen war, einen besonderen Ort des Austausches zu schaffen, an dem Gedankenfreiheit und der lebendige Diskurs vorherrschten. Théophile Gautier, festes Mitglied dieser erlesenen Runde, hatte ihr wegen ihres großen Talents als Unterhalterin und Gastgeberin den Spitznamen »La Présidente« gegeben. Apollonie gehörte zu jenem Kreis der Frauen, die statt einer standesgemäßen Vernunftehe den Weg einer freien und unabhängigen Existenz gewählt hatten. Ihr war es gelungen, aus ihrem Status einer einfachen Geliebten ein unkonventionelles und grandioses Leben zu machen. Doch im Gegensatz zu den berühmten *Grandes Horizontales* hatte La Présidente eher eine Schwäche für leichtfertige und scharfsinnige Intellektuelle statt für Diamantschmuck.

Von Gustave Flaubert über Victor Hugo bis hin zu Dumas d. Ä. – alle kamen sie zu den vergnüglichen Abenden im Haus Sabatier, wo der Tischgesellschaft außer einem exquisiten Abendessen auch die Möglichkeit zu einem ungezwungenen Austausch ohne Schranken und Tabus geboten wurde. La Présidente, große Verführerin und unbestrittene Königin dieser Abende, verbreitete um sich »… eine strahlende Fröhlichkeit. Ihre Garderobe war äußerst geschmack- und fantasievoll. Sie kümmerte sich nicht besonders um die aktuellen Modetrends, sondern kreierte ihren ganz eigenen Stil.«

Um eine ungefähre Vorstellung des unwiderstehlichen Charmes von Apollonie zu erhalten und sie in ihrer ganzen marmornen Schönheit zu bestaunen, muss man ein weiteres Mal in das *Musée d'Orsay* zurückkehren (langsam würde sich eine Dauerkarte lohnen). Dort findet man sie gleich im Erdgeschoss, in der Mitte des großen Saales, verewigt in einer Statue, die in die Geschichte eingegangen ist. Es handelt sich um eine Marmorstatue des Künstlers Jean-Baptiste Auguste Clésinger mit dem Titel *Die von einer Schlange gebissene Frau*, die Apollonie komplett entblößt zeigt, so wie alle ihre illustren Gäste sie zu gern einmal in echt gesehen hätten. Als die Marmorstatue 1847 im Pariser *Salon du Louvre* gezeigt wurde, löste sie einen öffentlichen Skandal aus, und zwar nicht nur wegen der üppigen weiblichen Formen, deren Realismus das Publikum schockierte. Wie der Titel suggeriert, soll das Werk eine sich unter Schmerzen windende Frau darstellen, die von einer Schlange gebissen wurde; doch statt vom Gift der Schlange, scheint die Figur eher von einem tiefen Lustempfinden durchdrungen zu sein, als habe der Künstler sie auf dem Höhepunkt eines einzigartigen Orgasmus abgebildet. Eine Ekstase, die ebenso wenig unbemerkt blieb, wie die Identität des Modells. Selbst ein Mann von Welt wie Frédéric Chopin konnte sich beim Anblick der Figur nicht zurückhalten: »Geradezu beängstigend, wie lebensnah diese Statue ist.«

Das weibliche Lustgefühl war in der damaligen Gesellschaft im Übrigen alles andere als erwünscht. Es machten diverse wissenschaftliche Theorien Furore, welche den Orgasmus der Frau als ein eindeutiges Zeichen von Krankheit und Abnormität einstuften, also, kurz gesagt, als das offensichtliche Symptom einer Hysterie, die es mit regelmäßigen kalten Duschen und spiritueller Einkehr zu behandeln galt. Der schönen Apollonie war es somit gelungen, auch jenseits ihres namhaften Salons für einen Skandal zu sorgen, und bis heute wird sie, durch ihren Ehrenplatz im *Musée d'Orsay*, verdientermaßen bewundert.

Baudelaire war, wie viele seiner Freunde, bis über beide Ohren in La Présidente verliebt und widmete ihr zahlreiche Gedichte seiner Sammlung *Die Blumen des Bösen*. Er hatte es sich sogar zur Gewohnheit gemacht, ihr vor der Veröffentlichung und ohne sich als Autor auszugeben, zusammen mit leidenschaftlichen Briefen, seine sinnlichsten Verse zukommen zu lassen. »Ihr seid für mich nicht nur die anziehendste aller Frauen, sondern auch der wertvollste aller Irrglauben«. Der Dichter fühlte sich zum strahlenden Wesen der Présidente hingezogen, das im kompletten Gegensatz zu seiner melancholischen und pessimistischen Seele stand. »Ich bin ein Kirchhof, den das scheue Mondlicht hasst [...]. Ich bin ein alt Gemach, wo welke Rosen schauern«. So beschrieb er

sich selbst in anderen berühmten Versen und stand dabei offen
zu seiner misogynen und dunklen Natur, der er sogar in seiner
ausschließlich schwarzen Kleidung und den dazu passenden
(natürlich schwarzen) Lackschuhen huldigte. Einzige farbliche
Ausnahme waren seine sprichwörtlichen rosafarbenen Handschuhe, mit denen er sich als echter Dandy einen nüchternen
Touch Exzentrik verlieh. Apollonie strömte zu viel *Joie de vivre*
aus, sie war zu »real« zu »fleischlich«: für Baudelaire unverzeih-
liche Schwächen, die gleichzeitig jedoch eine fatale Anziehung
auf ihn ausübten und seiner Inspiration eine explosive Sprengkraft verliehen.

Hier eine »Kostprobe« aus seinem wunderbaren Gedicht *An
sie, die allzufroh:*

»Dein Haupt, dein Blick, dein Gang
Sind schön wie die schönsten Auen,
Wie frischer Wind im Blauen
Spielt Lachen dir um Augen, Mund und Wang
[…]
Die Farben in grellem Glanz,
Die dein Gewand bedecken,
In Dichters Geist erwecken
Ein Bild von lieblich leichtem Blumentanz.
Die tollen Kleider passen
Zur Tollheit, deren Macht
Mich so zum Narren macht,
Dass ich dich glühend lieben muss und hassen.«

Verse, die der Zeit trotzten und zur perfekten Synthese jeder Liebesbeziehung wurden.

Als die beiden füreinander Bestimmten endlich zueinanderfinden, läuft irgendetwas schief; wir behaupten einfach mal, es lag an Baudelaire, dass etwas schieflief, wie aus dem engen Briefwechsel zwischen den beiden Liebenden herauszulesen ist. Schuld an der verpassten Chance auf eine große Liebe ist, abgesehen von den beiden unterschiedlichen Charakteren, nüchtern betrachtet die ständige Anwesenheit einer anderen Frau im Leben Baudelaires, seiner langjährigen Geliebten, der Schauspielerin Jeanne Duval.

Um nicht eine der beiden zu bevorzugen, widmet Baudelaire auch ihr diverse Gedichte in *Die Blumen des Bösen*:

>»Dir dieses Lied, wenn meines Namens Klang
>An ferner Zeiten bleichen Strand getragen
>Und abends Menschen träumen macht und klagen,
>Ein glückhaft Schiff, das aus dem Norden drang,
>Dass dann dein Name, gleich verwehten Sagen,
>Den Leser quält, wie müder Trommelsang,
>Und ewig du durch tief geheimen Zwang
>In meiner stolzen Reime Netz geschlagen.«

Dieses poetische Geschenk entsteht aus dem Wunsch, sie in der Unsterblichkeit an ihn zu binden, aber vor allem die Boshaftigkeiten des »blöde[n] Volk[es], das dich zu streng gerichtet«, zu rächen und sie für immer von ihrem Ruf einer Verderben bringenden *Dark Lady* zu befreien. In der Tat war Duval, eine Haitianerin mit »königlichem Gang«, alles andere als eine einfache Lebensgefährtin. Doch für den Dichter war sie sein Schicksal, die einzige Frau, der er ewig verbunden blieb, hingerissen von einer fatalen Anziehung, was seine Mutter, und oft auch seine engsten Freunde, ihm zum Vorwurf machten. Baudelaire gelang es nie, sich endgültig von ihr zu lösen, obwohl Jeanne – skrupellos und bestechlich, wie sie war – ihn oft genug demütigte und betrog. Und er blieb großzügig an ihrer Seite, bis zu ihrem Tod infolge der verhassten Krankheit Syphilis, an der er letztendlich selbst sterben sollte, nachdem sie ihn angesteckt hatte. Aus dieser quälenden Liebesgeschichte entstanden zu unserem Entzücken etliche wundervolle Gedichte wie dieses:

»Seltsame Gottheit, düster wie die Nacht,
Drin Moschus- und Havannaduft sich mischen,
Fremdartig Werk des Großen, Zauberischen,
Hexe aus Ebenholz, Kind schwarzer Mitternacht.
Der Trank von deinem Mund hat süßen Opiums Macht.
Zu dir in Zügen langen, träumerischen
Die Wünsche ziehn. Dein schwarzes Aug' inzwischen
Stillt der Zisterne gleich den Durst, den es entfacht.«

Gemeinsam mit Jeanne jagte der Dichter jenem *Rausch* hinterher, den er als einzige mögliche Form der Existenz und des Zusammenseins beschwor. »Man muss immer trunken sein. Das ist alles: die einzige Lösung. Um nicht das furchtbare Joch der Zeit zu fühlen, das euere Schultern zerbricht und euch zur Erde beugt, müsset ihr euch berauschen, zügellos. Doch womit? Mit Wein, mit Poesie oder mit Tugend, womit ihr wollt. Aber berauschet euch.« Und eine seiner Lieblingsquellen, an der er sich berauschte, war und blieb die Stadt Paris, die er in einem fort durchstreifte und zudem zwanghaft seinen Wohnsitz wechselte, meist auf der Flucht vor Schuldeneintreibern, die ihn zu ungeplanten Umzügen nötigten. In dem kleinen Büchlein *Tout sur Paris (ou presque)* hat sich der Autor die Mühe gemacht, alle Adressen aufzulisten, an denen Baudelaire jemals gewohnt hat. Herausgekommen sind dreißig über ganz Paris verstreute Wohnungen (wobei es sich hier nur um die tatsächlich dokumentierten Adressen handelt). In diesem Kaleidoskop aus Orten sticht einer ganz besonders hervor, den man heute glücklicherweise noch immer besichtigen kann: das *Hôtel de Lauzun.*

HÔTEL DE LAUZUN

Perfekt eingefasst wie ein Stein in einer wertvollen Krone liegt das *Hôtel de Lauzun* am Quai d'Anjou 17 auf der Flussinsel *Île Saint-Louis.* Ein faszinierendes Fleckchen Erde und natürlich auch eines der teuersten von ganz Paris. Aus den mit Fresken und vergoldetem Stuck verzierten prachtvollen Zimmern des *Hôtel particulier* blickt man auf ein besonderes Naturschauspiel an der Seine. Nicht ohne Grund muss man in dieser Gegend für eine Wohnung mit mindestens 15 000 Euro pro Quadratmeter Kaufpreis rechnen, und da sprechen wir natürlich nur von einem Kellerloch. Charles Baudelaire hat hier für einige Jahre gewohnt, genau so lang, bis er sein komplettes väterliches Erbe verjubelt hatte, sodass er sich anschließend nur noch eher bescheidene Wohnungen leisten konnte. Um genau zu sein, hatte sich der Dichter in die Dachkammer des luxuriösen Stadtpalais einquartiert. Jeanne hingegen schränkte sich beim Wohnen eher ein und hatte sich in einer bescheidenen Bleibe in der Rue de la Femme-sans-Tête, der heutigen Rue Le Regrattier, einen Steinwurf vom *Hôtel* entfernt, einquartiert. Jegliche Gemeinsamkeit zwischen dem Namen der Wohnadresse und ihrer Persönlichkeit wäre allerdings völlig fehl am Platz, denn die junge Duval war alles andere als »eine kopflose Frau«. Sie konnte mit Intelligenz und Instinkt aufwarten, und gepaart mit ihrer exotischen Schönheit brachte sie es dadurch mit der Zeit zu einer stattlichen Anzahl von Liebhabern, unter denen

Baudelaire nur einer von vielen war. Wie der Promifotograf Nadar, den wir bereits aus früheren Kapiteln kennen, bösartig unterstrich, war Baudelaire für Jeanne nur »der Herr zwischen zwei und vier«.

Da er selbst jedoch ebenfalls ein Liebhaber von Jeanne war, würde ich nicht unbedingt was auf diese Indiskretion geben. Und wir verzeihen ihm diesen gemeinen Seitenhieb nur, weil er uns wundervolle Fotos von Baudelaire in seinem üblichen schwarzen Anzug mit gebundener Satinschleife hinterlassen hat. Allerdings gibt es kein einziges Foto aus jüngeren Jahren des Dichters, wobei jedoch eine unscharfe Daguerreotypie dem jungen Baudelaire in seinen besten Dandyjahren ohnehin sicher nicht gerecht geworden wäre. Damals trug er noch mit Nonchalance seine smaragdgrün gefärbten Haare zur Schau und häufte einen Schuldenberg an, um sich seine Mansarde im *Hôtel de Lauzun* luxuriös auszustatten, wo er übrigens wegen nächtlicher Ruhestörung regelmäßig Ärger mit den anderen Mietern bekam, wenn er sich mal wieder mit der untreuen Jeanne zankte.

Das *Hôtel de Lauzun* gehört ins Pflichtprogramm eines jeden Parisbesuchers. Dieses versteckte Juwel zu entdecken ist ein unvergessliches Erlebnis, allerdings muss man sich rechtzeitig über Internet einen der *Tour Operator* buchen, die Zugang zum Gebäude haben. Dieser Aufwand lohnt sich jedoch allemal. Man hat den Eindruck, als trete man durch Alices Zauberspiegel, und wird wie durch ein Wunder in die Epoche des Sonnenkönigs zurückversetzt. Wenn man dann auch noch eine so erstklassige Führerin wie Madame Lorette erwischt, ist das Erlebnis perfekt. Sie versteht es, die Besucher mit zahlreichen Legenden zu begeistern, die sich hinter dem wertvollen Stuck des Palais verbergen, eines der wenigen, dessen Interieur in seinem Originalzustand erhalten ist.

Das Stadtpalais trägt noch heute den Namen eines seiner prominentesten Eigentümer: Herzog von Lauzun war ein zügelloser Adeliger, bekannt für seine amourösen Affären und bekennender Verfechter der schönen Seiten des Lebens. So verprasste er sein gesamtes Vermögen mit romantischen und galanten Abenteuern und verspielte dabei gleich auch noch seinen guten Ruf. Dabei hatte seine Karriere gar nicht so schlecht als Colonel im *Régiment Royal dragons* von Ludwig XIV. begonnen, dessen persönlicher Vertrauter und Freund er war. Außerdem war er Mitglied zahlreicher Sportclubs und verkehrte in Kreisen bekannter Bonvivants. Sein beißender, respektloser Humor, für den er gefürchtet war, brachte ihm mehrere Gefängnisaufenthalte und den Verlust von Privilegien ein. Schön und mutig, wie er war, gilt der Herzog von Lauzun unter Historikern als Vater aller Dandys. Die Damen am Hofe verehrten ihn und wetteiferten regelrecht darum, seine Gunst zu erlangen, was der Herzog auch großzügig und bis über die nationalen Grenzen hinaus tat. Leider beging er jedoch den unverzeihlichen Fehler, mit den Gefühlen der »Grande Mademoiselle«, der unverheirateten, bereits über vierzigjährigen Cousine des französischen Königs, zu spielen, die sich unsterblich in ihn verliebt hatte.

Im Hôtel de Lauzun hat man den Eindruck,
als würde man durch Alices Zauberspiegel
treten, und wird wie durch ein Wunder in die
Epoche des Sonnenkönigs zurückversetzt.

Nach der damals geltenden strengen Etikette war die Heirat eines (wenn auch nicht gerade ansehnlichen) Edelfräuleins aus königlichem Geschlecht mit einem kleinen, wenn auch vielversprechenden »zweitgeborenen« Provinzadligen nicht erlaubt. König

Ludwig XIV. hatte dennoch unvorsichtigerweise bereits seine Zustimmung zu der ungewöhnlichen Verbindung gegeben, vielleicht um seine Cousine loszuwerden, die schon als alte Jungfer zu enden drohte. Das Brautpaar hatte bereits den Heiratstermin festgelegt und war voller Vorfreude auf den Prunk der bereits als Jahrhundertereignis gehandelten Zeremonie. In der Stadt wurde von nichts anderem mehr gesprochen, die Gerüchteküche in Adelskreisen brodelte, wie die Korrespondenz der als zügelloseste Feder des ganzen Königreiches bekannten Madame de Sévigné ausführlich bezeugt. Die Angehörige des Hochadels ging in ihrer Freizeit dem Laster nach, alles, was sich in der Politik tat, sowie Klatsch und Tratsch über die höhere Gesellschaft hartnäckig aufzuschreiben. Entstanden ist dabei eine Serie an Briefen, die sie in regelmäßigem Abstand verschickte. Zu heutigen Zeiten wären ihre aufdringlichen Nachrichten, mit denen sie ihre Umgebung bombardierte, vermutlich schon längst im Spamordner gelandet. Mit folgenden Zeilen informierte Madame de Sévigné ihre Freundin Madame de Coulanges am 15. Dezember 1670 über die bevorstehende Hochzeit:

»Jetzt melde ich Ihnen die erstaunlichste, überraschendste, herrlichste, wunderbarste, frohlockend-siegreichste, verwirrendste, einzigartigste, außergewöhnlichste, unwahrscheinlichste, unerwartetste, größte, kleinste, seltenste, alltäglichste, aufsehenerregendste, bis heute geheimste, glanzvollste, beneidenswerteste Tatsache der Welt […], eine Tatsache, die man in Paris nicht zu glauben vermag […]. Ich kann mich nicht entschließen, es Ihnen zu sagen. Sie dürfen dreimal raten. Sie geben auf? Also muss ich es sagen: Herr von Lauzun heiratet am Sonntag im Louvre, erraten Sie wen? […]. Ich muss es Ihnen doch wohl endlich verraten: Er heiratet am

Sonntag im Louvre, mit Zustimmung des Königs, Mademoiselle, … Welche Mademoiselle? Bei meiner Treu, er heiratet Mademoiselle. Ich schwöre Ihnen hoch und heilig: Mademoiselle, die Grande Mademoiselle, die Tochter von Monsieur selig, die Enkelin Heinrichs IV., Mademoiselle d'Eu, Mademoiselle de Dombes, Mademoiselle de Montpensier, Mademoiselle d'Orléans, Mademoiselle, Cousine des Königs, die für den Thron bestimmt war, Mademoiselle, die einzige Partie in Frankreich, die Monsieur ebenbürtig wäre. Wenn dies nicht ein schöner Gesprächsstoff ist!«

Der Rest des Briefes sei dem Leser erspart. Darin setzt sie die ganze Welt über die überraschende Kehrtwende in der Angelegenheit in Kenntnis, als sich der König drei Tage später und nur vierundzwanzig Stunden vor der geplanten Vermählung besinnt, seine Zustimmung widerruft und die Hochzeit abbläst. Das schicksalhafte Urteil: »Diese Vermählung wird nicht vollzogen!« war von Vertretern der königlichen Entourage, allen voran der eisernen Königin Maria Theresia, gefällt worden; für den endgültigen Gnadenstoß war allerdings auch die Einschätzung der Geliebten seiner Majestät, der mächtigen Madame de Montespan, nicht wenig ausschlaggebend, die mit dem armen Lauzun wegen einiger Beleidigungen noch eine Rechnung offen hatte. Bei den Einzelheiten des Gezänks, das sich anschließend entspann, greifen wir ein weiteres Mal auf die unverwüstliche Madame de Sévigné zurück:

»Welch ein schöner Traum, welches Thema für einen Roman oder eine Tragödie, welch ein Gesprächsstoff vor allem, um endlos zu beraten und zu reden! Dies tun wir, bei Tag und bei Nacht, am Abend und am Morgen, ununterbrochen, endlos. Wir hoffen, sie werden desgleichen tun […]«

Der Skandal war perfekt, und das arme Edelfräulein sah bereits
ihren einzigen Liebestraum verpuffen, wobei man munkelte,
die beiden Geliebten hätten sich dennoch heimlich vermählt
und ewige Treue geschworen. Um auf Nummer sicher zu gehen,
wurde Herzog Lauzun all seiner Besitztümer entledigt und zu
zehn Jahren Festungshaft in Pignerol verdammt, mit der Auflage,
sich der Königin von Versailles nie wieder weiter als zehn Kilometer zu nähern. Um sich über die zu Unrecht erlittene Strafe
hinwegzutrösten, tobte er sich, kaum aus der Haft entlassen, in
hemmungslosen Restaurierungsarbeiten am Stadtpalais aus, das
später seinen Namen tragen wird. Es war der einzige Besitz, den
er nach dem unvorsichtigen Abenteuer zurückbehalten hatte,
doch leider konnte er sich an ihm nicht lange erfreuen, denn nur
wenige Jahre später war er gezwungen, auch dieses schöne Stadtpalais an der Seine samt der noch heute erhaltenen Innenaus-
stattung zu verkaufen. Nach einer wechselvollen Geschichte und
einer Phase des Verfalls wurde das Gebäude während der Französischen Revolution auf Anweisung des Wohlfahrtsausschusses
beschlagnahmt und zu einer riesigen öffentlichen Wäscherei umfunktioniert. Doch die prachtvollen Räumlichkeiten lösten selbst
bei den Sansculotten Ehrfurcht aus, und so wurden die Wände
zum Schutz allesamt mit Holzbrettern abgedeckt. So zumindest
hat es Madame Lorette erzählt, und ich habe es nicht gewagt, ihr
zu widersprechen. Ihrer Einschätzung nach waren die verzierten
Räume um einiges wertvoller als der Kopf von Marie Antoinette.
Als der Maler Fernand Boissard 1844 das Gebäude mietete, hatte
das Stadtpalais wieder zu seiner ursprünglichen Schönheit zurückgefunden.

Der neue Mieter war ein Freund und Bewunderer des Arztes
Jacques-Joseph Moreau, einer der ersten Psychiater, der die
Wirkung von Halluzinogenen auf das menschliche Gehirn

untersuchte. Um entsprechende Experimente durchführen zu können, gründete der Arzt den »Club der Haschischesser«, der einmal im Monat in eben jenem *Hôtel de Lauzun* zusammenkam, eine Gruppe Freiwilliger, die sich bereitwillig als Versuchskaninchen zur Verfügung stellten. Baudelaire, eines der treuen Mitglieder des Clubs, konnte ganz bequem an diesen »Feldstudien« teilnehmen, er musste dazu einfach nur ein Stockwerk tiefer gehen, und schon konnte er mithilfe der Substanzen, die der Arzt bereitstellte, den neusten Rauschzustand am eigenen Leib testen. Außer Baudelaire waren dort die besten Gehirne der Pariser Intelligenz jener Zeit versammelt. Alle waren sie dem Ruf des Arztes gefolgt: vom omnipräsenten Théophile Gautier bis zu Honoré de Balzac, und sogar der korrekte Eugène Delacroix verpasste kein einziges Treffen. Laut Madame Lorette seien es erst diese psychedelischen Erfahrungen des romantischen Malers gewesen, die wenige Jahre später so bedeutsame Arbeiten wie *Jakobs Kampf mit dem Engel* und *Erzengel Michael im Kampf gegen den Drachen* hervorgebracht haben. Diese absoluten Meisterwerke sind heute in der Kirche Saint-Sulpice zu bewundern.

Was diese Interpretation betrifft, wäre es meiner Meinung nach angebracht, bei einem Kunstkritiker genauer nachzuhaken, selbst wenn zahlreiche Quellen bei diesen Experimenten absolut eindeutig sind: »Das Abendessen neigte sich seinem Ende zu, einige besonders eifrige Adepten spürten bereits die Wirkung der grünen Paste: was mich betraf, hatte sich mein Geschmackssinn völlig verändert. Das Wasser, das ich trank, schmeckte wie köstlicher Wein, Fleisch verwandelte sich in meinem Mund zu Himbeeren und umgekehrt. Ich hätte ein Kotelett nicht von einem Fisch unterscheiden können.«

Und dies war nur ein Teil der Wirkung der berühmten grünen Paste. Doktor Moreau verteilte an seine Probanden natürlich nicht einfach irgendwelche Joints. Wie Baudelaire ausführlich in seinen *Künstlichen Paradiesen* erläutert, wurden die Clubmitglieder dazu aufgefordert, eine Art Gelatine auf Basis von Haschisch zu sich zu nehmen, der nach dem teuflischen Rezept des Wissenschaftlers Honig, Pistazien, Opium und geringe Mengen irgendwelcher anderer Substanzen untergemischt waren. Eine hochexplosive psychedelische Bombe, die angeblich Auswirkungen auf die Wahrnehmung der Farben und Dimensionen der Räume des *Hôtel de Lauzun* hatte, deren Schönheit den Betrachter schon im nüchternen Zustand in einen Sinnesrausch versetzt. »Meine Tischnachbarn begannen sich eigenartig zu verwandeln; sie rissen ihre großen Augen auf, Pupillen weit auf wie Schleiereulen, ihre Nasen wurden so lang wie Rüssel, ihre Münder formten sich zu glockengleichen Öffnungen […]. Einer von ihnen, das Gesicht schneeweiß und mit schwarzem Bart, lachte sich über ein unsichtbares Schauspiel kaputt; ein anderer musste unglaubliche Kräfte aufbringen, um ein Glas Wasser an den Mund zu führen, und seine Verrenkungen dabei erzeugten ohrenbetäubenden Lärm«, wie Théophile Gautier amüsiert anmerkt.

> »Meine Tischnachbarn begannen sich
> eigenartig zu verwandeln; sie rissen ihre
> großen Augen auf, Pupillen weit auf wie
> Schleiereulen, ihre Nasen wurden so lang
> wie Rüssel, ihre Münder formten sich zu
> glockengleichen Öffnungen.«

Balzac, der ansonsten nur Kaffee als Droge zu sich nahm, soll sogar eines Abends mit Gewalt daran gehindert worden sein, aus dem Fenster des dritten Stocks zu steigen, um an der Seine spazieren zu gehen. »Nach zahlreichen Experimenten ließen wir endgültig von dieser nervigen Droge ab, nicht etwa weil man sich damit die Gesundheit ruinierte, sondern weil der wahre Literat sich allein an seinen natürlichen Fantasien berauscht.« So die Sichtweise von Théophile Gautier. Ob die anderen ebenfalls so dachten, können wir nicht mit Sicherheit sagen. Feststeht hingegen, dass der Besuch im Stadtpalais auf der *Île Saint-Louis* an sich schon berauschend ist, auch ohne Zuhilfenahme irgendwelcher Substanzen.

Madame Lorette, die in den 1970er Jahren ganz offensichtlich auch zu diesen Pariser Freaks gehörte, gestand mir, dass Jim Morrison oft zum *Hôtel Lauzun* pilgerte. Schließlich wohnte er gerade mal einige Meter entfernt, auf der anderen Seite der Seine, im wunderschönen Viertel Saint-Paul, in der Rue Beautreillis 17. Der »König der Eidechsen« war nicht nur nach Paris gekommen, um der Inspiration der verfemten Dichter nachzuspüren, als deren geistiger Erbe er sich sah, sondern auch um der erdrückenden amerikanischen Zensur zu entkommen, die ihn mal wieder im Visier hatte. Wie bekannt, starb er dann ausgerechnet in Paris unter nie geklärten, rätselhaften Umständen; tja, wer weiß, ob seine Geschichte nicht anders ausgegangen wäre, wenn er es statt mit skrupellosen Dealern mit den Freunden des »Clubs der Haschischesser« zu tun gehabt hätte. Zumindest ein versöhnlicher Gedanke. Nun ruht er für immer auf dem Friedhof *Père Lachaise*.

Feststeht hingegen, dass der Besuch im Stadtpalais auf der *Île Saint-Louis* an sich schon berauschend ist, auch ohne Zuhilfenahme irgendwelcher Substanzen.

Um den Abschiedsschmerz von diesem übersinnlichen Erlebnis etwas zu versüßen, schlage ich eine heilsame Einkehr in der legendären Eisdiele *Berthillon* auf der Seineinsel in der Rue Saint-Louis en l'Île 29-31 vor, wo man angeblich das beste Eis und die besten Sorbets von ganz Paris bekommt. Eine sichere Adresse für alle, die Süßes mögen, und diejenigen, die überraschend an Unterzucker leiden. Das Eisgeheimnis von *Berthillon* beruht auf einer alten Rezeptur, die jedoch nichts mit den Rezepten des berühmt-berüchtigten Dr. Moreau aus dem *Hôtel de Lauzun* zu tun hat. So hat es mir zumindest Madame Lorette versichert, während wir die zweite *Bombe Glacée royale* verputzten, eine mehrschichtige Anhäufung von kandierten Maronen und Eisparfait mit Kaffeegeschmack, die dennoch eine gewisse Rauschwirkung erzeugt.

AU
LAPIN AGILE

PROCHAINEMENT
CHAT
NOIR

LE BATEAU LAVOIR

LES DEUX MAGOTS

LES DEUX MAGOTS

UTRILLO

U WIE UTRILLO

»Ich hatte große Lehrmeister, von ihnen habe ich mir das Beste genommen, ihre Anleitung, ihre Beispiele. Ich habe mich selber gefunden, ich habe mich selber erschaffen, und ich habe das gesagt, was ich zu sagen hatte.«

Suzanne Valadon

Jeder kennt den Maler Utrillo und seine poetischen Landschaften, die uns in die Straßenszenerie von Montmartre zurückversetzen, als es noch ein ländlicher Flecken am Stadtrand von Paris war. Fast niemand kennt allerdings die ausdrucksstarken Arbeiten von Suzanne Valadon, kontrastreiche Leinwände voller Persönlichkeit, die fleischige Blumen, Familienszenen oder Männer- und Frauenakte darstellen. Doch Utrillo wäre niemals der Künstler geworden, den wir alle bewundern, ohne die Aufmerksamkeit, Liebe und Fürsorge von Suzanne, seiner Mutter.

Vor dem Besuch der *Butte Montmartre* – mit ihren sonntäglichen Porträtmalern und Souvenirshops – wollen wir einen Blick auf die Geschichte dieser beiden Künstler werfen, um einen ersten Einblick in das Leben auf dem kleinen Hügel von damals zu gewinnen, der wie durch ein Wunder eine beeindruckende Zahl an heute in den Museen der ganzen Welt zu bestaunenden Meisterwerken hervorbrachte. *La Chambre bleue* ist das erste Gemälde von Suzanne, das ich rein zufällig bei einem Besuch im *Centre*

Pompidou entdeckte, ohne überhaupt den Namen der Künstlerin zu kennen. Das eindrucksvolle Porträt zeigt eine füllige Frau ausgestreckt auf einem Diwan, in gestreiftem Pyjama und Hauspantoffeln, mit einer Zigarette im Mund. Die Frau ist weder erotisch noch sinnlich, weder sexy noch exotisch, sie ist schlicht und einfach modern. Eine Frau eingefangen in einem Moment der Entspannung, farbig und lässig, gedankenverloren.

»Man muss den Mut haben, dem Modell ins Gesicht zu schauen, wenn man die Seele einfangen möchte. Eine Frau, die ein liebliches oder nettes Porträt haben will, ist bei mir fehl am Platz, ich wäre eine bittere Enttäuschung.« In eine solche Malerin muss man sich einfach verlieben, und man wird neugierig auf ihr abenteuerliches und schwieriges Leben, das so voller Turbulenzen steckt, dass sie sich selbst den Spitznamen »Tochter des Sturms« gab. Heute sprechen die Kritiker über ihren revolutionären Stil, doch ihr Lebensweg war ein einziger Kraftakt, ähnlich dem Anstieg auf den Gipfel der *Butte Montmartre*.

> »Eine Frau, die ein liebliches oder nettes
> Porträt haben will, ist bei mir fehl am Platz,
> ich wäre eine bittere Enttäuschung.«

Suzanne, die eigentlich Marie hieß, wuchs als Tochter einer Wäscherin und ohne Vater auf. Ein nicht gerade ermutigender Start ins Leben für ein Mädchen, das im Jahr 1865 auf die Welt kam. In Montmartre machte zu jener Zeit gerade der Zirkus *Fernando* Furore, für das Viertel eine richtiggehende Institution. Unter seinem Zeltdach versammelten sich die Künstler jener Epoche, inspiriert von der Fantasie und der Freiheit des dortigen Ambientes. Das ist auch der Grund, warum plötzlich in den Werken der neuen Maler Motive wie Akrobaten und Clowns zusammen mit

Cancan-Tänzerinnen und Bühnenkünstlern Eingang finden und damit innerhalb weniger Jahre den kompletten Kanon der traditionellen Ästhetik über den Haufen werfen.

Schon als Jugendliche steht für Suzanne fest, dass sie ein Artistenleben führen möchte. Sie beginnt eine Ausbildung zur Trapezkünstlerin beim Zirkus *Fernando*, doch ein schwerer Sturz bei einem ihrer waghalsigen Sprünge beendet diese Zirkuskarriere schon bald, und so posiert sie für die Maler des Viertels als Modell. Sie ist etwa als üppiger weiblicher Akt auf dem Gemälde *Femme nue dans un paysage* von Auguste Renoir zu sehen, das im *Musée de l'Orangerie* hängt oder, zu einer komplett anderen Persönlichkeit verwandelt, als Frau mit leerem Blick vor einem Glas Absinth auf dem Bild *Die Trinkerin* von Toulouse-Lautrec, ihrem lebenslangen Freund und Förderer. Von ihm kommt der Anstoß, sich – in Anspielung auf die biblische Erzählung *Susanna und die Ältesten* – den Namen Suzanne anstelle des engelhaften Marie zu geben, da sie sich vorwiegend mit älteren Männern umgab.

Die vielen Stunden, die sie unbeweglich vor dem konzentrierten Blick der Maler verbringt, nutzt Suzanne für sich. Sie schaut sich so viel wie möglich von den Maltechniken der jeweiligen Künstler ab, deren Freundin, oft auch Geliebte, in erster Linie aber Schülerin sie wird. Degas erkennt in ihr ein großes Talent und ermutigt sie, selbst zu malen. Sie beginnt schüchtern mit ersten Zeichenversuchen, doch schon bald stürzt sie sich kopfüber in ihre neue Leidenschaft und verblüfft damit ihre eigenen Lehrer. Das Studium an einer Kunstakademie war Frauen untersagt, und so blieb ihr nur der harte Weg einer Autodidaktin. Doch im Gegensatz zu Berthe Morisot, deren bürgerliches und wohlhabendes Umfeld die Karriere um einiges erleichterte, muss Suzanne ihre ganze Kraft aufbieten, um sich in der komplett von Männern dominierten Kunstwelt zu behaupten.

In ihren Gemälden spürt man die Kraft und Entschlossenheit, und selbst bei unschuldigen Alltagsmotiven wie Hunden, Katzen, Blumen oder den einfachen und bescheidenen Menschen von Montmartre schafft sie es, ihre ganz persönliche und spontane Note einzubringen, die sich jeder Einordnung entzieht; doch für Suzanne ist es nicht einfach, beim Publikum jener Zeit, das sie als Exzentrikerin betrachtet, anzukommen. Eines ihrer ersten Ölgemälde stellt ein Porträt Erik Saties dar, der ebenfalls auf der *Butte* wohnte und häufiger Gast der berühmten und legendären Lokale des Viertels war. Allen voran das *Le Chat Noir*, wo der geniale Musiker, der mit seinem Schaffen die neue Musik maßgeblich beeinflusste, Lieder- und Kabarettabende auf dem Klavier begleitete. Auch Satie war als Künstler jemand, der seine eigenen Wege ging und sich nicht in eine Schablone pressen ließ, wie er selbst allzu gut wusste: »Ich ward zu spät geboren, in eine sehr alte Welt.«

Die beiden scheinen also wie füreinander geschaffen, und zwischen ihnen entsteht eine intensive, aber kurze Liebesbeziehung. Satie schenkt Suzanne Colliers aus Würsten, hält auf der Stelle um ihre Hand an und widmet ihr kurze, atonale Musikstücke für Klavier.

Doch Suzanne hat von dieser besitzergreifenden Beziehung schon bald genug und lässt den Musiker von heute auf morgen sitzen. Satie wird sein Leben lang mit Verbitterung dieser einzigen, wahren Liebe nachtrauern und schreibt Suzanne über dreißig Jahre weiterhin leidenschaftliche Briefe.

Suzanne beginnt sich mühsam einen Platz in der Kunstwelt zu erkämpfen; inzwischen ist sie Mutter eines Sohnes geworden – die Identität des leiblichen Vaters wird sie nie bekannt geben, doch später adoptiert der katalanische Journalist und Maler Miquel Utrillo den Jungen. Im Geburtsjahr ihres Sohnes malt

Suzanne Valadon ein Selbstporträt, das wie ihr programmatisches Manifest gelesen werden kann: Das ernste und schöne Gesicht der Malerin ist dem Betrachter zugewandt, dem sie einen entschlossenen, fast herausfordernden Blick zuwirft. Der vorherrschende Farbton des Porträts ist ein aggressives, energisches Grün, und der moderne Stil erinnert an den hundert Jahre späteren Lucian Freud. »Man muss hart zu sich sein, ein Gewissen besitzen, sich richtig ins Gesicht schauen.« Dies ist der Valadon-Leitspruch jener schwierigen Jahre, in denen *Bohème* nicht für einen literarischen Begriff steht, sondern gleichbedeutend ist mit einem täglichen Überlebenskampf. Ein Jahr später, durch Degas' Zuspruch: »Es steht außer Zweifel, ihr seid eine von uns« dazu ermutigt, gestaltete Suzanne Valadon ihre erste Ausstellung im *Salon* der Société Nationale des Beaux-Arts; sie ist die einzige Frau, die ihre Werke zeigt, und man zollt ihr erste Anerkennung. Von nun an gestaltet sich Suzannes Leben eher schwierig. Der kleine Maurice ist von labiler Gesundheit, er hat oft epileptische Anfälle, die seine Großmutter mit Wein zu lindern versucht, eine Medizin, die in Montmartre am einfachsten zu besorgen ist.

Die *Butte* war berühmt für ihre Weinberge. Aus Paris kamen die Leute am Wochenende, um sich hier auf dem Hügel in den Tanzlokalen zu amüsieren, wo der Wein billiger war als in der Stadt, da er nicht mit teuren Zöllen belegt war. Das einzige dieser Tanzlokale, das die Zeit überdauert hat, ist das *Le Moulin de la Galette*, verewigt in Renoirs berühmtem Gemälde *Bal du Moulin de la Galette*. Selbst heute noch, wo dieses Bild wie ein Heiligtum im *Musée d'Orsay* aufbewahrt wird, versprüht es mit jedem Pinselstrich Licht und Lebendigkeit. Das *Moulin de la Galette* wurde mit der Zeit auch zu einem wiederkehrenden Motiv vieler Gemälde, die Utrillo seinem Viertel widmete; heute ist es ein respektables Restaurant, zwar etwas touristisch, aber mit der einzigen erhaltenen Mühle, von denen damals eine Vielzahl auf dem Hügel emporragte.

Ein einzelner wertvoller Weinberg konnte den Bauspekulanten trotzen und produziert jedes Jahr an die tausend Flaschen eines respektablen lachsfarbenen Roséweins. Die Weinlese findet traditionell in den ersten Oktobertagen statt und wird mit einem großen Fest zelebriert, das die ganze Stadt mit einbezieht. Der Erlös geht an einen gemeinnützigen Verein des 18. Arrondissements, der sich für soziale Projekte auf der *Butte* engagiert. Während des Weinlesefests wird auch heute noch, ganz im traditionellen Geist des Viertels, feierlich die »Zeremonie der Unverheirateten« begangen, bei der sich willige Paare gegenseitig das Versprechen abnehmen, für immer ohne Trauschein beisammenzubleiben. Eine Hommage an Brassens Chanson *La non-demande en mariage*, den er seiner Lebensgefährtin, mit der er tatsächlich sein ganzes Leben in wilder Ehe lebte, gewidmet hatte.

Hier in Montmartre, im *Lapin Agile* (dem »Flinken Kaninchen«), hatte der rebellische und antikonformistische Chansonnier Ende der 1950er Jahre seinen ersten Auftritt. Das kleine, geschichtsträchtige Kabarett ist ganz leicht an seinem charakteristischen Schild mit dem fröhlichen Kaninchen, das flink aus der Bratpfanne hüpft, zu erkennen. Seit seiner Gründung Mitte des 19. Jahrhunderts gehörte das Kabarett zu den beliebtesten Treffpunkten der *Bohème* in Montmartre, weshalb es auch auf unzähligen Gemälden als Motiv abgebildet ist: Von Picasso über Pissarro bis zu Utrillo haben Künstler das *Lapin Agile* auf ihren Bildern verewigt, nicht zuletzt weil dies oft die letzte Möglichkeit war, um eine Rechnung zu begleichen. Der Zeit und dem Betonwahn trotzend befindet sich das Kabarett bis heute in dem niedrigen, von Kletterpflanzen berankten Haus in der Rue des Saules 22, das wie in einem Schrein all die vergangenen Erinnerungen bewahrt und diese nicht zuletzt durch sein ganz der Tradition der Chansonniers verschriebenes Musikprogramm wieder aufleben lässt. Es sind genau solche mumifizierten Orte in Gedenken an die schönen, vergangenen Zeiten, die mich ein wenig deprimieren, aber sicherlich ist es hier bei weitem interessanter als in manchem Museum. Zudem trifft man an diesem Ort auf die Geister unzähliger Menschen, die sich hier amüsiert haben, und ich glaube fest daran, dass sich solche positiven Energien an Orten erhalten, an denen geliebt und gefeiert wurde. So bestätigt es auch Blaise Cendrars, ein weiterer grandioser Sohn Montmartres: »Ich bin traurig, so traurig. Ich werde ins *Lapin Agile* gehen und meiner verlorenen Jugend nachsinnen.«

Zu Zeiten von Suzanne Valadon befand sich das *Lapin Agile* auf dem Höhepunkt seiner Erfolgsgeschichte; sogar Marcel Proust soll die eleganteren Boulevards gegen einige volksnahe Abende auf dem Hügel eingetauscht haben. Betreiberin des Lokals war die legendäre Cancan-Tänzerin Adèle Decerf, eine gute Freundin der Malerin, die sie oft bat, für sie Modell zu sitzen. In dieser Zeit entstanden Suzannes erste Aktbilder, Arbeiten, die Frauen in einem Moment der alltäglichen Intimität festhalten; aus ihren Gesten spricht weder Verführung noch Intrige, sondern schlicht das verstreichende Leben und der energische und innovative Pinselstrich der Malerin. Nach und nach beginnen auch Kunstexperten, ihr Wertschätzung entgegenzubringen, und wichtige Institutionen wie der *Salon d'Automne* des *Grand Palais* öffnen ihr die Tore.

Doch der Überlebenskampf und die anfällige Gesundheit des kleinen Maurice stellen Suzannes Kräfte auf eine harte Probe. So geht sie schließlich auf den Heiratsantrag des wohlhabenden Börsenmaklers Paul Mousis ein, um ihrem Sohn die nötigen Behandlungen und die Kosten der immer häufiger werdenden Klinikaufenthalte zu sichern. Auf Wunsch ihres Mannes ziehen sie nach Pierrefitte in ein Haus auf dem Land, allerdings unter der Bedingung, dass Suzanne sich weiterhin ihrer Malerei in ihrem Atelier in Montmartre widmen kann, wohin sie jeden Tag auf dem Rücken ihres treuen Esels reitet. Sie gibt nicht auf und beginnt ein Leben als »zweigeteilte Frau«, halb Hausfrau, halb Künstlerin; ihre ganze Sorge gilt dem jungen Utrillo, der außer einer labilen Gesundheit auch selbstzerstörerische Züge zeigt. Schon in jungen Jahren beginnt für ihn eine Höllenfahrt, die schon bald in Alkoholismus und Depressionen mündet. Suzanne schützt ihn, so gut sie kann, und in der Hoffnung, ihn damit retten zu können, bringt sie ihm das Malen bei. Wenn er einen seiner Wutausbrüche hat, schleudert er Pinsel und Farben aus dem Fenster, doch Suzanne lässt nicht locker, sie zwingt ihn, spornt ihn an, motiviert ihn, und obgleich der Alkohol inzwischen sein einziger Lebensbegleiter ist, beginnt Maurice eine künstlerische Karriere.

> Suzanne schützt ihn, so gut sie kann,
> und in der Hoffnung,
> ihn damit retten zu können,
> bringt sie ihm das Malen bei.

Anfangs signiert er seine Werke als Maurice Valadon, doch Suzanne hält ihn an, seinen Familiennamen zu verwenden, und so entstehen die ersten Utrillos, die er meist an irgendwelche Händler verscherbelt, um das Geld anschließend in seine zerstörerischen Genüsse zu investieren. Dennoch wird er ein kleines V als Zusatz hinter seinem Nachnamen bei der Signatur seiner Gemälde beibehalten, eine Huldigung an die konfliktreiche und existentielle Liebe zu seiner Mutter Suzanne. In der Ehe mit

Mousis beginnt es zu kriseln. Suzanne empfindet das ihr fremde bürgerliche Leben als Gefängnis, und das gemeinsame Zusammenleben begünstigt den Umgang mit Maurice' Krankheit nicht auf die von ihr erhoffte Weise. 1909 beschließt Suzanne die endgültige Trennung von ihrem Ehemann, packt ihre Sachen und zieht gemeinsam mit dem Sohn in das kleine Studio in der Rue Cortot, den heutigen Sitz des *Musée de Montmartre*. Hier beginnt sie mit 44 Jahren noch einmal ein komplett neues Leben.

Sie ist noch immer eine schöne Frau. »Sie hatte unglaublich klare Augen, ihre schwarzen Haare trug sie seitlich onduliert, und statt zu gehen, schien es, als tänzele sie. Sie war eine Amazone und gleichzeitig eine Fee«, so beschreibt sie der junge, mit Maurice gleichaltrige André Utter, ein Elektriker aus dem Viertel mit einer Leidenschaft für Malerei. Suzanne bittet ihn, für ein Bild mit dem Titel *Adam und Eva* Modell zu stehen, das sie gerade in Arbeit hat. Im Bildvordergrund sieht man zwei frontal dem Betrachter zugewandte Akte in vollkommener Harmonie, die ohne das Bewusstsein für Schuld oder Sünde quasi gleichgültig der drohenden göttlichen Strafe entgegentreten. Mehr als die Vertreibung aus dem Paradies stellt das Bild den Beginn eines neuen Lebens dar – das neue Leben von Suzanne, die sich in der weiblichen Figur selbst abbildet.

Utter kommt als Modell in das Atelier in der Rue Cortot und wird schon bald Suzannes Lebensgefährte. Die beiden beginnen eine Beziehung, die selbst im liberalen Montmartre-Viertel des beginnenden 20. Jahrhunderts für reichlich Skandal sorgt. André ist für Suzanne sowohl in der Liebe als auch für ihre Kunst eine Inspirationsquelle. Vermutlich ist es das erste Mal in der Kunstgeschichte, dass eine Frau in ihrem eigenen Lebensgefährten eine »Muse« für ihre Malerei sieht. Trotz des großen Altersunterschiedes von zwanzig Jahren hält ihre Beziehung viele Jahre und mündet schließlich in einer Ehe und in tiefer künstlerischer Verbundenheit. In der Rue Corot wohnen sie nun wieder als Familie, die ihre Freunde scherzhaft »Trio infernale« nennen, doch Suzanne folgt unbeirrt ihrem Weg, belebt von dieser neuen, unerwarteten Liebe und von neuer kreativer Schaffenskraft.

Ein wunderschönes Bild aus dieser Phase hängt heute im *Centre Pompidou*. Es trägt den Titel *Portrait de famille* und stellt mehr als ein Gemälde eine Absichtserklärung dar: Man erkennt darauf Suzanne, Maurice, Utter und die Großmutter. Eine echte Patchwork-Familie, jenseits jeglicher Konvention und Moral. Dasselbe gilt auch für ihre männlichen Akte aus der gleichen Periode, aus denen ihre Liebe zum Leben und zur Natur herauszuspüren sind, wie etwa in *La Joie de vivre*, das an die bukolische Freude in *La Danse* von Matisse erinnert.

> Ihre Freunde nennen sie scherzhaft
> »Trio infernale«,
> doch Suzanne folgt unbeirrt ihrem Weg.

Suzanne nimmt inzwischen einen festen Platz in der Kunstwelt ein, und auch Utter findet zu seinem eigenen, interessanten Stil. Doch es sind die ersten Erfolge von Maurice Utrillo als Maler, die Suzanne die größte Freude bereiten. Nachdem sie ein Leben lang darum gekämpft hatte, das Talent in diesem zerbrechlichen Jungen zu fördern, bekam er endlich auch Anerkennung von außen. Auf der Suche nach passenden Händlern und Sammlern hatte Suzanne, mit den Gemälden ihres Sohnes unterm Arm, ganz Montmartre abgeklappert und sich selbst dabei völlig zurückgenommen, um die Arbeiten ihres Utrillo aufzuwerten. Und nun endlich fanden diese Gemälde allgemeine Anerkennung und wurden auf dem Kunstmarkt gehandelt. Suzanne hatte den

Kampf als Mutter und Künstlerin gewonnen. Trotz regelmäßiger Kuraufenthalte und seines labilen Gesundheitszustandes malte Maurice ununterbrochen. Malen war für ihn eine Art Therapie, seine einzige Rettung, sein Lebenselixier, das Suzanne ihm nach und nach einträufelte und ihn somit vor einem viel zu frühen Tod bewahrte. Seine zarten Arbeiten zeigen Ausschnitte eines unberührten und von einem nostalgischen Blick verzerrten Montmartre-Viertels, dessen Niedergang inzwischen unabwendbar schien. Der Montmartre-Hügel, den Utrillo über alles liebte, wird zum ausschließlichen, sein Gesamtwerk bestimmenden Motiv. Heute gehören die Reproduktionen seiner Arbeiten ironischerweise zu den begehrtesten Souvenirs und überschwemmen im Postkartenformat millionenfach die vielen Touristenshops, die das ursprüngliche Viertel völlig verunstalten.

Bereits Anfang des 20. Jahrhunderts kam es hier zu einem Bauboom, bei dem nach und nach jeder grüne Fleck des alten Viertels verschwand. Doch abseits der chaotischen und überlaufenen Ecken kann man sogar noch heute etwas von dem ursprünglichen ländlichen Flair des Dorfes Montmartre erhaschen und stößt, für einen als Hochburg des Massentourismus bekannten Ort, auf überraschend abgeschiedene Wege.

Die Rue Cortot erreicht man, indem man die überfüllte Place du Tertre hinter sich lässt und den kleinen, gewundenen Gassen folgt, die an die Gemälde von Utrillo erinnern. Das alte Atelier und die Wohnung von Suzanne Valadon sind heute Teil des *Musée de Montmartre*, eines Gebäudeensembles, das einen beschaulichen Garten umschließt. Von hier oben hat man eine wunderbare Sicht auf den Weinberg und eine unerwartete Perspektive auf Paris. Neben einer ständigen Ausstellung über die ruhmreichen Zeiten der *Butte* sind im Inneren des Museums auch einige ehemalige Wohnräume von Suzanne Valadon zu besichtigen, wie ihr Arbeitszimmer und das kleine Schlafzimmer von Utrillo; sie erlauben kleine Einblicke in das alltägliche und ungewöhnliche Leben dieser Künstler.

> Die Rue Cortot erreicht man,
> indem man die überfüllte Place du Tertre
> hinter sich lässt und den kleinen,
> gewundenen Gassen folgt,
> die an die Gemälde von Utrillo erinnern.

DIE ATELIERS

Das *Musée de Montmartre* ist ein poetischer und schlichter Ort, den es zu besichtigen lohnt wie alle Künstlerateliers, die wie kleine Kostbarkeiten erhalten wurden; es sind stimmungsvolle Orte, an denen es jenseits der klassischen *Hot Spots* noch Unerwartetes zu entdecken gibt. So zum Beispiel im Atelier von Delacroix in der Rue de Furstemberg 6. Diese Straße oder besser dieser kleine Platz im Herzen von Saint-Germain-des-Prés ist ein ganz besonders reizender und charmanter Fleck von Paris. Hier ließ sich der Maler der Spätromantik 1857 nieder, um die stattlichen Arbeiten in der Kirche Saint-Sulpice in Angriff zu nehmen. Eine kleine, nun der Öffentlichkeit zugänglich gemachte Wohnung mit Garten, an der er besonders das goldene Licht und die absolute Stille liebte: »Mein Haus ist wirklich schön […]. Der Blick auf den kleinen Garten und das sonnige Studio bereiten mir immer ein Gefühl von Freude.« Im Inneren hat ein Förderverein Gegenstände von Delacroix zusammengetragen, unter anderem Souvenirs von einer Marokkoreise, die er 1832 unternommen hatte und die ihn zu seinen außergewöhnlichen, heute im *Louvre* zu bewundernden Gemälden inspirierte.

> Den Widerhall der berühmten »Note bleue« darf man hier in den Räumen zwar nicht erwarten, aber eine kurze Teepause im kleinen Garten ist allemal besser als ein Sandwich auf die Hand.

Ebenfalls im *Louvre* hängt das Porträt von Chopin am Klavier. Doch eigentlich ist es nur die Hälfte einer Leinwand, auf der ursprünglich auch noch George Sand zu sehen war, die ihn rauchend und mit zärtlichem Blick ansieht. Diese Hälfte des Bildes, das zerteilt wurde, um beim Verkauf einen höheren Gewinn zu erzielen, landete in Dänemark. Wirklich bedauerlich, dass dieses Paar, das gerade zur Zeit der Freundschaft mit Delacroix eine innige Liebe verband, auseinandergerissen wurde. Die zwei Künstler begegneten sich an einem Ort, den ich ebenfalls ganz besonders mag: im *Musée de la Vie romantique* in der Rue Chaptal. Hier befindet sich das ehemalige Atelier des Bildhauers Ary Scheffer, der immer freitags zu legendären Konzerten und Lesungen einlud. Chopin gab hier oft seine neuesten Klavierwerke zum Besten, und George Sand lauschte ihm bezaubert. Den Widerhall der berühmten »Note bleue« darf man hier in den Räumen zwar nicht erwarten, aber eine kurze Teepause im kleinen Garten ist allemal besser als ein Sandwich auf die Hand, und im Frühling bei der Rosenblüte ist der Romantikeffekt garantiert.

DAS BATEAU-LAVOIR UND PICASSO

»Eines Tages werden wir alle wieder ins Bateau-Lavoir zurückkehren, und nur dort können wir wirklich glücklich sein.«

Pablo Picasso

Von dem berühmten Bateau-Lavoir, der einstigen Klavierfabrik, in der eine Reihe später berühmter Künstler wie Picasso, Max Jacob, Modigliani, Juan Gris, Raoul Dufy und andere lebten, ist leider nicht viel mehr übrig als das Tor. Ein Brand zerstörte 1970 das komplette Gebäude, ausgerechnet kurz nach einer Generalsanierung, die der Bedeutung des Ortes Rechnung tragen sollte. Hier schuf Picasso *Les Demoiselles d'Avignon*, ein Werk, das als »ein aktiver, glühender Krater, aus dem das Feuer der zeitgenössischen Kunst herausbrach«, beschrieben wurde. Picassos Gemälde sollte ursprünglich den Titel *Le Bordel philosophique* tragen, in Analogie zur Carrer d'Avinyó, eine von Prostituierten bevölkerte Straße in Barcelona, doch seine Freunde rieten ihm zum zurückhaltenden »Demoiselles«, um mögliche Kritik zu vermeiden. Einen Skandal löste das Bild dennoch aus, allein schon wegen der weiblichen Akte, die mit ihren grob gestalteten, fast animalischen Gesichtern wie Holzschnitte wirken. Das Bild läutete die Geburtsstunde des Kubismus ein, und ganz plötzlich schien alles andere alt und überholt. Der Dichter Guillaume Apollinaire, guter Freund und Verehrer von Picasso, dessen Motto im Übrigen lautete »Ich wundere mich«, hatte dies zuerst erkannt. Die Neugierde und der Drang zur Erforschung unbekannter Horizonte waren die verbindenden Elemente der unzähligen Bewoh-

ner dieses Atelierhauses, das im Winter eiskalt und im Sommer
stickig heiß war und mit seinen dünnen Wänden jede Art von
Privatsphäre unmöglich machte.

Von Modigliani bis Braque – alle kamen sie ins Bateau-Lavoir;
»Au rendez-vous des poètes«, stand auf der Tür von Picassos Studio, fast schon ein Schlachtruf, der unter diesem Dach die origi-
nellsten Köpfe jener Zeit zu legendären Festen und hitzigen Dis-
kussionsabenden über die Zukunft der Kunst versammelte, bei
denen Freundschaften fürs Leben besiegelt wurden. »Zu Zeiten des Bateau-Lavoir sahen die Dichter die Zukunft voraus«,
erklärte Picasso Jahre später – und wie sollte man da noch der
Versuchung widerstehen, zumindest einen Blick auf die äußere
Fassade jenes Ortes zu werfen, der zum Scheideweg der größten
kulturellen Revolution des 20. Jahrhunderts wurde. Wer ebenso
wie ich gern fröhlichen Geistern der Vergangenheit nachspürt,
den wird die kleine, mit Bäumen begrünte Place Emile-Goudeau
ganz gewiss nicht enttäuschen. Hier befindet man sich in einer
der charmantesten Ecken der *Butte,* mit ihren engen Gässchen,
die sich vom Platz aus den Hügel hinabschlängeln, wie etwa die
Rue d'Orchampt, in der das festungsartige Haus einer weiteren
Bewohnerin Montmartres – der Sängerin Dalida – emporragt, in
dem sie über zwanzig Jahre lebte. Die Place Emile-Goudeau ist
nach einem berühmten Dichter benannt, der 1878 den antibür-
gerlichen Literaturzirkel der »Hydropathes«, der Wasserscheuen,
gründete, einen Club von Freunden, die allergisch auf Wasser
reagierten und es daher durch Wein oder andere damals beliebte
Getränke wie Absinth ersetzten.

Wo wir gerade beim Thema sind: Warum nicht mal selbst die
verbotenen Wonnen des Likörs probieren, der gemeinhin als
»grüne Fee« bezeichnet wurde? Wer Lust dazu hat, dem empfehle ich das *Le Bon Bock,* ein historisches Restaurant, in dem

dieses wertvolle Elixier noch heute verkostet wird. Es befindet sich ebenfalls in Montmartre, in der Rue Dancourt 2, und kaum hat man die Schwelle übertreten, fühlt man sich um Jahrzehnte zurückversetzt. Die Einrichtung, die Lampen, die Bilder: alles im Originalzustand wie zur Eröffnung des Lokals im Jahr 1879. Selbst das berühmte Huhn auf Camembert sieht so aus, als sei es nicht ganz neuen Datums, doch als ich es probiere, verfliegt mein Misstrauen. Der Absinth wird hier als eine Art Verdauungsschnaps nach dem Essen serviert, in verschiedenen Varianten, die alle einem Ritual folgend dargereicht werden. Ich weiß nicht, inwieweit dieser Absinth dem Likör ähnelt, der die Schriftsteller im 19. Jahrhundert in Ohnmacht versetzte; Halluzinationen hatte ich in jedem Falle, wenn auch eher in Form von Sehnsucht nach einem guten Schluck Nocino aus Salento; im Übrigen: Jeder bekommt den Trip, den er verdient, wie schon Arthur Rimbaud sagte – oder stammt das Zitat aus *The Big Lebowski*? Das fällt mir gerade nicht mehr ein ...

Pablo Picasso war der Einzige, der nicht trank. Nicht etwa aus Anstand, sondern weil er überzeugt davon war, Alkohol würde seine Inspiration beeinträchtigen. Und wenn wir heute seine Arbeiten sehen, dann hatte er vermutlich recht. Allerdings bewahrte er aus dieser glücklichen Zeit in Montmartre zeitlebens als Talisman eine versiegelte Flasche des wertvollen grünen Likörs auf, die er von Frédé, dem Conférencier der Kleinkunstbühne *Lapin Agile,* bekommen hatte. Als Zeichen ihrer großen Freundschaft schenkte der Künstler ihm ein Bild, eines der wenigen Selbstbildnisse Picassos, auf dem er als Harlekin verkleidet an der Theke des *Lapin Agile* steht und Frédé im Hintergrund Gitarre spielt. Ein wunderschönes Gemälde, das lange Zeit im Lokal hing, bis es der untröstliche, aber von Schulden geplagte Frédé »aufgrund höherer Gewalt« verkaufte. Picasso war durchaus großzügig

355

mit seinen Freunden und nahm es ihm nicht übel, selbst wenn er Frédé gegenüber hatte durchklingen lassen, noch etwas mit dem Verkauf zu warten, denn er war sich sicher, dass seine Bilder schon bald einen weitaus höheren Wert erzielen würden – und wie wir wissen, sollte er damit recht behalten.

VON EINEM UFER ZUM ANDEREN

Mit dem aufkommenden Ruhm verlässt Picasso das *Bateau* und auch Montmartre, nun kann er sich helle Ateliers in besseren Vierteln leisten. 1909 zieht er zunächst auf den Boulevard de Clichy, später dann endgültig nach Montparnasse und Saint-Germain, die zur Bühne seiner neuen Abenteuer werden. Doch wie ein Spruch auf der *Butte* besagt: »Auch wenn du in Montparnasse erntest, vergiss nicht, dass der Samen aus Montmartre stammt«, wird auch Picasso Montmartre nie vergessen, selbst als er, angesteckt von seiner neuen Liebe, der russischen Starballerina Olga Chochlova, ein bürgerliches und mondänes Leben zu führen beginnt. Der Maler lernt sie 1917 kennen, während der Proben zu einem Stück, das in der Stadt für einen Skandal sorgte. Der russische Theaterimpresario Sergej Djagilew war gefeiert für seine modernen Inszenierungen und die Wahl seiner stets innovativen, künstlerischen Zusammenarbeit. Bereits 1913 hatte er am *Théâtre des Champs-Élysées* von Paris mit *Le Sacre du Printemps*, einer vom erst 28-jährigen russischen Musiker Igor Strawinsky komponierten Ballettmusik, für Aufsehen gesorgt. Debussy beschrieb den Komponisten als einen »jungen Wilden, der grelle Krawatten trägt und den Damen beim Handkuss auf die Füße tritt«, wobei er ihn als Musiker durchaus schätzte.

Doch die Neuartigkeit und der avantgardistische Stil des Ballettstücks *Parade*, das im *Théâtre du Châtelet* am 18. März 1917 uraufgeführt wurde, war für die biederen Kritiker der endgültige Schlag in die Magengrube. Man muss sich eine Aufführung vorstellen, bei der das Bühnenbild und die Kostüme von Picasso stammen, die Idee von Jean Cocteau und die Musik von Erik Satie, kurz gesagt: eine explosive Mischung aus fesselnder Schönheit und Kreativität. Es ist schwierig, dafür passende Adjektive zu finden, Guillaume Apollinaire ist es beim Abfassen des Textes für das Programmheft des Abends dennoch gelungen, wobei er bei dieser Gelegenheit gleich noch das magische Wort *surrealiste* (wörtlich: »über-realistisch«) prägte, bevor der Begriff im Manifest der berühmten künstlerischen Bewegung übernommen werden würde. Die Kostüme der Balletttänzer weisen eine eindeutige kubistische Formensprache auf, in der die Freude am Zirkusleben und das Chaos der modernen Epoche miteinander verschmelzen. Satie verwendete für seine Partitur Alltagsgeräusche wie Revolverschüsse, Schreibmaschinen und das Quaken von Fröschen. Der Musikkritiker Jean Poueigh bezeichnete die Aufführung als »eine Beleidigung des französischen Geschmacks«, und Erik Satie antwortete ihm mit den knappen Worten: »Mein Herr und lieber Freund – Sie sind ein Arsch, ein Arsch ohne Musik! Gezeichnet Erik Satie«. Eine Beleidigung, die ein gerichtliches Nachspiel haben sollte und Satie acht Tage Gefängnis einbrachte. Cocteaus Vermittlungsversuche machten das Ganze nur noch schlimmer, und er wurde zu einer saftigen Geldstrafe verurteilt, mit der Begründung, er habe vor Gericht das Wort »Arsch« mehrfach und in unterschiedlichsten Nuancen wiederholt. Es muss wohl nicht betont werden, dass das Stück Jahre später, als es erneut auf die Bühne kam, vom Publikum bejubelt wurde.

Durch einen eigenartigen Zufall habe ich vor einigen Jahren im *Théâtre de la Ville*, nicht weit vom *Châtelet*, an einer sehr bewegenden Lesung mit Roberto Saviano teilgenommen. Zum Glück hat sich an diesem Abend im Publikum niemand angegriffen gefühlt, selbst wenn es dem Autor des Öfteren passiert, dass er sich mit voreingenommenen Kritiken auseinandersetzen muss. In diesem Fall würde ich ihm raten, sich die Philosophie von Cocteau zu eigen zu machen, für die er nach dem Erdbeben von *Parade* warb: »Kultiviere das, was das Publikum dir vorwirft, denn das bist du.« Eine goldene Regel, die bei kontroversen Künstlern immer funktioniert.

> Man muss sich eine Aufführung vorstellen,
> bei der das Bühnenbild und die Kostüme
> von Picasso stammen, die Idee von
> Jean Cocteau und die Musik von Erik Satie,
> kurz gesagt: eine explosive Mischung aus
> fesselnder Schönheit und Kreativität.

Der von Pablo Picasso für das Ballett *Parade* entworfene große Bühnenvorhang wurde wie ein Heiligtum verwahrt und ist heute Teil der Sammlung des *Centre Pompidou*. Allerdings ist es nicht einfach, ihn zu Gesicht zu bekommen, denn er wird nur bei besonderen Gelegenheiten oder Anlässen unangekündigt ausgestellt. Wer das Glück hat und zu einem solchen Moment gerade in der Gegend ist, sollte sich dieses einmalige Meisterwerk eines Vorhangs nicht entgehen lassen, auf dem sich die fröhliche Gauklerkunst in Form von geflügelten Pferden, Affen und Harlekins zum Jüngsten Gericht einer weltlichen Religion versammeln.

Wer nun weiter auf den Spuren Picassos wandeln möchte, sollte anschließend die schöne orthodoxe Alexander-Newski-Kathedrale in der Rue Daru besichtigen, wo sich die versnobte Ballerina Olga Chochlova und Picasso 1918 das Jawort gaben.

Trauzeugen waren die Gefährten von einst, Max Jacob, Jean Cocteau und natürlich Guillaume Apollinaire.

Der Dichter war aus dem Ersten Weltkrieg, für den er sich 1914 als Freiwilliger gemeldet hatte, als Verwundeter heimgekehrt und erlag nur wenige Monate nach der Hochzeitsfeier überraschend der Spanischen Grippe. Seine Gesundheit war bereits durch eine schwere Kopfverletzung, die er aus dem Krieg zurückbehalten hatte, stark angeschlagen, und so kam jede Hilfe zu spät. Apollinaire starb mit nur 36 Jahren in Paris und wurde auf dem Friedhof *Père Lachaise* beigesetzt, makabrerweise während auf den Straßen die Bewohner der Stadt das Ende des Krieges feierten, in den er sich so leidenschaftlich gestürzt hatte. Eine wahre Tragödie für Picasso und alle Freunde der legendären Künstlertruppe. Das Denkmal für Apollinaire löste bei Picasso Missfallen aus, der, inspiriert von einigen Versen des Dichters, eigentlich eine zarte, luftige, im Raum schwebende Skulptur aus feinen Eisendrähten entworfen hatte: »Ich will ihm eine tiefgründige Statue aus dem Nichts schaffen, wie die Poesie, wie der Ruhm.« Die Skizzen zu dieser »Intuition« kann man sich im *Musée Picasso* ansehen, doch das Denkmal selbst wurde nie verwirklicht, denn die konservative Haltung der *Société des Amis d'Apollinaire* hatte schon den entsprechenden Papierentwurf abgelehnt, mit der Begründung, er sei dem Gedenken des Dichters nicht angemessen. Der Streit wird sich noch über Jahrzehnte hinziehen, bis das Komitee 1959, also mehr als vierzig Jahre nach Apollinaires Tod, sein Einverständnis für eine Skulptur gibt, die Picasso schon seit Langem aufbewahrt hatte. Es handelt sich um eine riesige Büste von Dora Maar, die zwar schön ist, aber der Persönlichkeit von Apollinaire in keiner Weise gerecht wird.

Doch das mag jeder für sich selbst entscheiden. Der Kopf thront inmitten einer kleinen, kärglichen Grünfläche, auf dem

Square Laurent-Prache, gleich neben der Abtei von Saint-Germain, also unweit der Orte, an denen Apollinaire und seine Freunde am liebsten flanieren gingen. Die schönsten Worte der Erinnerung an den Dichter stammen von Max Jacob, einem weiteren großen Pariser Flaneur, wie man in den folgenden Zeilen erkennen kann: »Apollinaire nahm uns mit auf seine ewigen Runden von einem Gehsteig zum anderen durch die Arrondissements von Paris, egal zu welcher Uhrzeit. Er blickte sich um, bestaunte, betrachtete jede Kleinigkeit, lachte, enthüllte uns Dinge aus der Vergangenheit, die ausgebeulten Hosentaschen voller Papier, dann lachte er wieder ...«

Picasso hingegen verlernte komplett das Lachen. Seine Ehe machte ihm zu schaffen, aber vor allem das mondäne Leben mit den ständigen Soirées, die Olga ununterbrochen organisierte und die ihn nach und nach in Langeweile und Depression stürzten. Seine Freunde behaupteten scherzhaft, seine Frau sei daran schuld, dass er nach der blauen und rosa Periode nun endgültig bei der *Periode duchesse*, der »vornehmen Periode«, angelangt sei. Das frivole und oberflächliche Leben ist für ihn wie ein Gefängnis, aus dem er sich einen Fluchtweg zu suchen beginnt, und zwar in der für Picasso typischen Form einer neuen Liaison. Er selbst hatte bereits beteuert: »Zu meiner Schande, und vielleicht auch zu meinem Glück, regele ich die Dinge immer anhand meiner momentanen Liebe.«

DIE WEINENDE FRAU

Picasso krempelt ein weiteres Mal sein komplettes Leben um, als er sich gleichzeitig in die siebzehnjährige Marie-Thérèse Walter – mit der er zusammen eine Tochter hat – sowie auch in eine andere Frau von rätselhafter Schönheit verliebt. Er zwingt die zwei Geliebten zu dem diabolischen Pakt, unter sich die Wochentage aufzuteilen, damit keine der beiden auf ihn verzichten muss.

1936 zieht der Maler nach Saint-Germain in das berühmte Atelier in der Rue des Grands-Augustins 7, das ihm seine neue, umstrittene Geliebte besorgt hatte: die Fotografin Dora Maar, deren Biographie Stoff für ein eigenes Kapitel liefern würde. Picasso ist vom ersten Moment an hingerissen von dieser Wohnung, als er per Zufall herausfindet, dass Honoré de Balzac das Studio des Malers Frenhofer, der Hauptfigur seiner Erzählung *Das unbekannte Meisterwerk*, ausgerechnet hier angesiedelt hatte. Darin geht es um einen Künstler, der wie besessen an einem Bild malt, das er nie fertigstellt. In dem manischen Bestreben, zu absoluter Perfektion zu gelangen, erschafft er einen Wust aus chaotischen Strichen und Farben, aus dem nur ein einziger perfekter Fuß herausragt. Wohl der absolute Alptraum und die Verdammnis eines jeden Künstlers.

Für *Guernica*, das Bild, das Picasso in diesem Atelier für die Internationale Weltausstellung in Paris 1937 malen wird, besteht, was das betrifft, keine Gefahr. Dieses Werk ist ein einziger, der Welt entgegengeschleuderter Schmerzensschrei von einer solch starken künstlerischen Ausdruckskraft, dass es inzwischen nicht mehr nur allein für das obszöne Massaker an den wehrlosen Bewohnern der spanischen Stadt Guernica durch den Luftangriff des deutschen Militärs während des Spanischen Bürgerkriegs steht, sondern mit der Zeit zu einem politischen Manifest gegen jede Form von Gewalt und willkürlicher Machtausübung wurde. Das Bild brachte Picasso die Ächtung seitens der spanischen Regierung sowie aller damals herrschenden Diktaturen ein. Doch das kümmerte ihn wenig, und nach der Weltausstellung weigerte er sich, das Gemälde Spanien zu überlassen, zumindest solange Franco an der Macht blieb. Man erzählt sich, dass während der Besatzung der Nationalsozialisten in Paris die deutschen Generäle, erpicht darauf, den großen spanischen Maler kennenzulernen, stundenlang vor seinem Atelier Schlange standen. Picasso servierte sie mit Drucken von *Guernica* auf Postkartengröße ab, mit der Empfehlung, sie als Andenken an Freunde und Bekannte zu verteilen. Und als der deutsche Botschafter Otto Abetz das Foto von *Guernica* sah und Picasso voller Bewunderung fragte: »Haben Sie das gemacht?«, antwortete Picasso unbeirrt: »Nein, Sie!« Der Maler war im Übrigen davon überzeugt, dass »die Malerei nicht dafür geschaffen [sei], Wohnungen zu dekorieren. Sie ist ein Instrument der Kriegsführung, mit einer immensen offensiven und defensiven Kraft gegen den Feind«. Die Fotos von Dora Maar dokumentieren den Schaffensprozess an *Guernica*. Die uns erhalten gebliebene Serie an Aufnahmen, die den Entstehungsprozess des Gemäldes festhält, zeugt von dem großen Talent der Fotografin, die leider ihre Begabung für diese verfluchte, sie an den Rand des Wahnsinns führende Liebe opferte.

> »Die Malerei ist nicht dafür geschaffen,
> Wohnungen zu dekorieren.
> Sie ist ein Instrument der Kriegsführung.«

Dora ist eine faszinierende und geheimnisvolle Frau, eine echte kosmopolitische Verführerin, die Picasso im *Deux Magots* kennenlernt, einem der Bistrots, das gern von den Künstlern der Rive gauche aufgesucht wurde. Dort sieht er sie zum ersten Mal, allein in einer Ecke sitzend, wie sie die Handschuhe abstreift, um sich mit einem gefährlichen Spiel in Szene zu setzen. Sie legt die linke Hand mit gespreizten Fingern auf den Tisch und beginnt mit einem spitzen Messer in der rechten in die Zwischenräume zu stoßen, wobei sie nach und nach an Tempo gewinnt, sodass sie sich kleine Wunden zufügt, die zu bluten beginnen. Picasso fühlt sich sofort von Doras Mut und ihrer Verzweiflung angezogen. Die beiden werden unweigerlich ein Paar, das eine lange, besitzergreifende Liebesbeziehung führt, in der Dora Maar zu Picassos Muse wird. Der große Künstler, ein Machtmensch und Despot, war von einer unwiderstehlichen Anziehungskraft, und sein Leben lang gelang es ihm, sich mit Frauen zu umgeben, die ihn verehrten, aber selbst oft um seine Aufmerksamkeit kämpfen mussten.

Dora Maar war für damalige Zeiten eine freie und emanzipierte Frau, eine brillante, äußerst talentierte Fotografin, die von Künstlern wie Man Ray und dem erlesenen Zirkel der Surrealisten geschätzt wurde, wo sie sich langsam durchzusetzen begann. Sie hatte es sogar geschafft, eine Beziehung mit dem Schriftsteller Georges Bataille mehr oder weniger heil zu überstehen, einem weiteren, sagen wir mal leicht komplizierten Menschen. Ein Verhältnis, das in ihr nicht unbedeutende seelische Narben hinterlassen hatte, doch als sie Picasso trifft, verliert sie jeden Selbstschutz und liefert sich ihm mit Haut und Haar aus. Es gibt Frauen, die sich unweigerlich von ihren Unterdrückern angezogen fühlen, und Dora gehörte genau zu dieser Kategorie. Sie ist sich bewusst, dass Picasso ihr Untergang sein wird, doch sie kann nicht anders, als sich ihrem Tyrannen auszuliefern: »Pablo ist ein Mordwerkzeug. Er ist kein Mensch, er ist eine Krankheit, er ist kein Liebhaber, er ist ein Herrscher.« Ich denke, dem ist nicht viel hinzuzufügen. Nicht umsonst porträtiert Picasso sie oft mit Tränen in den Augen, und das letzte Bild dieser berühmten Serie trägt tatsächlich den Titel *Die weinende Frau.* So weit noch einmal zu dem Argument, für eine Frau sei es nicht so klug, ihr eigenes

Talent aufzugeben, um die Karriere einer »Muse« einzuschlagen; die Konsequenzen sind oft katastrophal, wie uns auch das eindrucksvolle Beispiel von Camille Claudel und ihre verheerende Geschichte mit dem Bildhauer Rodin zeigt.

> Für eine Frau ist es nicht so klug, ihr eigenes Talent aufzugeben, um die Karriere einer »Muse« einzuschlagen.

Wer hingegen eine Dora Maar von Picasso ohne Tränen und in der Blüte ihrer Schönheit sehen möchte, sollte unbedingt in das *Musée Picasso* in der Rue de Thorigny gehen, wo man seinen Hunger auf Zeichnungen, Skizzen und Skulpturen des Künstlers ausreichend stillen kann. Das Porträt von Dora ist ein wundervolles Feuerwerk an Lebensfreude und Farbe, durch das ich mir das Stendhal-Syndrom eingefangen habe. Oder zumindest kommt es mir so vor, wenn ich den Berg all der mit diesem Motiv bedruckten Notizbücher, Mappen und Karten sehe, die ich mir in dem neuen Museumsshop gekauft habe.

Außer den Porträts von Dora hängt im Museum auch das von Olga, aus der sogenannten klassizistischen Periode des Malers, als er nach der Rückkehr von einer Reise nach Italien einen Zyklus von traditionelleren Bildern begann, worauf einige seiner Bewunderer mit Empörung reagierten und ihm vorwarfen, seinen Stil verraten zu haben: »Hat Gott etwa einen Stil? Er hat Gitarren, Harlekins, Dackel, Katzen, Eulen, Tauben erschaffen, alles genauso wie ich. […] Er hat das erschaffen, was es nicht gibt. Genauso wie ich. Er hat auch die Malerei erschaffen. Ganz genau wie ich.« Das Porträt von Olga Chochlova, auf dem sie, umhüllt von einem edlen Modellkleid des Designers Poiret, auf einem geblümten Sessel vor einem unbearbeiteten Hintergrund sitzt, ist von einer erhabenen Eleganz und beweist, dass Picasso, egal in welchem Stil er malte, immer wieder und trotz allem beeindrucken konnte. Der Besuch im *Musée Picasso* ist als Ganzes ein besonderes Erlebnis. Das Palais, das das Museum beherbergt, ist ein luxuriöses *Hôtel particulier* im Herzen des Marais-Viertels mit einem romantischen Garten, wo man seine vom vielen Gehen müden Glieder ausruhen kann. Neben den Werken von Picasso bekommt man hier auch einen Einblick in die Arbeiten seiner Privatsammlung, wie etwa Gemälde von Henri Rousseau, Matisse, Miró und anderen, die der katalanische Meister verehrte.

BESESSENE SAMMLER

Das Museum stellt auch jene Skulpturen aus, zu denen sich Picasso durch die damals als »*Art nègre*« bezeichnete Kunstrichtung inspirieren ließ. Diese umfasste nicht nur die afrikanische Kunst, sondern auch alle sogenannten »primitiven« Plastiken aus Ozeanien, Neuguinea usw. Die scheinbare Naivität und Einfachheit dieser Werke bergen eine unglaubliche magische Kraft, die auf die Künstler des beginnenden 20. Jahrhunderts eine starke Anziehung ausübte. Sie waren davon überzeugt, »der Sinn der Malerei [sei] eine Form der Magie, die sich zwischen einen selbst und das feindliche Universum schiebt, eine Art Macht, die unseren Ängsten ebenso wie unseren Wünschen eine Form aufdrängt …«. Picasso selbst ging oft gemeinsam mit Derain zum Studium der Skulpturen ins ethnologische Museum *Musée d'Ethnographie du Trocadéro* (das heutige *Musée de l'Homme*); für ihn ist die Entdeckung der primitiven Kunst quasi eine Offenbarung, die ihm begreiflich macht, warum er die Kunst zu seinem Metier wählte: »[Ich war] ganz allein in diesem beängstigenden Museum, zwischen Masken, rothäutigen Puppen, verstaubten Marionetten. Die Idee zu *Les Demoiselles d'Avignon* muss mir wohl an diesem Tag gekommen sein … es war meine erste Arbeit als Exorzist.«

Das *Musée de l'Homme* auf der Place du Trocadéro ist auch heute noch einen Besuch wert, um diesem geheimnisvollen künstlerischen Exorzismus auf den Grund zu gehen. Ich denke, Picasso hätte auch das neue *Musée du Quai Branly* gemocht, das erst 2006 eingeweiht wurde und nicht nur Schätze aus der ganzen Welt vereint, sondern an seiner Außenfassade auch noch eine der größten Pflanzenwände vorzuweisen hat, die jemals geschaffen wurden. Gestaltet wurde sie von dem Botaniker Patrick Blanc, der auf einer Fläche von 800 Quadratmetern 15 000 Pflanzen aus 150 unterschiedlichen Spezies einpflanzte. Ein Kunstwerk im Freien, das je nach Jahreszeit seine Form und Farbe ändert, wie ein echtes Chamäleon.

Der Maler und seine Freunde begnügten sich aber nicht allein damit, die primitive Kunst anzusehen. Sie klapperten unermüdlich die Trödelläden von Paris ab, auf der Suche nach für sie passenden Sammlerstücken. Es war Matisse, der Picasso schließlich ein Geschäft in der Rue de Rennes in Saint-Germain empfahl, das auf »*Art nègre*« spezialisiert war. Der Besitzer mit dem Spitznamen »*le Négrier de la Rue de Rennes*« war ein Freund der Künstler, für die er immer bereit war, einen fairen Preis zu machen. Heute ist es völlig aussichtslos, einen derartigen Laden in dem von Edelboutiquen und exklusiven Kunstgalerien gepflasterten Viertel zu finden. Eine afrikanische Maske würde dort vermutlich genauso viel wie ein Gemälde von Picasso kosten!

In den Ateliers der Künstler häuften sich Objekte mit Zauberkräften, besonders das Studio von Picasso barst vor Kuriositäten aller Art. Der Künstler besaß eine regelrechte Sammelwut wild durcheinandergewürfelter Objekte, angefangen von wertvollen Bildern seiner Freunde bis hin zu allerlei Plunder. Man kann wohl sagen, dass Picasso ein besessener Sammler war, und er hing so sehr an seinen teuren Fundstücken, dass er nur selten das Putzen in seinem Atelier zuließ, und wenn, dann nur unter seinem prüfenden Blick. Sein Freund Apollinaire beschrieb das Refugium des Malers mit folgenden Worten: »Es gab Götzen aus Ozeanien und Afrika, Anatomiemodelle, Musikinstrumente, Flacons und viel Staub ...«

Diese würdigen Zeugnisse sind ein echter
Trost für Sammler wie mich,
Menschen, die nicht einmal eine alte
Straßenbahnfahrkarte wegwerfen können.

Aber Picasso war nicht der Einzige, der sich zu Inspirationszwecken mit Gegenständen und allerlei Krempel umgab. In der Dauerausstellung des *Centre Pompidou* befindet sich das detailgetreu nachgebaute Arbeitszimmer des Begründers des Surrealismus André Breton. Wie durch Zauberhand wird man hier mit einem bunten Feuerwerk aus Muscheln, Bildern, Notizzetteln, ausgestopften Vögeln und jeder Menge sorgsam zusammengesammelter und aufbewahrter Fetische des für seine Obsessionen bekannten Schriftstellers konfrontiert. Diese würdigen Zeugnisse sind ein echter Trost für Sammler wie mich, Menschen, die nicht einmal eine alte Straßenbahnfahrkarte wegwerfen können, nur weil sie die Erinnerung an einen glücklichen Morgen aufleben lässt. Gewiss gehören wir damit zu jener Sorte problematischer Menschen, die zu sehr an »Dingen« hängen und fest an ihre heilende Kraft glauben; während wir darauf warten, dass sich ihre wundertätige Wirkung entfaltet, genießen wir die Gegenwart dieser vordergründig unbedeutenden Objekte, mit denen wir uns, wie sollte es anders sein, weniger einsam fühlen.

Wenn berühmte Künstler ähnliche wunderbare »Schwächen« haben, hat das den Vorteil, dass man auf einen Schlag die eigenen Gewissensbisse loswird. So locker und gelöst können wir im Anschluss direkt an den Ort schlechthin für diese Art von Laster gehen: zum legendären *Marché aux Puces de Saint-Ouen*. Hier auf dem Flohmarkt rate ich jedem, den unnützen Teil für T-Shirts und Turnschuhe einfach zu überspringen und sich direkt zur Rue des Rosiers mit ihrem Labyrinth aus Gassen voller Stände und Geschäfte durchzuschlagen. Hier wird man regelrecht überwältigt von der Fülle an ausgestopften Tieren, Kristalllüstern, Chinoiserien, Muscheln, Vintage-Klamotten, Tellern, Gläsern, Messern und diversem anderen Plunder. Wer eine ausreichend große Wohnung besitzt, kann sogar den kompletten Rumpf eines Flugzeugs aus den 1930er Jahren erstehen. Für mich persönlich ist das der schönste Flohmarkt überhaupt, allerdings kann ich mich auch für Spitzenwäsche begeistern.

Als gebührenden Abschluss empfehle ich einen Sprung ins Bistrot *Chez Louisette* (in der Avenue Michelet 136), das sich wunderbar in das Gewirr aus Gassen und Ständen einfügt. Hier sollte man nicht nur zum Essen oder Trinken hinkommen, sondern vor allem wegen der Live-Musik, meistens in Gestalt einer (in jeglicher Hinsicht) »alten« Chansonsängerin mit Pianolabegleitung, so traurig wie die Lieder von Edith Piaf. Ideal um salzige Tränen auf die Pommes zu weinen, während man dieser wohl verstaubtesten aller Versionen von *Milord* lauscht. Absolut sehenswert!

JULES VERNES

V WIE JULES VERNE

»Viele Jahre hatte ich Frankreich nicht verlassen
und dennoch sagte ich mir später: Wie seltsam, mir
ist, als hätte ich eine lange … sehr lange … Reise
unternommen. Ich hatte Paris erkundet.«

Raymond Queneau, *Connaissez-vous Paris?*

Jules Vernes *Reise um die Erde in 80 Tagen* war einer der beliebtesten Abenteuerromane ganzer Generationen von Lesern unterschiedlichsten Alters. Heute würde es niemand mehr wagen, diesen genialen Wissenschaftler und großartigen Visionär ausschließlich als Autor von Kinderbüchern abzutun, und die Sammlereuphorie, die bei jeder Auktion historischer und seltener Editionen seiner Meisterwerke ausbricht, belegt das eindrücklich.

Während seines äußerst produktiven Lebens schrieb der französische Autor über achtzig Romane und Erzählungen und verfasste zudem Essays und wissenschaftliche Studien, in denen er zahlreiche Erfindungen und Zukunftsszenarien vorwegnahm, wie etwa in seinem denkwürdigen Roman *Von der Erde zum Mond*, eine Vorstellung, die 1865 sicherlich noch reichlich gewagt anmutete.

Doch die aufregendste Reise für Jules war vielleicht die gewöhnliche Strecke von Nantes nach Paris, nachdem er mit zwanzig Jahren seinem Vater die Erlaubnis abgerungen hatte, in die Stadt des Lichts zu gehen, unter dem Vorwand, ein Studium in Rechtswissenschaften anzutreten. In Wahrheit hatte er jedoch vor, auf dem nächstbesten Schiff anzuheuern, um die Welt zu sehen und ferne Länder zu entdecken. Als Elfjähriger soll er bereits heimlich von zu Hause ausgerissen sein, um als Schiffsjunge an Bord eines Frachters Richtung Orient mitzufahren. Sein Vater griff ihn beim ersten Hafen, an dem sie anlegten, wieder auf und nötigte seinem Sohn das Versprechen ab, von nun an nur noch in der Fantasie zu reisen. Und so kam es auch… Allerdings nicht für immer.

Die aufregendste Reise für Jules war
vielleicht die gewöhnliche Strecke
von Nantes nach Paris,
nachdem er mit zwanzig Jahren seinem
Vater die Erlaubnis abgerungen hatte,
in die Stadt des Lichts zu gehen.

Kaum in Paris angekommen widmete er sich, statt in Gerichtssälen herumzusitzen, mit Haut und Haar seiner Leidenschaft für Literatur, und zu unserem großen Glück wurde er niemals ein illustrer Anwalt. Dank der schicksalhaften Begegnung mit dem Verleger Hetzel, seinem Mentor und Entdecker, begann er sich in diversen wissenschaftlichen Disziplinen zu bilden und dadurch sein besonderes Talent zu entfalten. Mit dem Zyklus *Außergewöhnliche Reisen* wurde er schon bald zu einem Pionier der Reise- und Abenteuerromane.

Im Laufe weniger Jahre landete der junge Schriftsteller einen Erfolg nach dem anderen, was ihm ein wohlhabendes Leben ermöglichte und die Erfüllung vieler seiner Jugendträume. So wurde er zum Beispiel stolzer Besitzer eines Bootes, auf dem er kühn und unerschrocken wie Kapitän Nemo unter den Augen zahlreicher Bewunderer die Seine hinabschipperte, um anschließend an der

Pont des Arts, also quasi vor seiner Haustür, vor Anker zu gehen, was unter den Parisern eine gewisse Aufregung verursachte. Später ließ er sich dank der Aufführungsrechte des Theaterstückes *Reise um die Erde in 80 Tagen* eine luxuriöse Dampfer-Yacht bauen, die *Saint-Michel III.*, und unternahm eine Reihe an Kreuzfahrten mit Freunden und international bekannten Persönlichkeiten als Gästen an Bord.

Endlich konnte Verne all seine als Kind erdachten Reisen tatsächlich antreten und persönlich die Abenteuer erleben, die er bisher nur auf Papier für sein begeistertes Leserpublikum festgehalten hatte. In der zweiten Hälfte des 19. Jahrhunderts kam durch den Ausbau des Eisenbahnnetzes, dank dessen man Strecken in einer bisher ungeahnten Geschwindigkeit zurücklegen konnte, das Reisen immer mehr in Mode. So entstand der Mythos der Weltumrundung, der perfekten Reise, die den Autor zu seinem berühmten Werk inspirierte.

Nach dem enormen Erfolg des Buches versuchten sich viele an einem ähnlichen Abenteuer wie dem des Romanhelden, des englischen Gentleman Phileas Fogg, der zusammen mit seinem französischen Diener Passepartout die Reise um die Welt antrat, um eine Wette einzulösen. Nur wenige wissen, dass die erste Person, die den Rekord der achtzig Tage unterbot, eine Frau war, nämlich Nellie Bly, eine junge amerikanische Journalistin von der *New York World*, der 1889 das Unterfangen in 72 Tagen, 6 Stunden, 11 Minuten und 14 Sekunden gelang. Bei der Zeitung, für die sie arbeitete, tat man alles, um sie davon abzubringen. Ihre männlichen Kollegen waren der Ansicht, die Expedition sei für eine Frau viel zu riskant und vor allem viel zu kostspielig, denn natürlich müsse sie Leibwächter einstellen, die sie auf ihrer Reise beschützten. Doch der Herausgeber der *New York World* Joseph Pulitzer, der von Journalismus allerhand verstand, ließ sie dennoch ziehen, und mehr als eine Million Menschen nahmen an der von der Zeitung ausgerufenen Verlosung teil, bei der man die exakte Ankunftszeit von Nelly in ihrem Heimathafen New York erraten sollte.

Miss Bly, genannt Pink, brach auch noch einen anderen historischen Rekord: Sie war die erste Frau in der Geschichte, die eine so lange Reise alleine antrat. Ihr Unternehmen sorgte für solches Aufsehen, dass sie bei ihrer Ankunft von den Tausenden jubelnden Menschen regelrecht auf Händen getragen wurde.

> Sich für Diversität starkzumachen
> ist nicht nur ein politischer Akt,
> sondern für jeden passionierten Reisenden
> in erster Linie Beglückung.

Heute wäre es dank unserer Verkehrsmittel möglich, diese trecke in einigen Stunden zurückzulegen, doch das ist nichts gegen den Kitzel, von einem Heißluftballon auf einen Hundeschlitten umzusteigen oder vielleicht sogar Indien auf dem Rücken eines Elefanten zu durchqueren. Der wahre Reisende steigt nicht von einem Jet in den anderen, sondern bezwingt Meter um Meter des Territoriums selbst, kostet den Reichtum der unterschiedlichen Kulturen aus, die unsere zerstörte Welt trotz Krieg und anderer Hürden noch immer zu bieten hat. Ein Multikultierlebnis, das reichlich Zeit und Geld verlangt, allerdings auf wundersame Weise auch schon mit einem simplen Ausflug nach Paris realisiert werden kann, und das sogar ohne die nervigen Nebeneffekte eines Jetlags.

Jetlags – so heißt auch eine Initiative des Vereins *Pop in the city*, die einem die Möglichkeit bietet, von einem Land zum nächsten zu reisen, ohne dabei ein einziges Mal die zwanzig Pariser Arrondissements zu verlassen. Wenn man sich rechtzeitig anmeldet, kann man zweimal im Jahr an den Treffen dieser urbanen Globetrotter teilnehmen, die ihre Routen durch neue Ziele ständig aktualisieren.

Der Traum von einem multiethnischen Paris ist inzwischen zwar etwas angekratzt, aber dennoch findet man hier und da noch immer Lichtblicke einer kulturellen Utopie, als dem einzigen, wirksamen Bollwerk gegen jede Art von Rassismus und Fremdenfeindlichkeit. Sich für Diversität starkzumachen ist nicht nur ein politischer Akt, sondern für jeden passionierten Reisenden in erster Linie Beglückung, und was das betrifft, hat die französische Hauptstadt etliches zu bieten. Wer es nicht geschafft hat, sich rechtzeitig bei *Jetlags* anzumelden, kann auch alleine losziehen. Es genügt guter Wille und eine Wochenkarte der Pariser Métro – und schon kann's losgehen!

Ich darf Sie nun alle bitten, Ihre Sicherheitsgurte anzulegen und mir zu folgen auf unserer Weltreise nach Paris und zurück.

JAPAN

Man muss sich nicht einmal aus dem Stadtzentrum fortbewegen, um nach Japan zu gelangen. Es genügt schon, an der Métro-Station *Pyramide*, im Herzen des eleganten Opernviertels auszusteigen und die Richtung zur Rue Sainte-Anne einzuschlagen. Auf dieser 400 Meter langen Straße reiht sich ein japanisches Restaurant an das andere. Die Auswahl an Speisen ist reichlich und bietet für jeden Geschmack etwas: von Ramen, für alle die Suppen lieben, bis hin zu allen Arten an Sushi, Sashimi und Roll, je nach persönlicher Vorliebe. In den Läden der Seitenstraßen bekommt man Mangas, Kimonos und japanische Lebensmittel, man kann an einem Ikebana-Kurs teilnehmen oder auf Teufel komm raus

Karaoke singen. Und wer tatsächlich in das Reich der aufgehenden Sonne reisen will, der findet in der Gegend genug Reisebüros, die alle auf Japan spezialisiert sind.

Eine persönliche Bemerkung: Die Rue Sainte-Anne bietet zwar ein beachtliches Angebot, mein Lieblingsjapaner befindet sich dennoch auf der anderen Seite der Seine, halb versteckt in der Rue du Sabot 6, einer kleinen Seitengasse in Saint-Germain. Er heißt *Blueberry* und ist eine Empfehlung meiner Freundin Marcella. Wir beide haben in Paris noch nie so leckere Uramakis gegessen wie hier, aber das ist bekanntlich Geschmackssache. Wenn Sie bessere Tipps haben, lassen Sie es mich wissen.

AFRIKA

Wer nach Afrika möchte, sollte ins 18. Arrondissement gehen, in das Viertel *Goutte-d'Or*. Einst erstreckten sich hier Wiesen und Felder und vor allem Weinberge, die, wie man zu sagen pflegte, den »Goldenen Tropfen« hervorbrachten, nach dem der Stadtteil benannt ist. Heute ist es ein geschäftiger Knotenpunkt mit mehreren Métro-Stationen und seit jeher die Heimat der afrikanischen Community. Wer sofort loslegen möchte, kann gleich mal eine Runde auf dem *Marché Dejean* in der Rue Dejean drehen, einem wahren Paradies auf Erden für alle Gewürzfans und alle, die nach den passenden Zutaten für ein original afrikanisches Gericht suchen. Wer Glück hat, kann vielleicht auch einen Tilapia ergattern, eine Art Buntbarsch, der wohl besonders köstlich als *all'Acqua pazza* zubereitet schmeckt. Allerdings muss ich gestehen, dass ich mich bisher noch nicht getraut habe, ihn zu probieren. Der Markt ist ein regelrechtes Feuerwerk an Farben und Gerüchen, und natürlich gibt es auch ausreichend Stände mit

Kosmetikprodukten und den berühmten afrikanischen Stoffen von einer unglaublichen Vielfalt an Mustern, die man vielleicht nicht einmal auf einem Markt im Senegal findet.

Die Straßen rund um den Markt mit klingenden Namen wie Rue d'Oran, Rue de Tombouctou, Rue de Suez, Rue de Panama sind voller Überraschungen und interessanter Läden; nicht verpassen sollte man, gleich in der Nähe auf dem Boulevard de Magenta 170, ein wahres architektonisches Juwel: das wiedereröffnete *Cinéma Le Louxor*.

Die bewegte Geschichte dieses unglaublichen Gebäudes reicht weit in die Vergangenheit zurück; nach einem Entwurf des Architekten Henri Zipcy 1921 erbaut sorgte es aufgrund seines neoägyptischen Stils mit Elementen wie Skarabäen, Papyri, Kobras und den an ein Pharaonengrab erinnernden Mosaiken von Anfang an für Furore: ein echter Hingucker im Viertel. Wie so viele historische Kinosäle in Großstädten erlebte es Höhen und Tiefen. Als Programmkino war es auf Filme aus den Mittelmeerländern ausgerichtet. Doch aufgrund finanzieller Probleme wurde es zunächst zu einer Diskothek mit Musik von den Antillen umfunktioniert, bis es dann endgültig schloss. Wie vielen anderen Gebäuden in der Stadt drohte auch dem *Le Louxor* der Abriss. Doch in den 1980er Jahren gelang es einer engagierten Bürgerinitiative, das Kino vor den Bulldozern zu retten und einen Kauf der Immobilie durch die Stadt Paris zu erwirken. Heute, nach umfangreichen Renovierungsarbeiten, ist seine bizarre Schönheit wieder zu neuem Leben erwacht, und zusammen mit dem Hochbahnabschnitt der Métro, der direkt neben dem Kino verläuft, bildet es einen einzigartigen urbanen Kontrast. Neben drei Kinosälen verfügt das Gebäude über ein Restaurant mit Bar und einer herrlichen Terrasse, von wo man das ständige Treiben im Viertel wunderbar beobachten kann.

Genau gegenüber, auf der anderen Straßenseite, eröffnete vor kurzem ein ganz besonders hippes Lokal: die *Brasserie Barbès*, die eine für die Gegend eher ungewöhnliche Kundschaft anzieht. Die dreistöckige Struktur ist dem neokolonialistischen Baustil nachempfunden, mit einem Innendesign aus Glas und Stahl sowie riesigen Pflanzen, die über die Dachfenster Licht erhalten. Kritiker sprechen hier von erzwungener »Gentrifizierung«, ein Schicksal, das sich viele historische Stadtviertel teilen, und verurteilen den Versuch, durch die Schaffung sogenannter »Zoos für Reiche« Gegenden aufzuwerten, die bisher vor allem abends als unsicher galten. Manch einer ging sogar so weit, die Brasserie als einen *Django Unchained* im Herzen des historischen Arbeiterviertels zu bezeichnen, als handele es sich um einen Akt der Kolonialisierung. Ich fühle mich nicht kompetent, in dieser langjährigen Debatte ein politisches Urteil zu fällen, was ich aber mit Sicherheit sagen kann, ist, dass man hier gut isst und dass das etwas aufgesetzte Ambiente durch die unbezwingbare Lebendigkeit der Bewohner von Barbès sofort relativiert wird.

Kritiker sprechen hier von erzwungener »Gentrifizierung«, ein Schicksal, das sich viele historische Stadtviertel teilen.

Wer Lust auf eine Typveränderung hat und es mal mit einem echten *Black style* probieren möchte, sollte an der Métro-Station Château d'Eau aussteigen: Hier in der gleichnamigen Rue du Château d'Eau befindet sich der unbestrittene Tempel des Afrolooks, ein wahres Disneyland an topspezialisierten Friseursalons und Nagelstudios mit den kreativsten Tricks. Um sich für eine neue Frisur oder ein individuelles Nageldesign zu entscheiden, muss man nur die farbigen Poster im Schaufenster anschauen, die wie zeitgenössische Kunstwerke aussehen. Selbst wenn man keine Extensions benötigt oder sich nicht für die neuste Frisur des Stürmers von Paris Saint-Germain interessiert, ist das Herumschlendern zwischen den vielen Hair- und Nailstylisten ein lohnenswertes Schauspiel. Ich konnte mich nicht zurückhalten und habe es mit einer kreativen Maniküre versucht. Herausgekommen ist eine regenbogenartige Nagelkreation, bei der jede Backgroundsängerin eines Rappers vor Neid erblasst wäre. Solche Momente machen das Reisen erst zu einem Erlebnis.

INDIEN

Vom Reich der afrikanischen Friseure aus landet man in fünf Gehminuten bequem in Indien. Bevor man in die *Passage Brady* einbiegt, die ebenso wie viele ihrer Art in der ersten Hälfte des 19. Jahrhunderts entstand, holt einen bereits der Duft von Curry ein. Heute wartet die 216 Meter lange verglaste Galerie mit der höchsten Dichte an indischen und pakistanischen Restaurants in Paris auf. Keine Region, kein typisches indisches Gericht, das auf den Speisekarten nicht vertreten wäre, hier an diesem Ort, der weniger einer Straße gleicht als einem bunten Feuerwerk, das mitten im Stadtzentrum gezündet wurde.

Nicht weit entfernt, in der Rue Pajol 17, steht ein Ganesh geweihter Tempel, und wer im August in Paris ist, darf das Fest zu Ehren der elefantengleichen Gottheit auf keinen Fall verpassen. Für das passende Outfit kann man sich in der Passage geschickten indischen Schneidern anvertrauen, die an Ort und Stelle maßgeschneiderte Kleidung für die Zeremonie anfertigen. Um sich entsprechend einzustimmen, genügt es, die gute alte Bollywood-

Atmosphäre aufleben zu lassen, indem man ein paar Filmklassiker im *Le Brady* ansieht, einem kleinen Programmkino, das häufig indische Filmreihen veranstaltet. Natürlich gibt es in der Gegend auch Unmengen an Friseuren, Nagelstudios, Buch- und DVD-Geschäften mit entsprechenden Themen sowie den legendären Lebensmittelladen *Velan*, das pulsierende Herz dieses Little India, wo die echten Kenner das beste Curry der Stadt kaufen kommen.

NEVER ENDING TOUR

Wie längst schon vermutet, könnte man diese Weltreise durch Paris, zwischen mittelalterlichen Turmspitzen und exotischen Orten, beliebig fortführen, um an jeder Ecke auf neue kulturelle Überraschungen und Gaumenfreuden zu stoßen.

Doch die frechste Art all jenen zu kontern, die beim Wort Gentrifizierung die Nase rümpfen, ist sicherlich das Marais-Viertel. Im alten jüdischen Viertel von Paris hat sich inzwischen ein Großteil der Pariser Schwulenszene etabliert und dazu problemlos auch eine Reihe angesagtester Modelabels. Mag das Viertel dadurch zwar Teile seines kulturellen Gedächtnisses verloren haben, so hat es sich doch ganz sicher einen bedeutenden Platz in der Geschichte der Toleranz und Multikulturalität erobert. Einige werden sich nun fragen, was die Modefirmen damit zu tun haben. Meine Antwort lautet: Man kann nicht alles im Leben haben. Doch die größte LGBT-Buchhandlung und all die kleinen Bars für Schwule und Lesben neben dem *Musée d'Art et d'Histoire du Judaïsme* und koscheren Restaurants zu sehen, ist in unserer gegenwärtigen von Hass geprägten Welt alles andere als bedeutungslos. Wie wir gesehen haben, ist die Stadt durch Ablagerung einzelner Schichten gewachsen, und gleichsam zum Beweis all der unterschiedlichen Sedimente bleibt immer irgendetwas erhalten. Viele behaupten, Frankreich habe den Multikultikampf verloren, und neuste Gesetze, die das Tragen religiöser Symbole in Schulen verbieten, sind ein offensichtliches Zeichen für die aktuelle Tendenz. Doch das Marais-Viertel ist trotz allem noch immer ein glänzendes Beispiel dafür, wie gegensätzliche Kulturen friedlich miteinander leben können, ohne sich auf die Füße zu treten. Ich lade jeden dazu ein, beim Schlendern durch das Viertel auch diesen Aspekt im Hinterkopf zu behalten. Es mag meine touristische Naivität sein, aber für mich ist und bleibt es das schönste Viertel von ganz Paris.

> Die Stadt ist durch Ablagerung einzelner Schichten gewachsen, und gleichsam zum Beweis all der unterschiedlichen Sedimente bleibt immer irgendetwas erhalten.

An dieser Stelle sollte man unbedingt eine Falafel bei *As du Fallafel* in der Rue des Rosiers probieren, dem berühmtesten Restaurant für koschere Küche. Das Motto des Besitzers lautet: »Toujours imité, jamais égalé.« (Ständig imitiert, nie mitgehalten.) Und in der Tat geben die langen Menschenschlangen, die alle auf die leckeren, frittierten Bällchen aus pürierten Kichererbsen im Pitabrot warten, dem Unternehmen recht. Offensichtlich war auch Lenny Kravitz von der Spezialität des *As* absolut bezaubert, wie ein Foto mit einem überglücklichen Rocksänger im Restaurant beweist. Doch keine Angst, besonders lange muss man nie warten, denn die Kellner sind toporganisiert und füttern die Gäste in Lichtgeschwindigkeit ab. Ansonsten sollte man einfach durch die Straßen des Marais-Viertels streifen und für sich selbst die diversen Nuancen des Regenbogenviertels entdecken.

Vielleicht bleibt aber nur noch wenig Zeit bis zum Ende der Reise, und der eine oder andere will sich noch zum Abschluss für ein paar Minuten von den unterschiedlichen Kulturen berauschen lassen. Dann habe ich hier noch etwas auf dem Gebiet der Kulinarik: den *Marché des Enfants Rouges*, ein kleiner Markt, versteckt hinter einem alten Tor, im 3. Pariser Arrondissement.

Der Zugang ist über die Rue de Bretagne, ganz an der nördlichen Spitze des Marais-Viertels. Das Gelände gehörte früher dem ältesten Waisenhaus von Paris. Geblieben ist davon heute allerdings nur der Name, »Markt der roten Kinder«, der an die roten Uniformmäntel der Waisenkinder erinnert. Drinnen reiht sich heute ein Marktstand an den anderen, und es werden Obst, Gemüse, Fisch oder taufrische Blumen zum Verkauf geboten. Doch das Besondere an diesem Markt, das ihn in meinen Augen so unwiderstehlich macht, ist eine Reihe kleiner Restaurants und Essstände, die Speisen von den Antillen und aus Marokko anbieten, aber auch italienische und französische Spezialitäten, und sogar eine Bioecke gibt es. Ein Mikrokosmos der Vielfalt auf engem, geordnetem Raum, wo jede Art von Homogenisierung des Geschmacks absolut verboten ist.

Ein Mikrokosmos der Vielfalt, auf engem, geordnetem Raum.

Und wer noch immer nicht genug hat: Gleich um die Ecke, in der Rue de Bretagne 47, befindet sich das marokkanische Restaurant *Chez Omar*, unbestritten das beste von ganz Paris. Mit seinen Mosaikböden und den schmalen Tischen, an denen Verliebte Seite an Seite wie kleine Schulbanknachbarn sitzend essen können, scheint hier die Zeit stillzustehen.

Nicht schlappmachen, die Weltreise durch Paris ist noch nicht zu Ende! Doch zunächst wollen wir unsere von der Reise müden Glieder im türkischen Bad der *Grande Mosquée de Paris* ausruhen. Die Moscheeanlage ist ein magischer Ort, an dem die Schönheit der muslimischen Kultur ihren Höhepunkt erlangt hat. Hier, in schattenspendenden Bogengängen und einem andalusischen Garten, kann man Minztee trinken und erhält dazu eine verlockende Auswahl an traditionellem Gebäck. Das alles bei Vogelgezwitscher und dem Geplätscher des Brunnens. Die Moschee ist gleichzeitig ein Ort für Körper und Seele; außer den Gebetsräumen und der Koranschule, die nicht für die Öffentlichkeit zugänglich sind, gibt es noch einen allen Besuchern offen stehenden Bereich mit einem bunten Suk, einem Restaurant und einem Hamam, wo man sich zu einer Komplettbehandlung, bestehend aus Massage und Peeling, voranmelden kann.

Wer noch etwas Energie übrig hat, dem kann ich nur dringend einen Ausflug auf die Terrasse des *Institut du Monde Arabe* ans Herz legen. Von dort oben hat man einen atemberaubenden, ich würde sogar sagen, den Blick schlechthin auf Notre-Dame. Käme der Glöckner der Kathedrale wieder zurück, könnte man es von hier oben als Erstes sehen, bei einem köstlichen Abendessen im libanesischen Restaurant, das wie ein Vogelnest auf dem Dach des Gebäudes kauert.

Das arabische Kulturinstitut wurde nach Entwürfen des Architekten Jean Nouvel gebaut und stellt eines der interessantesten Beispiele zeitgenössischer Architektur dar. Vor allem, was die Außenfassade betrifft, deren Struktur dem Muster eines alten persischen Webteppichs nachempfunden ist. In Wahrheit handelt es sich um futuristische, äußerst lichtempfindliche Solarzellen, sogenannte Irisblenden, die computergesteuert das Licht im Inneren des Gebäudes regeln. Das Museum beherbergt, wie in einem Schrein, eine Dauerausstellung, die einen Einblick in die jahrtausendealte Geschichte der arabischen Kunst, Wissenschaft und Kultur gibt. Außerdem gibt es noch eine Bibliothek sowie Diskussions- und Seminarräume.

Ich war schon im Begriff, eine Reise nach China zu überspringen, denn wie in jeder modernen Großstadt ist dieser Kontinent inzwischen überall ein wenig vertreten. Doch wer wie ich einer wahnwitzigen Leidenschaft für Goldschmiedekunst wie Ketten oder Ohrringe frönt, muss unbedingt in die Rue du Temple.

Von der Terrasse des
Institut du Monde Arabe
hat man einen atemberaubenden,
ich würde sogar sagen,
den Blick schlechthin auf Notre-Dame.

Mehr als irgendeine beliebige Straße ist es ein Umschlagplatz für Großhändler für alle möglichen Waren, in erster Linie Perlen, Glasperlen, Halbedelsteine und alles andere nötige Zubehör, um sich in der Herstellung von Modeschmuck zu versuchen.

Die Preise sind unschlagbar, und der Unterhaltungsfaktor ist garantiert. Auf dem Gebiet der Kulinarik ist die Auswahl an chinesischen Restaurants wie immer unendlich, und an diesem Punkt überlasse ich das Zepter gern den kompetenten Führern. Ein Restaurant, das mir besonders aufgefallen ist, möchte ich dennoch hervorheben: Es befindet sich in der Rue de Charenton, ganz in der Nähe der bereits erwähnten *Coulée verte*, hinter der Bastille. Es heißt *Le China*, und sein Interieur und Dekor versetzt uns in die postkoloniale Ära einer Marguerite Duras. Zudem können die gedämpften Teigtaschen absolut mit dem geschmackvollen Ambiente mithalten.

REISEN IM KOPF

Allen, die lieber bequem vom Sessel aus mit offenen Augen von der Weltumrundung träumen, anstatt sich das Ziel Schritt für Schritt auf hartem Asphalt zu erkämpfen, bleibt immer noch die wunderbare Möglichkeit, ein weiteres Mal die *Reise um die Erde in 80 Tagen* zu lesen, bequem ausgestreckt auf dem Rasenteppich einer der vielen Pariser Parks.

Zu diesem Zweck würde ich den *Parc Brassens* an der Place Jacques Marette empfehlen, denn direkt daneben befindet sich der *Marché du Livre Ancien et d'Occasion*. Geöffnet samstags und sonntags von 9 bis 18 Uhr, ist er der ideale Ort, um eine schöne Ausgabe des rastlosen Romanciers zu ergattern, vielleicht eine dieser seltenen Editionen mit vergoldetem roten Ledereinband; die Preise sind hier günstiger als woanders, und man muss keine Angst davor haben, übers Ohr gehauen zu werden. Der Hauptsitz dieses kleinen, charmanten Buchmarkts befindet sich im ehemaligen Schlachthof von Paris. Heute werden dort zum Glück keine Tiere mehr geschlachtet, doch Nahrung für den Geist findet man hier allemal.

GROSSES FINALE

Wem diese Lektüre immer noch zu wenig ist, dem rate ich zum äußersten, ultimativen Akt zu Ehren des visionären Genies Jules Verne. Für dieses absolute Abenteuer muss man zunächst ganz ans Ende des 15. Arrondissements in Richtung Seine fahren, in eine Gegend, die vom Massentourismus bisher verschont blieb. Nachdem man an der Métro-Station Javel – André Citroën ausgestiegen ist, muss man anschließend zu Fuß durch die Lichtungen ins Innere des *Parc André-Citroën* vordringen. Dieses riesige, sich über eine Fläche von 35 Hektar erstreckende Areal ist einer der wenigen naturbelassenen Parks von Paris. Angelegt wurde er von dem Landschaftsgärtner Gilles Clément; auf den ersten Blick wirken einige Abschnitte etwas vernachlässigt, doch das ungehemmte Wachsen der Natur auch in Gebieten, in die der Mensch eingegriffen hat, ist Teil der Philosophie dieses berühmten Gärtners.

Im Inneren des Parks befindet sich der größte installierte Fesselballon der Welt, und wenn es die Wetterbedingungen zulassen (besser man ruft vorher an), hat man von dieser schwebenden Aussichtsplattform eine beeindruckende Sicht von oben auf die Stadt. Für Jules Verne blieb der Heißluftballon das faszinierendste Transportmittel überhaupt. Mit ihm debütierte er auch als Romanautor, indem er eine aufregende Reise durch Afrika mit dem Heißluftballon beschrieb.

Doch keine Angst, auch wenn man 150 Meter über dem Boden im Himmel über Paris schwebt, bleibt der Ballon doch fest verankert, und es besteht keine Gefahr, dass man irgendwohin fortfliegt; selbst wenn man sich in diesem Moment nichts sehnlicher wünscht.

CONNAISSEZ-VOUS PARIS?

Am Ende dieser Reise glaubte ich, die Tiefen des Pariser Ozeans ein wenig besser zu kennen, doch nachdem ich den Fragenkatalog von Raymond Queneau gelesen hatte, war ich mir da nicht mehr so sicher. Der Autor stellte die Experten der Stadt des Lichts auf eine ganz schön harte Probe, als er zwei Jahre lang auf den

Seiten der Zeitung *L'Intransigeant* drei Fragen pro Tag zu Denk-
mälern, Straßen und allen möglichen Kuriositäten der Stadt
stellte. Zum Beispiel: 1) Wo befinden sich Napoleons Thron und
der Umhang, den er bei seiner Krönung trug? Oder 2) Wie viele
Triumphbögen gibt es in Paris?

Die Rubrik *Connaissez-vous Paris?*, die ab Oktober 1936 regelmäßig erschien, war von Anfang an ein Riesenerfolg. Die Leser
konnten es gar nicht erwarten, die Zeitung mit den Lösungen
tags drauf zu kaufen. Die besten Ideen entstehen immer aus der
Not heraus: Der 33-jährige Queneau hatte sich dieses Quiz ausge-
dacht, um sich finanziell irgendwie über Wasser zu halten, denn
die Romane, die ihn berühmt machen sollten, hatte er noch nicht
geschrieben, und so brauchte er irgendetwas, wie er selber sagte,
»für die Butter auf dem Spinat«.

Doch nach und nach fand er derart Gefallen an diesem Spiel,
dass er später einmal gestand, diese Jahre, die er damit verbrachte,
Archive zu durchforsten und die Stadt zu durchkämmen wie ein
neugieriger Flaneur auf der Suche nach den Geheimnissen von
Paris, seien die schönsten seines Lebens gewesen.

Wer sich selber mit dem Fragenkatalog von Queneau testen
will und seine Freunde auf der nächsten Reise in die französische
Hauptstadt beeindrucken möchte, kann sich das kleine Büchlein
Connaissez-vous Paris? zulegen, eine Auswahl von 456 der insge-
samt 2102 Fragen des Schriftstellers an seine Leser (natürlich mit
den entsprechenden Lösungen).

Diese Jahre, die er damit verbrachte,
Archive zu durchforsten
und die Stadt zu durchkämmen
wie ein neugieriger Flaneur auf der Suche
nach den Geheimnissen von Paris, waren
die schönsten seines Lebens.

Der Vollständigkeit halber: 1) Der Thron von Napoleon steht in der *Salle du livre d'or* (dem »alten Saal des Goldenen Buches«) im Senat, der Umhang ist Teil des Schatzes von Notre-Dame. 2) Es gibt vier Triumphbögen in Paris: die *Porte Saint-Denis* […], die *Porte Saint-Martin* […], *l'Arc de l'Étoile* […] und den eigentlichen *Arc de Triomphe* […].

ZINC

Z WIE ZINC

*»Der Tresen ist ein Beichtstuhl, der jeden dazu
einlädt, sein Gewissen zu erleichtern,
so wie eine weiße Mauer Lust darauf macht,
auf ihr zu schreiben.«*

Brassaï

Während der sentimentalen Spaziergänge haben wir oft über
Bars und Bistrots gesprochen, ein unvermeidliches Thema in
Paris, denn sie machen das Wesen der Stadt aus und sind die be-
liebteste Art einer Verschnaufpause für jeden Flaneur, egal welcher Epoche und welchen Geschlechts. Dennoch scheint es mir
wichtig, erneut dorthin zurückzukehren und den letzten Buchstaben dieses Wörterbuchs noch einmal jenen Orten zu widmen, an denen jeden Tag mein liebstes Ritual – das gesellige Miteinander – zelebriert wird.

Jedes Bistrot ist das Konzentrat der Seele eines bestimmten
Stadtteils, völlig einerlei, ob historisch, edel oder gerade angesagt. Hauptsache, es ist authentisch und gastfreundlich, und
man spürt noch immer diese Atmosphäre, in der Reste von Ge-
sprächsfetzen über Wetter und Fußball die Luft schwängern, zusammen mit Zigarettenrauch (als es den Rauchern noch erlaubt
war, sich im Inneren des Lokals auszutoben). Deswegen ist das
beste Bistrot noch immer das Lokal gleich um die Ecke von zu
Hause oder vom Hotel, dort wo der Besitzer einen schon kennt,

nachdem man zweimal Kaffee trinken war und damit diese gewisse Vertrautheit schafft, um den lästigen Stempel eines Touristen loszuwerden.

Jedes Bistrot ist das Konzentrat der Seele
eines bestimmten Stadtteils, völlig einerlei,
ob historisch, edel oder gerade angesagt.

Wie wir bereits wissen, ist die Stadt voll von Bistrots und Lokalen, und es gibt ausreichend spezialisierte Literatur dazu, mit Verzeichnissen unterschiedlichster Ausrichtung. Ich möchte hier lediglich eine knappe Liste meiner Lieblingsorte zusammenstellen, die alle ein bestimmtes, für mich fast sakrales Inventar gemein haben: einen einladenden Tresen. Eine unverzichtbare Requisite, die ich als weltlichen Altar jeder anständigen Bar bezeichnen möchte. Am Tresen zu bestellen ist nicht nur eine Zeitfrage, sondern eine Frage des Blickwinkels. Stehend – oder noch besser, oben auf einem entsprechenden Barhocker thronend – beherrscht man die Szenerie und, was noch wichtiger ist, erobert eine privilegierte Nähe zur Schaltzentrale des Lokals, was genauso aufregend ist wie die Einladung, einen Blick in das Cockpit eines Jets zu werfen. Von diesem erhöhten Posten aus, den Ellenbogen lässig aufgestützt, kann man gedankenverloren den Blick über das geschäftige Treiben der Gäste schweifen lassen und fühlt sich wie ein echter Stammgast. Und wem es jetzt noch gelingt, einen Moment lang das Smartphone beiseitezulegen, der kommt beim Kaffee in den echten Genuss vergangener Zeiten. Wie schon der Soziologe Pierre Boisard, Autor des für mich fundamentalen Textes *La vie de bistrot* andeutet: »Wir gehen nicht ins Bistrot, nur um Kaffee oder Pastis zu trinken, sondern vor allem um auf das bisschen mehr vom Leben zu warten.«

Ob der Tresen aus Holz, Marmor oder Kunststoff besteht, ist dabei wenig ausschlaggebend; allerdings habe ich persönlich eine Schwäche für Tresen aus Zink, einem zwar nicht wertvollen, aber dafür glitzernden Material, das erst durch die Abnutzung an Schönheit gewinnt. Man findet inzwischen nur noch wenige originale Zinktresen aus der Zeit vor dem Zweiten Weltkrieg, denn während der deutschen Besatzung von Paris wurden sie von der SS beschlagnahmt, um daraus Munition herzustellen oder – wie der Fotograf Brassaï unterstreicht – um daraus die monumentalen und bombastischen Skulpturen von Arno Breker zu fertigen, einem offiziellen Künstler des nationalsozialistischen Regimes, der Hitler bei seiner unheilvollen »Inspektion« von Paris begleitete. Ein schändlicher Akt, der die komplette Ignoranz jedes absolutistischen Regimes belegt, wenn es dafür überhaupt noch Beweise benötigt.

> Am Tresen zu bestellen ist nicht nur eine
> Zeitfrage, sondern eine Frage des
> Blickwinkels.

Selbst wenn die Tresen schon lang nicht mehr aus Zink sind, herrscht unter den echten Kennern weiterhin die umgangssprachliche Bezeichnung »le Zinc«, und es sind sogar Ranglisten im Umlauf, was Alter, Originalität und Behaglichkeit des Ambientes betrifft. Auch ich habe natürlich meine ganz persönlichen Favoriten, die ich gern preisgebe. Ich beginne mit dem unauffälligsten Exemplar. Ein weißer Marmortresen, der in einem kleinen Raum, im Herzen des Marais-Viertels steht, im *Petit Fer à Cheval* in der Rue Vieille du Temple, dort wo heute nicht etwa die Überreste der Templer zu finden sind, sondern vielmehr die modischsten Läden der Hauptstadt. Der Tresen ist einzigartig in

seiner Art; wie der Name schon anklingen lässt, ist er tatsächlich der Form eines verlängerten Hufeisens nachempfunden: Im
Inneren dieses Rings herrschen die Kellner, drum herum, halb-
kreisförmig angeordnet, stehen die Barhocker der Gäste. Das
Petit Fer à Cheval ist der einzige Ort, wo man an der Bar sitzend
seinem Nachbarn direkt in die Augen sieht.

Gleich in derselben Straße gibt es einen weiteren sympathi-
schen Ort: das *Les Philosophes*. Das Lokal verfügt zwar nur über
einen winzigen Tresen, dafür aber über eine umso längere Geschichte, die mit dem 20. Jahrhundert beginnt, als das Lokal Sitz
einer Vereinigung jüdischer Arbeiter war. Leo Trotzki, der sich,
genauso wie Ernest Hemingway, in Paris kein Bistrot entgehen
ließ, war hier angeblich vielgesehener Gast. Das *Les Philosophes*
ging mit der Zeit und wurde während der wilden Zwanziger zu
einem modischen Restaurant. Doch seine Sternstunde erlebte es,
als es während der Besatzung der Nationalsozialisten in seinen
Räumlichkeiten ein jüdisches Mädchen versteckte, das dadurch
der Massendeportation der Juden aus dem Viertel entkam. Als
einzige Überlebende ihrer Familie kam die Frau später weiterhin
als Gast ins Lokal, das sie für den Rest ihres Lebens als ihr eigent-
liches Pariser Zuhause ansah. Genau in solchen Geschichten liegt
das Wesen der alten Bistrots, die uns in Bann ziehen und uns weiterhin fesseln, wenngleich sie nichts weiter sind als Orte für eine
Verschnaufpause.

DER VIERTE MUSKETIER

Einer der prächtigsten Tresen von ganz Paris, der sich wie eine
Schlange durch das gesamte Bistrot windet, steht im *Le Brebant*,
das sich seit seiner Eröffnung im Jahr 1865 am Boulevard Pois-

sonnière Ecke Rue du Faubourg-Montmartre befindet. Seit jeher Treffpunkt von Literaten und Intellektuellen, war es über die
Jahre auch ein Ort, an dem üppige Festessen ausgerichtet wurden, zu denen unter anderem Alexandre Dumas des Öfteren ge-
laden war. Wir sprechen hier natürlich vom Vater, einem großen
Gourmet und Gastgeber unvergesslicher Feste, wie etwa jenes
Maskenballs, den er bei sich zu Hause veranstaltete und für den
er Delacroix um den Gefallen bat, die Wände zu bemalen, um
die Räume für diese Gelegenheit etwas ansprechender zu gestal-
ten: »Die Köche hatten einen 50 Pfund schweren Lachs zubereitet, ein gebratenes Reh, serviert auf einer Silberplatte, und eine
enorme Pastete. Außerdem standen 300 Liter eines Burgunder-
rotweins und 500 Flaschen Champagner bereit, um den Durst
der Gäste zu löschen.« So war Dumas, ein großzügiger Genie-
ßer. Jederzeit bereit, die Einnahmen seiner Romane, von denen
er ständig neue nachlieferte, für Unterhaltung und Vergnügungen zu verschwenden. Er war unersättlich, sowohl in der Literatur als auch beim Appetit. Seine Leser liebten ihn und erwarteten
mit Spannung die nächste Folge seiner Fortsetzungsromane, die
damals jede Woche in den Zeitungen abgedruckt wurden. Man
berichtete sogar, dass die Hafenarbeiter an der Seine streikten,
als einmal eine Folge von *Die drei Musketiere* nicht zum ange-
kündigten Termin erschienen war. In der Stadt sprach man von
nichts anderem mehr als von seinen Abenteuergeschichten, und
Dumas, der das stilistische Mittel der *Suspense* hervorragend be-
herrschte, schaffte es immer wieder, die Leser mit stockendem
Atem und in Erwartung der nächsten Folge zurückzulassen. Ein
Kritiker der *Presse* beschrieb es 1874 mit folgenden Worten: »Die
Pariser Bevölkerung ließ alles stehen und liegen, sobald die magischen Worte erschienen: ›in der nächsten Ausgabe‹. […] Es bil-
deten sich Grüppchen, die sich einen Spaß daraus machten zu

erraten, wie die Geschichte des Autors wohl weitergehen würde. Die Neugierde war so groß, dass die gesamte Stadt [...] an Schlafmangel litt und weder aß und trank.«

Ein ähnliches Phänomen können wir heute bei TV-Serien beobachten, die dem Fortsetzungsroman den Platz in den Herzen der Fernsehzuschauer längst streitig gemacht haben. Der Roman *Die drei Musketiere* (der, wie Umberto Eco zu Recht hervorhebt, zwar so heißt, aber offenkundig »die Geschichte des vierten« nämlich d'Artagnan, erzählt) war derart erfolgreich, dass Dumas mit *Zwanzig Jahre danach* und *Der Vicomte von Bragelonne* auf die geniale Idee einer Fortsetzung kam, womit er endgültig zum vermeintlichen geistigen Vater jeder Saga und TV-Serie wurde. Wer sich ausführlicher mit der in seinen Romanen zum Ausdruck gebrachten Liebesbeziehung zwischen ihm selbst und Paris beschäftigen will, sollte unbedingt den Essay *Im Wald der Fiktionen* von Umberto Eco lesen, einem so leidenschaftlichen Verehrer von Dumas, dass er sogar akribisch nach den wahren Straßennamen, in denen die Musketiere wohnten, forschte.

Beim Bistrot *Le Brebant* kann man, was das betrifft, ganz beruhigt sein, es hat nie seinen Standort gewechselt; allerdings bietet es heute nicht mehr die Gerichte an, die der französische Romancier so liebte; auch weil sie heutzutage keiner mehr verdauen könnte. Man muss schon sagen: Die Mägen von heute sind nicht mehr das, was sie im 19. Jahrhundert mal waren. Die Schönheit des Lokals besteht genau in dieser Überlagerung unterschiedlicher Epochen und Stile, an denen man die Zeit ablesen kann wie an der Rinde eines hundertjährigen Baumes. Neben die alte Zinktheke gesellen sich metallene Rohre, goldene Spiegel und rosa Plastikstühle, in einem etwas absurden und kitschigen Ganzen, das jedoch der glorreichen Geschichte des Lokals keinen Abbruch tut.

EIN TRESEN FOLGT AUF DEN NÄCHSTEN ...

Einer der schlichtesten und romantischsten Tresen meiner persönlichen Hitliste befindet sich im *Bistrot du Peintre* im 11. Arrondissement, in der Nähe der Bastille und der beliebtesten Partymeile von Paris. Das Lokal ist ein kleines Jugendstiljuwel, mit floraler Ornamentik an der Holztäfelung und einem erstklassigen Tresen. Alles ist sehr edel und unaufdringlich, und es ist ein wahres Vergnügen, direkt vom Aperitif zum Abendessen überzugehen; in diesem Fall empfehle ich den Speisesaal im ersten Stock, mit Kamin und alten Holztischen, ein Raum, so heimelig, als sei man zu Gast bei den eigenen Großeltern.

Ein Tresen mit Kultstatus, deswegen aber nicht weniger gemütlich, befindet sich in der Rue Lepic 15 in Montmartre im *Café des Deux Moulins*, wo der Film *Die fabelhafte Welt der Amélie* gedreht wurde. Hier, in diesem Bistrot, wo Amélie als Kellnerin arbeitet, lebt sie eines ihrer kleinen Alltagsvergnügen aus. Die Liste ist lang, wie die Kenner des Films wissen, und beinhaltet den ein oder anderen Zwang: so zum Beispiel das Eintauchen der Finger in einen Sack voller Gemüse oder das ständige Sichkümmern um den Kram von anderen, doch vor allem das unumstößliche Ritual, mit der Spitze des Löffels die Kruste der Crème brûlée zu zerknacken. Heute nimmt dieses berühmte Dessert unter dem wenig überraschenden Namen »Crème brûlée d'Amélie« einen Ehrenplatz auf der Speisekarte des Lokals ein. Der Regisseur des Films, der gleich um die Ecke wohnt, wollte das *Café des Deux Moulins* ursprünglich im Studio nachbauen lassen. Doch dann wurde ihm klar, dass es unmöglich war, ein so spezielles Ambiente nachzubilden. Und so beschloss er, zur großen Erleichterung des Ausstatters, die Szene am Originalschauplatz zu drehen. Zum

Glück können auch heute noch bestimmte Stimmungen nicht durch künstlerisch gestaltete Computeranimationen eingefangen werden. Über dem mit Messing beschichteten Originaltresen im *Deux Moulins* hängt ein Filmplakat, und der Besitzer hat sogar, um ja keine Gelegenheit ungenutzt zu lassen, einige Filmrequisiten wie einen Gartenzwerg gut sichtbar in einer Glasvitrine ausgestellt. Die Kuchen schmecken aber dennoch sehr lecker. Zum Glück hat das *Deux Moulins*, das vor allem von Fans der Rue des Abbesses aufgesucht wird, kein bisschen von seinem ungezwungenen Charme eines ursprünglichen Bistrots eingebüßt.

HYMNE AN CHEZ JEANNETTE

Der Tresen im *Chez Jeannette* in der Rue du Faubourg Saint-Denis 47 ist aus leuchtend rotem Kunststoff; eine Bar, die man als Synthese jeder Epoche und jeder Einrichtung bezeichnen könnte. Ein weiterer surrealer Mix, den es sich anzusehen lohnt. Die Wände sind in reinstem Belle-Époque-Stil, die Einrichtung komplett aus den 1950er Jahren und nicht zu vergessen der pinkfarbene Neonschriftzug über der Bar, der wie die Faust aufs Auge passt. Genau deswegen ist dieser Ort so einzigartig. Noch immer spürt man hier die berühmte »Pariser Luft«, »L'air de Paris«, wie auch der Titel eines Films lautet, mit dem unvergesslichen Jean Gabin in der brillant gespielten Rolle eines Boxtrainers. Der Film wurde in derselben Straße gedreht, in der sich das Lokal befindet, im legendären Boxclub *Central Sporting Club,* dem Treffpunkt schlechthin für alle Pariser Boxer, die zusammen mit Generationen »böser Jungs« aus dem Viertel gleichzeitig auch zu Stammgästen des *Chez Jeannette* wurden. Angeblich soll es genau hier, in diesem Bistrot, zu der schicksalhaften Begegnung zwischen Edith Piaf und dem Nationalhelden Marcel Cerdan, einem Franzosen mit marokkanischen Wurzeln und Weltmeister im Mittelgewicht, gekommen sein. Obwohl Marcel verheiratet war und drei Kinder hatte, entbrannte zwischen den beiden Nationalidolen eine leidenschaftliche Liebe, von der Edith Piaf auch in ihren Liedern singt. Sie waren ständig zusammen, auch an dem Abend in Jersey City, an dem er im Kampf um den Titel Tony Zale in der 11. Runde durch K. o. besiegte. Edith Piaf erwartete ihn im Hotel, wo sie für ihren Helden Rosenblüten auf dem Boden ausgestreut hatte. Vom Tag ihrer ersten Begegnung bis zum tragischen Tod des Boxers bei einem Flugzeugabsturz waren Edith und Marcel ein unzertrennliches Paar. Fatalerweise hatte er die bereits gebuchte Überfahrt nach New York, wo Edith regelmäßig im Nachtclub *Versailles* auftrat, storniert und stattdessen das Flugzeug genommen, um so schnell wie möglich bei seinem »Spätzchen« zu sein. Das Flugzeug versank im Meer, und Cerdan kam nie am Ziel an. An jenem Abend wollte Edith das Konzert jedoch nicht absagen und stand, nur wenige Minuten nachdem sie die Nachricht seines Todes erhalten hatte, auf der Bühne, wo sie beherzt die folgenden Worte sprach: »Heute Abend singe ich für Marcel Cerdan.« Doch überwältigt vom Schmerz brach sie nach nur wenigen Zeilen ihrer prophetischen *Hymne à l'amour* vor den Zuschauern auf der Bühne zusammen.

> Edith Piaf erwartete ihn im Hotel,
> wo sie für ihren Helden Rosenblüten
> auf dem Boden ausgestreut hatte.

Ihre engsten Freunde erzählen, trotz neuer, großer Liebesbeziehungen und ebenso großer Erfolge habe sie den furchtbaren Schmerz des Verlustes von Cerdan nie wirklich überwunden. Sie starb mit nur 48 Jahren, vom französischen Volk wie eine Göttin gefeiert. Jean Cocteau, ihr langjähriger Freund, erlag erstaunlicherweise, nur einige Stunden, nachdem er die Nachricht ihres Todes erhalten hatte und während er an einem Nachruf für die Sängerin für *Paris Match* schrieb, einem Herzinfarkt. Eine Zeitung betitelte: »Der Tod von Edith Piaf hat Jean Cocteau getötet«. Mehr als eine halbe Million Menschen begleiteten den »Spatz« zur letzten Ruhestätte auf dem monumentalen Friedhof *Père Lachaise*. Eine großartige Stimme in einem zierlichen Körper, der zu viele Kämpfe ausgetragen hatte, für ein Leben, das von Geburt an niemals »rosa« gewesen war. Die Sängerin wurde auf dem Gehsteig der Rue de Belleville 72 geboren, wie sie selber immer erzählte, um deutlich zu machen, aus welch ärmlicher Familie sie stammte. Ob Legende oder nicht, um der authentischen Edith Piaf nachzuspüren, muss man in das 11. Arrondissement gehen, in das Herz von Belleville, wo man in der Rue de Crespin du Gast 5, allerdings nur mit Voranmeldung, das *Musée Edith Piaf* besichtigen kann, das vom Verein *Les Amis d'Edith Piaf* geführt wird. Bernard Marchois, leidenschaftlicher Verehrer und Autor gleich zweier Biographien über die Sängerin, hat das Museum liebevoll gestaltet. Im Inneren wird der Besucher anhand von Gegenständen, Konzertplakaten, Kleidungsstücken und unterschiedlichsten Andenken durch das Leben Edith Piafs geführt. Mich persönlich haben diese ganzen Erinnerungsstücke eher deprimiert und mit einem solchen Kloß im Hals zurückgelassen, dass ich mich gleich auf den nächsten Barhocker niederlassen musste, um die bösen Geister wieder zu vertreiben.

Um die Interpretin von *La Vie en rose* gebührend zu würdigen, ist es am passendsten, auf ein Glas Pastis ins Bistrot *Aux Folies* zu gehen, nur einige Schritte vom Museum entfernt. Ein Lokal mit einer langen Tradition, das in zweihundert Jahren alles Mögliche erlebt hat und noch immer voll ansteckender *Joie de vivre* steckt. In der ersten Hälfte des 19. Jahrhunderts war es eine Taverne und legendärer Ausgangspunkt der »Courtille«, eines verrückten und bunten Maskenumzugs, der jedes Jahr zu Fasching in den Straßen von Paris tobte. Später wurde es dann zu einem Tanzsaal und noch etwas später zu einem kleinen Konzertsaal. Oft verbindet man das Bistrot mit Edith Piaf oder mit Maurice Chevalier, denn ebenso wie viele andere Stars des französischen Chansons gaben beide ihr Debüt im genau gegenüberliegenden *Palais du Travail* – einst Theater, jetzt Filiale eines Supermarkts. Das *Aux Folies*, ein bunt gemischter Ort, was Einrichtung und Klientel betrifft, hat anders als das *Travail* nach einer Phase des Verfalls wieder zu Kraft und Glanz zurückgefunden, und zwar nicht zuletzt dank der multiethnischen Vitalität von Belleville. Diesem Pariser Stadtteil ist es trotz vieler Schwierigkeiten und Gegensätze gelungen, diverse Generationen an Migranten erfolgreich zu integrieren und damit den besten Teil dieser Stadt am Leben zu erhalten. Ein wertvoller Prozess, der durch Krieg, Terrorismus und neue Mauern in ganz Europa zunichtegemacht zu werden droht, den die jungen Pariser jedoch unermüdlich verteidigen, und wenn auch nur, indem sie ohne Angst weiterhin ihre geliebten Bistrots aufsuchen.

PARISER NOTIZEN

....

....

....

....

....

....

....

....

....

....

....

....
....
....
....
....
....
....
....
....
....
....
....
....
....

VERZEICHNIS DER ORTE
UND STRASSEN IN PARIS

Mit einem * gekennzeichnet sind alle Orte, Gebäude oder Lokale, die heute nicht mehr existieren.

VERZEICHNIS DER NAMEN

LITERATURVERZEICHNIS

Wo nicht anders angegeben, stammt die Übersetzung von Julika Ulrike Betz.

Abate, Roberta, *Amélie Nothomb. Perché lo champagne? Perché la sua ebbrezza non ha eguali*, FineDiningLovers, 4. März 2015.

Albaret, Céleste, *Monsieur Proust: Erinnerungen, aufgezeichnet von Georges Belmont*, Insel, 2004.

Ameline, Jean-Paul/Rousseau, Pascal, *Robert Delaunay, de l'impressionnisme à l'abstraction, 1906-1914*, Catalogue de l'exposition du 3 juin au 16 août 1999, Paris, Centre Pompidou, 1990.

Apollinaire, Guillaume, *Le poète assassiné*, Gallimard, 1991.

– *Le pont Mirabeau*, in: *Alcools*, Gallimard, Paris 2013

– *Quelques artistes au travail*, »Mercure de France«, Nr. 332, 16. April 1911.

Aragon, Louis, *Il ne m'est Paris que d'Elsa*, Seghers, 2015.

– *Le Fou d'Elsa*, in: *Œuvres poétiques complètes*, Bibliothèque de la Pléiade, Oliver Barbarant (Hg.). 2 Bd., Gallimard 2007.

– *Madame Colette*, in: *Œuvres poétiques complètes*, Bibliothèque de la Pléiade, Olivier Barbarant (Hg.), 2 Bd., Gallimard 2007.

– *Pariser Landleben*, Aus dem Französischen von Rudolf Wittkopf, Rogner & Bernhard, 1969.

Augé, Marc, *Éloge du bistrot parisien*, Paris, Payot & Rivages, 2015.

Augias, Corrado, *I segreti di Parigi*, Mondadori, 2015.

Aymé, Marcel, *Le Passe-muraille*.

Bachelard, Gaston, *L'eau et les Rêves*, José Corti, 1942.

Balzac, Honoré de, *A Paris!*, Editions Complexe, 1993.

– *César Birotteau*.

– *Das unbekannte Meisterwerk*, Goldmann Verlag, 1970.

- *Die Menschliche Komödie*, 12 Bd., Goldmann Verlag, 1971/72.
- *Ferragus, Haupt der Unersättlichen*, übersetzt von Ernst Sander, Goldmann Verlag, 1967.
- *Vater Goriot*, übersetzt von Ernst Sander, Goldmann Verlag, 1963.
- *Verlorene Illusionen.* Diogenes Verlag, 1977.

Banville, Théodore de, *Mes souvenirs.* Nabu Press, 2010.

Bard, Christine/Pellegrin, Nicole, *Femmes travesties: un »mauvais« genre*, in:»Clio, Histoire, Femmes et Sociétés«, 10/1999.

Barguillet-Hauteloire, Armelle, *Proust et l'Hôtel Ritz*, 5. März 2014. http://interligne.over-blog.com.

Barthes, Roland, *Der Eiffelturm.* Deutsch von Helmut Scheffel. Rogner & Bernhard, 1970.

Baudelaire, Charles, *An sie, die allzufroh*, in: *Die Blumen des Bösen*, übersetzt von Therese Robinson, Georg Müller Verlag, 1925.
- *Briefe 1832-1866* in: *Schriften zur Kunst*, übersetzt aus dem Französischen von Guido Meister, Friedhelm Kemp, Dolf Oehler, Ulrike Sebastian, Wolfgang Drost, herausgegeben von Friedhelm Kemp und Claude Pichois, Hanser Verlag, 1977.
- *Der Maler des modernen Lebens*, in: Charles Baudelaire, Sämtliche Werke/Briefe, Band 5, *Der Künstler, Mann von Welt, Mann der Menge und Kind*, herausgegeben und übersetzt von Friedhelm Kemp und Claude Pichois, Hanser Verlag, 1998.
- *Der Salon 1846*, in: *Schriften zur Kunst*, übersetzt aus dem Französischen von Guido Meister, Friedhelm Kemp, Dolf Oehler, Ulrike Sebastian, Wolfgang Drost, herausgegeben von Friedhelm Kemp und Claude Pichois. Hanser Verlag, 1977.
- *Der Schwan*, in: *Die Blumen des Bösen*, übersetzt von Therese Robinson, Georg Müller Verlag, 1925.
- *Die Blumen des Bösen*, übersetzt von Therese Robinson. Georg Müller Verlag, 1925 [vergl. auch die Übersetzung von Friedhelm Kemp, Carl Hanser Verlag, 1975].
- *Die Reise*, in: *Die Blumen des Bösen*, übersetzt von Therese Robinson, Georg Müller Verlag, 1925.
- *Die Sonne*, in: *Die Blumen des Bösen*, übersetzt von Therese Robinson, Georg Müller Verlag, 1925.

– *Dir dieses Lied,* in: *Die Blumen des Bösen,* übersetzt von Therese Robinson, Georg Müller Verlag, 1925.

– *Künstliche Paradiese,* übersetzt von Heinrich Steinitzer, Georg Müller Verlag, 1925.

– *Mein entblößtes Herz,* übersetzt von Friedhelm Kemp, Verlag Kurt Desch, 1946.

– *Morgengrauen,* in: *Die Blumen des Bösen,* übersetzt von Therese Robinson, Georg Müller Verlag, 1925.

– *Pariser Spleen. Kleine Gedichte in Prosa,* übersetzt von Camill Hoffmann, Insel Verlag, 1914.

– *Pariser Traum,* in: *Die Blumen des Bösen,* übersetzt von Friedhelm Kemp, Carl Hanser Verlag 1975.

– *Sed non satua,* in: *Die Blumen des Bösen,* übersetzt von Therese Robinson. Georg Müller Verlag, 1925.

– *Spleen,* in: *Die Blumen des Bösen,* übersetzt von Therese Robinson. Georg Müller Verlag, 1925.

– *Weltausstellung 1855,* in: *Schriften zur Kunst,* übersetzt aus dem Französischen von Guido Meister, Friedhelm Kemp, Dolf Oehler, Ulrike Sebastian, Wolfgang Drost, herausgegeben von Friedhelm Kemp und Claude Pichois, Hanser Verlag, 1977.

Baverel, Philippe, *Architecture: Pour Renzo Piano, »une ville doit surprendre«, »Le Parisien«,* 22. Juni 2015.

Bazou, Sébastien, *Georges Méliès, l'homme orchestre,* www.artfake.com, 20. Dezember 2013.

Beauvoir, Simone de, *Quando tutte le donne del mondo …,* ins Italienische übersetzt von Vera Dridso, Einaudi, 1982.

Benjamin, Walter, *Berliner Kindheit um neunzehnhundert,* Suhrkamp Verlag, 1987.

– *Das Passagen-Werk,* Bd.1, Rolf Tiedemann (Hg.), Suhrkamp Verlag, 1982, Aufzeichnungen und Materialien, *Der Flaneur,* Seite 525.

– *Das Passagen-Werk,* Bd.2, Rolf Tiedemann (Hg.), Suhrkamp Verlag, 1982. Aufzeichnungen und Materialien, *Spiegel. Beleuchtungsarten.*

– Gesammelte Schriften IV, 1, Suhrkamp Verlag, 1982.

– *Kurze Schatten,* in: *Illuminationen,* Ausgewählte Schriften 1 (1920-1940), Suhrkamp Verlag, 2001.

Boisard, Pierre, *La vie de Bistrot*, PUF, 2016.

Brassai (Gyula Halász), *Graffiti*.

- *Paroles en l'air*, Jean-Claude Simoén, 1977.

Brazier, Nicolas und Gabriel, Jules-Joseph, *Le diable à Paris (pièce théâtrale)*.

Breton, André, *Nadja*, übersetzt und mit einem Nachwort von Max Hölzer, Neske Verlag, 1965.

Broccoletti, Michele, *Suzanne Valadon. La figlia della tempesta*, www.instoria.it, Nr. 37, Januar 2011.

Burroughs, William S. *Last words. The Finals Journals of William S. Burroughs*, ed. James Grauerholz, Grove Press NY, 2000.

- *Naked Lunch*.

Calhoun, Ward / De Walt, Benjamin, *Marilyn Monroe: Un hommage photographique*, Hors Collection, 2008.

Canale, Marco, *Marco Ferreri, Il regista che venne dal futuro* (Dokumentarfilm).

Céline, Louis-Ferdinand, *Tod auf Kredit*, übersetzt von Werner Bökenkamp, Rowohlt Verlag, 1963.

Cendrars, Blaise, *Die Prosa von der Transsibirischen Eisenbahn und der kleinen Jeanne von Frankreich*, übersetzt von Michael von Killisch-Horn, Lenos Verlag, 1998.

Chapman, Harold, *The Beat Hotel*, Gris Banal, 1984.

Chateaubriand, François-René de, *Itinéraire de Paris à Jérusalem*, Librairie de Firmin Didot Frères, 1854.

Citati, Pietro, *Il male assoluto. Nel cuore del romanzo dell'Ottocento*, Mondadori, 2000.

Cocteau, Jean, *Le Potomak*.

- *Parigi. Una dichiarazione d'amore e di libertà*, Piemme, 2016

- Vorwort zu *Paris wie man es liebt*.

Colette, *Paris durch mein Fenster*, übersetzt von Gritta Baerlocher, Pan Verlag, 1946.

- *Drei…Sechs…Neun…*, übersetzt von Noa Kiepenheuer, Gustav Kiepenheuer Verlag, 1956.

- *Diese Freuden*, übersetzt von Maria Dessauer, Suhrkamp Verlag, 1983.

Corso, Gregory, *Bomb*.

Cortázar, Julio, *Erzählungen,* 4 Bd., Suhrkamp Verlag, 1998.

– *La otra orilla*, 1945.

Costantini, Emilia, *Jane Birkin, l'ex trasgressiva. A 70 anni recita il suo amore perduto*, »Il Corriere della Sera«, 6. März 2015.

Cutrufelli, Maria Rosa, *La donna che visse per un sogno*, Frassinelli, 2004.

Dalí, Salvador, *Tagebuch eines Genies,* Karl Desch Verlag, 1968.

Damase, Jacques, *Sonia Delaunay – Mode und Design*, übersetzt von Andrea Spingler, Arche Verlag, 1991.

– *Sonia Delaunay, nous irons jusqu'au soleil*, Robert Laffont, 1978.

Debussy, Claude, *Lettres 1884-1918*, Hermann Editeurs, 1980.

Delacroix, Eugène, *Mein Tagebuch,* Diogenes Verlag, 2008.

Delaunay, Sonia, *Entretien avec Jacques Damase, extrait du documentaire de Patrick Raynaud*, »Prises de vue pour une monographie«, 1972.

Delvau, Alfred, *Les Plaisirs de Paris*, Achille Faure, Libraire-Editeur, 1867.

De Matteis, Angelo, *Al di là delle brutture, la vita è piena di cose sublimi*, »l'indice dei libri del mese«, 13. April 2015.

Demorand, Nicolas, Amélie Nothomb: »Je bois beaucoup, mais toujours de manière préméditée«, 17. September 2014, »Grazia«, französische Ausgabe.

De Viveiros, Geneviève, *Du roman-feuilleton au «roman-feuilleté». Alexandre Dumas ou le triomphe du fast-food littéraire*, «Equinoxes», Nr. 7, Frühling/Sommer 2006.

Diderot, Denis, *Encyclopédie*.

– *Rameaus Neffe*, übersetzt von Johann Wolfgang von Goethe, Insel Verlag, 1996.

Die lustige Witwe, Musik von Franz Lehár, Libretto von Victor Léon und Leo Stein.

Digne, Danielle, *Rosa Bonheur ou l'Insolence: l'histoire d'une vie, 1822-1899*, Denoël/Gonthier, 1980.

Dumas, Alexandre de, d. J., *Die Kameliendame*, übersetzt von Michaela Meßner, dtv, 1993.

Dumas, Alexandre de, d. Ä., *Das große Wörterbuch der Kochkunst*.

– *Der Graf von Monte Cristo*.

- *Der Vicomte von Bragelonne.*
- *Die drei Musketiere.*
- *Die Mohikaner von Paris*, übersetzt von August Zoller, Franckh Verlag, 1854.
- *Zwanzig Jahre später.*

Du Pontavice de Heussey, Robert, *L'inimitable Boz: étude historique et anecdotique sur la vie et l'œuvre de Charles Dickens,* Quantin, 1889.

Eco, Umberto, *Der Name der Rose,* Hanser Verlag, 1982.
- *Im Wald der Fiktionen,* Hanser Verlag, 1994.

Fargue, Léon-Paul, *Der Wanderer durch Paris,* übersetzt von Katharina Spann. Suhrkamp Verlag, 1967.

Fitzgerald, Francis Scott, *Der große Gatsby.*

Flaiano, Ennio, alla voce *Ninotchka* di MYmovies, 30. März 1948.

Flaubert, Gustave, *Die Briefe an Louise Colet,* Haffmans Verlag, 1995.
- *Die Erziehung der Gefühle,* übersetzt von Cornelia Hasting, Piper Verlag, 2001.
- *Madame Bovary.*

Gainsbourg, Serge, *Pensées, provocs et autres volutes,* Le Cherche midi, 2006.

Gaudreault, André, *Cinéma et attraction: pour une nouvelle histoire du cinématographe,* CNRS, 2008.

Gautier, Judith, *Le collier des Jours,* Pirot, 1999.

Gautier, Théophile, *Hashish,* Maurizio Ferrara (Hg.), Passigli Editori, 2007.

Geffroy, Gustave, *Claude Monet. Sa vie, son temps, son œuvre,* Les Editions G. Crès et C., 1922.

Georges-Michel, Michel, *Die von Montparnasse,* übersetzt von N. Collin, Paul Neff Verlag, 1931.

Ginsberg, Allen, *Das Geheul und andere Gedichte,* übersetzt von Carl Weissner, Limes Verlag, 1979.

Girerd, Frédéric, *Voyage à travers la France et Lettres à sa famille, précédés de Lettres de George Sand et d'une notice biographique,* Les Editions du Pas de l'Ane, 2008.

Goncourt de, Edmond & Jules, *Manette Salomon*, übersetzt von Caroline Vollmann, Die Andere Bibliothek, 2017.

– *Tagebuch der Brüder Goncourt.*

Gouges, Olympe de, *»Femme, réveille-toi!«: Déclaration des droits de la femme et de la citoyenne et autres écrits*, Folio, 2014.

Gouvion-Saint-Cyr, Agnès de, *Brassaï, pour l'amour de Paris*, Flammarion, 2013.

Guerrieri, Osvaldo, *Schiava di Picasso*, Neri Pozza, 2016.

Guigon, Catherine, *Les Cocottes: Reines du Paris 1900*, Parigramme, 2013.

Guitry, Sacha, *Ceux de chez nous* (Dokumentarfilm), 1915.

Haedrich, Marcel, *Coco Chanel*, Frédérique Patat, 2016.

Hemingway, Ernest, *Fiesta*, übersetzt von Annemarie Horschitz-Horst, Weltbild Verlag, 1999.

– *In einem anderen Land.* 1929.

– *Paris – ein Fest fürs Leben*, übersetzt von Annemarie Horschitz-Horst. Rowohlt, 1965.

Hillerin, Laure, *La comtesse Greffulhe. L' ombre des Guermantes*, Flammarion, 2014.

Hugo, Victor, *Die Elenden.*

– Vorwort zu: *Paris Guide 1. Les Principaux Ecrivains de Paris et de la France*, Paris, 1867.

Jattoni Dall'Asén, Massimiliano, *Amélie Nothomb: »Il Belgio è un mistero più esotico del Giappone«*, »Io Donna«, 25. Februar 2016.

Joyce, James, *Finnegans Wake.*

– *Ulysses.*

JR / Pugeat / Julie / Mattera, Sarah, *Dans l'objectif de JR*, Pyramyd Editions, 2015.

Jullian, Philippe, *Snoblexikon*, übersetzt von Sigrid von Massenbach, Kiepenheuer & Witsch, 1962.

Kiki (Alice Prin), *Kiki's Memoirs*, Introduction by Ernest Hemingway, Billy Klüver / Julie Martin (Hg.), Hopewell, NJ: Ecco Press, 1996.

King, Ross, *Mad Enchantment. Claude Monet and the Painting of the Water Lillies*, Bloomsbury, 2016.

Klumpke, Anna, *Rosa Bonheur: Sa vie, son œuvre*, Flammarion, 1908.

La Belle Hélène, Musik von Jacques Offenbach, Libretto von Henri Meilhac und Ludovic Halévy, 1864.

Laclos, Pierre-Ambroise-François Choderlos de, *Gefährliche Liebschaften*.

Lajoinie, Vincent, *Erik Satie*, L'âge d'Homme, 1985.

Lamblin, Bianca, *Mémoires d'une jeune fille dérangée*, Editions Balland, 1993.

Lamming, Clive, *Paris au temps des gares*.

La mort d'Edith Piaf a tué Jean Cocteau, »Le Parisien«, 12. Oktober 1963.

Lapierre, Dominique / Collins, Larry, *Brennt Paris?*, Ullstein Verlag, 2002.

»La Roulotte« de Signoret-Montand, »Le Parisien«, 12. März 2002.

La Traviata, Musik von Giuseppe Verdi nach einem Libretto von Francesco Maria Piave, 1853.

Le Corbusier, *Almanach d'Architecture Moderne*, Collection de l'Esprit Nouveau, Charles Eliot Norton, Lectures 1938-1939 (Paris, 1955).

»Les Demoiselles d'Avignon« au musée Picasso, »Le Nouvel observateur«, Ausgaben 1208–1225, Band 1208.

Lye, Harriet Alida, *What Its Like to Live Inside the Legendary Paris Bookstore Shakespeare & Co.*, www.vice.com, 26. September 2015.

Malraux, André, *Picasso. Das Haupt aus Obsidian*, S. Fischer Verlag, 1975.

– *Œuvres complètes*, Gallimard, 1989.

– *Présentation du projet de loi complétant la législation sur la protection du patrimoine historique et esthétique de la France et tendant à faciliter la restauration*, 23. Juni 1962, www.assemblee-nationale.fr

– *So lebt der Mensch*. dtv, 1999.

Maupassant, Guy de, *Die Nacht*.

– *Die Irrfahrten des Herrn de Maupassant*, übersetzt von Erik Maschat, Steingrüben Verlag, 1967.

Maurois, André, *Auf den Spuren von Marcel Proust*, Claassen Verlag, 1956.

Monet, Claude, Brief an Dr. Georges de Bellio vom 5. April 1878.

Monneret, Sophie, *L'Impressionnisme et son époque*, Bd. II, 1. Teil, Paris, Robert Laffont, 1987.

Monnier, Adrienne, *The very Rich Hours of Adrienne Monnier,* Bison Books, 1996.

Monval, Georges, *Recueil sur la mort de Molière,* Librairie des Bibliophiles, Paris, 1885.

Mouquet, J. / Bandy, W.T., *Baudelaire en 1848,* Emile-Paul, 1946.

Muscheler, Ursula, *Die Nutzlosigkeit des Eiffelturms: Eine etwas andere Architekturgeschichte,* Beck, 2008.

Musée national d'art moderne, Collection Art moderne, Editions du Centre Pompidou, 2006. (Ausstellungskatalog).?

Nadar, *Charles Baudelaire intime,* Obsidiane, 1985.

Napias, Jean-Christophe, *Tout sur Paris (ou presque) – Petite encyclopédie des savoirs utiles et superflus,* Parigramme, 2016.

Naremore, James, *The Magic World of Orson Welles,* University of Illinois Press, 2015.

Navailles, Jean-Pierre, *Invraisemblable Tour Eiffel,* »L'Histoire«, Nr. 9, Oktober–Dezember 2000.

Nothomb, Amélie, *Die Kunst, Champagner zu trinken,* übersetzt von Brigitte Große, Diogenes Verlag, 2016.

Ogrizek, Doré, *Paris wie man es liebt,* übersetzt von Max-Henry Brost und Karl Bertram, West-Ost-Verlag, 1949.

Palumbo, Valeria, *Svestite da uomo,* Rizzoli, 2007.

Picasso, Pablo, *Propos sur l'art,* Edition de Marie-Laure Bernardac und Androula Michael, Gallimard, 1998.

Picasso, Pablo / Tabaraud, Georges / Fréchret, Maurice, *Picasso et la presse: entretien avec Georges Tabaraud,* Réunion des musées nationaux, 2000. (Ausstellungskatalog).?

Pleynet, Marcelin, *Comme la poésie la peinture,* Editions du Sandre / Editions Marciana, 2010.

Prévert, Jacques, *La Seine a rencontré Paris,* in: *Choses et autres,* Editions Gallimard, 1975.

Protestschreiben gegen den Eiffelturm, 14. Februar 1887, www.toureiffel.paris.

Proust, Marcel, *Briefe/Bd. 2*, übersetzt von Jürgen Ritte, Achim Russe, Bernd Schwibs, Suhrkamp Verlag, 2016.
 - *Die Gefangene*, übersetzt von Eva Rechel-Mertens, Suhrkamp Verlag, 2003.
 - *Eine Liebe Swanns*, übersetzt von Eva Rechel-Mertens, Suhrkamp Verlag, 1995.
 - *Im Schatten der jungen Mädchen*, übersetzt von Walter Benjamin und Franz Hessel. Verlag die Schmiede.

Queneau, Raymond, *Connaissez-vous Paris?*, Folio, 2011.
 - *Zazie in der Métro*, übersetzt von Eugen Helmlé, Suhrkamp Verlag, 1989.

Restellini, Marc / Fabris, Jean, *Valadon, Utrillo: au tournant du siècle à Montmartre*, Pinacothèque de Paris, 2009.
Restif de la Bretonne, Nicolas, *Die Anti-Justine oder die Köstlichkeiten der Liebe*, übersetzt von Erwin Müller, Müller & Kiepenheuer, 1966.
 - *Mes inscriptions: journal intime de Restif de la Bretonne* (1780-1787), [1889], Hachette, 2012.
Rimbaud, Arthur, *Das trunkene Schiff*, in: Sämtliche Dichtungen. Französisch und deutsch, übersetzt von Walther Küchler, Lambert Schneider Verlag, 1946.
 - *Korrespondenz*, 3 Bd., Matthes & Seitz, 2017.
Rochette, Hélène, *Maisons d'écrivains et d'artistes: Paris et ses alentours*, Parigramme, 2004.
Roman, José, *Chez Maxim's. Ricordi di un fattorino*, traduzione di Vittoria Aliberti Ronchey, Sellerio, 2014.

Sahli, Nora, *Juliette Greco: Itinéraire d'une amoureuse*, »Gala«, 22. Oktober 2013.
Saint Bris, Gonzague, *Rosa Bonheur: Liberté est son nom*, Robert Laffont, 2012.
Saint-Exupéry, Antoine de, *Der kleine Prinz*.
Salmon, André, *L' air de la Butte*, Les Éditions de la nouvelle France, 1945.
 - »L'esprit nouveau«, 1920.
Sartre, Jean-Paul, *Die Wörter*, übersetzt von Hans Mayer, Suhrkamp Verlag, 1980.

Satie, Erik, *Correspondance presque complète*, Fayard, 2000.

Sawyer-Lauçanno, Christopher, *The Continual Pilgrimage: American Writers in Paris, 1944-1960*, City Lights Books, 1998.

Scalfari, Eugenio, *Per l'alto mare aperto*.

Scaraffia, Giuseppe, *Cortigiane. Diciotto donne fatali dell'Ottocento*, Mondadori, 2012.

Sciascia, Leonardo, *Candido oder ein Traum in Sizilien*, übersetzt von Heinz Riedt, dtv, 1990.

Servat, Séverine, *Jean-Paul et Raphaël Enthoven: »Entre nous il n'y a pas de rivalité«*, »Gala«, 28. Oktober 2013.

Sévigné, Marie de Rabutin-Chantal de, *Briefe*, übersetzt von Theodora von der Mühe, Insel Verlag, 1979.

Signoret, Simone, *Adieu Wolodja*, übersetzt von Elisabeth Lutz, Benziger Verlag, 1986.

Simenon, Georges, *Maigret amüsiert sich*, übersetzt von Renate Nickel, Diogenes Verlag, 2001.

– *Maigret gerät in Wut*, übersetzt von Wolfram Schäfer, Diogenes Verlag, 2009.

– *Maigret und der Clochard*, übersetzt von Joseph Wieninger, Diogenes Verlag, 2009.

– *Maigret und die kopflose Leiche*, übersetzt von Wolfram Schäfer, Diogenes Verlag, 1980.

Strindberg, August, *Jardin des Plantes*, mit Illustrationen von Antonio Marinoni, Notari, 2012.

Tagore, Rabindranath, *La poesia della natura*, traduzione di Brunilde Neroni, Guanda, 2015.

Valéry, Paul, *Regards sur le monde actuel*.

Vasak, Vladimir / Doisneau, Robert, *Doisneau: Paris Les Halles*, Flammarion, 2011.

Verne, Jules, *Reise um die Erde in 80 Tagen*.

– *Von der Erde zum Mond*.

Vienne, Romain, *La vérité sur La dame aux camélias*, Paul Ollendorf Editeur, 1888.

Wheldon, Huw, Interview mit Orson Welles, BBC, 1962.

White, Edmund, *Der Flaneur*, übersetzt von Heinz Vrchota, Albino Verlag, 2016.

Wilde, Oscar, *Aphorismen*, Frank Thissen (Hg.), Insel Verlag, 1987.

– *Das Bildnis des Dorian Gray*, übersetzt von Felix Paul Greve, Vitalis Verlag, 2002.

– *Der Kritiker als Künstler*, in: Sämtliche Werke in zehn Bänden/Bd. 7, übersetzt von Christine Hoeppener, Norbert Kohl, Christine Koschel und Inge von Weidenbaum, Insel Verlag, 1982.

– *Salomé*.

Wildenstein, Daniel, *Claude Monet: biographie et catalogue raisonné*, Bd. I: 1840–1881, La Bibliothèque des Arts, 1979.

Wismann, Heinz, *Walter Benjamin et Paris*, Editions du Cerf, 1986.

Women in French Studies, Occidental College, Band XI, 2003.

www.mistergainsbarre.com

www.stencilrevolution.com, Profil von Monsieur André

www.theatre-des-varietes.fr

www.thebeathotelmovie.com

Zervos, Christian, *Conversazione con Pablo Picasso*, »Cahiers d'art«, 1935.

Zola, Émile, *Der Bauch von Paris*, übersetzt von Felix Loesch und Hans Balzer, Winter Verlag, 1983.

– *Nana*, übersetzt von Armin Schwarz, Emil Vollmer Verlag, o. J.

DANKSAGUNG

Ein Blick in das Buch genügt, um zu verstehen, dass es ohne die grandiosen Collagen von Andrea Pistacchi nicht dasselbe wäre; es ist etwas Wunderbares, wenn sich Freundschaft mit beruflicher Zusammenarbeit verbinden lässt. Ich möchte Andrea aus ganzem Herzen dafür danken, dass er seit fast dreißig Jahren meine Arbeit mit seinem außergewöhnlichen Talent bereichert, ohne dass er dabei jemals falschgelegen hätte.

Besonderer Dank gebührt Angela Lombardo, gewissenhafte und unentbehrliche Lektorin, hinter deren Locken und Fröhlichkeit sich eine unbeugsame preußische Seele verbirgt; enge Freundin, unangefochtene Herrin über Punkte und Kommata, mit einer fast so großen Leidenschaft für Paris wie ich. Nicht zu vergessen ein großes Dankeschön an das gesamte eifrige Team von Lektoren, Grafikern und Beratern, allen voran der unverzagten Catia Spagnolo, der es in minutiöser Kleinstarbeit gelungen ist, jede meiner schriftstellerischen Launen zu überprüfen und auszufeilen. Und auch der »teutonischen« Daria Figari, einer echten Miss Wolf, die für jedes Problem immer eine Lösung bereithielt.

Wie immer gilt mein Dank Luca Ussia, der weiterhin an mich und meine Ideen glaubt, von denen viele ohne seinen unverwüstlichen verlegerischen Ansporn noch immer in der Schublade vergraben liegen würden. Dank auch an Rossella Biancardi, meine neue Reisebegleitung und einzige echte »Parisienne« im Team.

Ein *Merci pyramidale* geht an Marcella de Donato, meine Pariser Freundin und rastlose Chauffeurin, die mich mit ihrem *Fiat 500* auf Erkundungstour durch die gesamte Stadt kutschiert hat; doch vor allem ist sie die beste »Champagnergesellschaft«, die man sich wünschen kann, wie unsere Lehrmeisterin Amélie Nothomb sagen würde.

Merci encore an Madame Lorette, meine Lieblingsstadtführerin, die außergewöhnlichste Spaziergängerin, die mir jemals begegnet ist.

Dank auch an Luisa Pistoia und Marco Miana, Komplizen und professionelle Unterstützer bei der Kampfansage gegen meine sprichwörtliche Faulheit.

Auch Giulia Pietrosanti und Chiara Melloni, dem Yin und Yang dieses langen Abenteuers, allerherzlichsten Dank.

Abschließend ein riesiges Dankeschön an meine Familie und alle Freunde, denen ich meine Texte, Zweifel und Bedenken aufgezwungen habe; ich verspreche euch hiermit hoch und heilig, dass ich eine Weile nicht mehr über Paris sprechen werde, aber nur eine Weile ...

INHALTSVERZEICHNIS

»*Na, hast du dich gut amüsiert?*«
»*Es geht so.*«
»*Hast du die Métro gesehen?*«
»*Nein.*«
»*Was hast du denn getan?*«
»*Ich bin älter geworden.*«

Raymond Queneau, *Zazie in der Métro*

Die Originalausgabe erschien 2016
unter dem Titel »Avremo sempre Parigi« bei Rizzoli, Mailand.

Verlagsgruppe Random House FSC® N001967

1. Auflage
Deutsche Erstveröffentlichung Mai 2019,
btb Verlag in der Verlagsgruppe Random House GmbH,
Neumarkter Straße 28, 81673 München
Copyright © der Originalausgabe 2016 Rizzoli Libri S.p.A.
Published by arrangement with S & P Literary – Agenzia letteraria
Sosia & Pistoia
Illustrationen © Andrea Pistacchi
Covergestaltung: Semper Smile, München
unter Verwendung einer Illustration von Andrea Pistacchi
Satz: Uhl + Massopust, Aalen
Druck und Einband: Litotipografia Alcione srt., Trento
SL · Herstellung: sc
Printed in Italy
ISBN 978-3-442-71713-2

www.btb-verlag.de
www.facebook.com/btbverlag